俄罗斯
向何处去

——俄共中央主席久加诺夫如是说

《На службе народу》
《Пока не поздно》

[俄罗斯] 根·安·久加诺夫◎著　　胡昊◎译

人民出版社

俄罗斯
向何处去

——俄共中央主席久加诺夫如是说

《На службе народу》
《Пока не поздно》

[俄罗斯] 根·安·久加诺夫◎著　　胡昊◎译

人民出版社

致中国读者

　　对我来说，把自己的思想和观点呈现给中国读者评判，甚感荣幸。历史、文化、当代世界政治、经济和社会生活中的许多事把我们两国人民联系在一起。不仅仅是我们两国的幅员和地理上的邻近使俄罗斯与中国在命运上接近，而且中国人和俄罗斯人在民族性格方面具有诸多相似之处。无论是在国内社会还是在国家关系中，两国人民都渴望和谐与和平。回首过去，我们一起经受了严峻的考验，同甘共苦，也经历了大起大落。

　　19世纪中叶，中国，稍晚些是俄罗斯，成了西方主要资本主义国家工商业扩张和金融奴役的对象。清帝国输掉了"鸦片战争"，开放了自己的市场，同外国人进行不平等的贸易，它变成了帝国主义列强的半殖民地。到20世纪初，在外国资本的步步紧逼下，罗曼诺夫王朝也让出了自己的阵地。俄罗斯军事封建帝国主义越来越深地陷入了对法国、英国和美国执政集团财政经济依附的泥潭。1914年，这些势力使俄罗斯卷入第一次世界大战。俄罗斯工人和农民被迫为别人的利益卖命。伟大的十月社会主义革命成了摆脱大规模社会经济和政治危机的出路。2017年，世界进步力量将庆祝这个具有全世界历史意义的事件100周年。

　　俄罗斯和中国革命的进程急剧地改变了整个星球面貌，成为许多事件的起点。1905—1907年第一次俄国革命为1917年改变我国面貌做了准备。1911年辛亥革命推翻了中国人不喜欢的王朝，宣布建立了共和国。这次革命是中国人民多年来争取自由和独立的英勇斗争迈出的第一步。1917年伟大的十月革命开辟了人类历史的新纪元。社会主义在俄罗斯取得胜利，社会主义从思想变成了现实，成为西方资产阶级世界秩序的另一种选择，成为所有国家和各大陆成千上百万劳动人民，包括中国的劳苦大众的指路明灯。为了社会主义理想的胜利，中国人民的儿女非常积极地参加了俄罗斯大地上的革命事件，与俄罗斯劳动人民一起反对外国干涉军和白卫军，俄共对此满怀感激，将铭记他们的功勋。

　　在第二次世界大战最严峻考验的日子里，中国人民和苏联人民一起浴血奋战，抗击国际反动势力。我们两国人民得以捍卫自己的独立和独立自主地决定自己的历史命运的权利。共同击溃德国法西斯和日本军国主义的斗争，使中国人和俄罗斯人成了同仇敌忾的同志。这为中国共产党的最终胜利创造了重要的前提。

1949年10月1日，中华人民共和国宣告成立，这极大地振奋了苏联劳动人民。这个事件对整个世界的命运都有巨大意义。建立了统一的社会主义阵营，数千名苏联专家帮助中国人民重新组织和平生活，奠定了未来"中国奇迹"的基础。也正是在当时，诞生了家喻户晓的"俄罗斯人与中国人永远是兄弟"的口号。我们两国共产党在巩固苏中友好关系和双边关系的发展中发挥了显著的作用。

立足于社会主义理想，苏联和中国为当代文明所取得的巨大成就开辟了道路。苏联得以建立有效的经济，完善的社会救助、教育和卫生体系，在科学、技术与文化上实现了突破，并着手开发太空。苏联虽然解体，资本主义在俄罗斯和其他一些社会主义类型的国家暂时复辟，但资本主义很快就显示出其灭亡的历史必然性。资本主义暴露出其社会经济形态的寄生性和腐朽性，这种形态导致社会关系的没落，对生产力的破坏和对人类赖以生存的自然环境的毁灭。

中华人民共和国积累了解决复杂问题的独特经验。国家在所有领域都取得了举世瞩目的成就，它将继续沿着建设具有中国特色社会主义的道路前进，并很快成为世界经济的领袖。其他国家的共产党人在其政治活动中，将用这个重要的论据武装自己。

为了争取使俄罗斯回到人类发展的康庄大道，俄共始终不渝地进行斗争。党的一个关键任务是，保证把矿物原料和国家主要经济综合体交到人民手里。这个问题的解决，将为国家的恢复和社会主义经济的现代化奠定坚实的基础。俄罗斯共产党人将忠实于自己的理想，为俄罗斯的命运承担起自己的责任。本书阐述了我们在这些问题上的关键立场和建议。

我确信，进一步加强俄罗斯与中国的经济、政治和文化关系，是我们两国人民顺利发展的一个条件。俄共是一支有影响的力量，它始终不渝地支持俄罗斯"转向东方"，支持与中国保持极其紧密的联系。中共与俄共联合庆祝我们曾第二次世界大战中共同取得胜利的行动表明，今天，俄罗斯共产党和中国共产党将再次肩并肩，迎接新的历史挑战。

俄罗斯共产党中央主席

久加诺夫

目　录

第 一 部 分

导　言

　　对社会主义来说，20世纪末是经受严峻考验的时代。苏联作为超级大国的解体似乎使其失去了生命力和历史前景。尽管有各种各样恶意的预言，但是对未来即将出现的跃进依然没有失去吸引力。最近二十多年事态的发展使我们确信，社会主义的退却对俄罗斯而言是让人难以接受的现象，但这只是暂时现象。它没有让我们停下探索社会公正的脚步。

　　在亚洲，中国和越南以及其他一些国家正在开辟自己通往新世界的道路。紧随古巴的"红色选择"之后，拉丁美洲国家越来越自信和现实地向前行进。社会主义思想和价值重新在欧洲流行起来。

　　大家都可以看到：资本主义病得很重。世界将向何处去？

　　期待帝国主义一夜之间灭亡的想法是幼稚的。其灭亡的历史必然性并不意味着帝国主义会自动投降。20世纪的历史明显地证明，世界帝国主义的崩溃会人为地获得延长。其例证是戈尔巴乔夫的改革，这场改革是联合起来的内外反对势力所培育出来的。自由资本主义在我国政变得手后，导致了悲惨的后果，在某个特定时期改变了地球上的力量对比，从而有利于资本主义。但是历史发展的规律是不可违反的，谁也无法阻挡历史前进的车轮。

　　帝国主义加速腐朽的特征是显而易见的。过去5年，经济危机没有被克服，最近几年摆脱衰退和实现发展的前景尚成问题。资本主义越来越陷入全面的危机之中，其根本原因难以消除。资本主义体系的所有领域正在遭受失败：生产、经济、财政、政治、文化和道德。目前的危机非常沉重地打击了欧洲，而在不久之前它还以其福利享誉世界。整个国家集团处于破产前夕，欧盟面临着瓦解的危险。"金十亿国家"的主要堡垒——美国越来越感到恐慌，美国的债务已经超过16万亿美元，国家已经吞噬了后几代人的未来。

企图把危机重担转嫁到新生劳动人民肩上，这暴露了资本主义生产的社会化与资本私人占有之间的矛盾。列宁写道，"资本主义已经发展到这样的程度，即商品生产虽然依旧'占统治地位'，依旧被看作是全部经济的基础，但它实际上已经被破坏了，大部分利润都被那些干金融勾当的'天才'拿去了，这种金融勾当和欺骗行为的基础就是生产社会化，但是人类所达到这种社会化的巨大进步，却造福于投机者。"在金融资本投机诈骗猖獗的时代，我们今天能否看到这一切？

显然，世界精英关心的是如何保持已经过时的资本主义体系。同时，其有远见的代表则承认，今天的道路似乎成了死胡同，但西方却想把全世界都驱入这条道路。譬如，德国社会民主党领导人弗朗茨·明特费林说，"当1990年共产主义及其计划经济屈膝投降之后，我们空欢喜了一场，并且相信，现在社会市场经济已经获胜了。实际上，在此之后，整个世界发展起了另一种资本主义，带有过火行为的资本主义，但是已经失去了其社会因素。共产主义对资本主义施加了约束性的影响。现在的资本主义形态已经不承担对人和社会的责任了，应该把它扔到垃圾桶里"。

联邦德国前总统、基督教民主党人克勒宣布，狂热玩家和冒险家的"盎格鲁撒克逊资本主义"已经崩溃，"没有规则、没有责任和良心的捞钱行为已经崩盘"。欧洲其他国家领导人也重复着他的话。美国现任总统也愿意把那些在经济危机顶峰时赚钱自肥的人称为"肥猫"。在局势的作用下，西方领导人准备拒绝承认"不加监控的自我调节的市场经济"模式的必然性。美国政府一再干预经济活动，尽管他们也宣传市场经济的陈词滥调。

迎合公众的要求，说一些正确的话——这经常是西方政治家维持声望的方式。实际情况则是，继续朝着金融寡头的利益方面前行。由于得到银行的支持，社会消费被切掉。美国的对外政策公然由新保守主义者主导，他们侵略性地推动跨国垄断者的利益。

苏联解体二十年之后，全球越来越陷入混乱和暴力的泥淖。国家间的社会、宗教冲突越演越烈、流血事件增多。伊朗的紧张局势正在加剧，朝鲜成为经常性的施压目标，北约对利比亚的武装干涉摧毁了非洲最成功的一个国家，苏丹的分裂导致北部和南部陷入武装对抗之中，刚果多年的内战也没有消停。在二十多年里，中东和北非的几乎所有国家都陷入不稳定之中。阿富汗和伊拉克的流血事件还尚未平息，叙利亚兄弟阋墙的战争已经燃烧起来。

这一切都不是偶然的。当然，每一次冲突的基础都是国内原因，但是这些冲突被用来为西方侵略集团的阶级和新殖民战略牟利。由于跨国资本对重新瓜分世界的贪欲没有改变，21世纪之初，世界再次处于世界大战的威胁之下。时而在巴尔干，时而在中东，时而在北非，战争的死结纠缠在一起。

那些致力于对全球市场控制的人的主要工具是——军事力量加上信息宣传侵略。其中的一个方法——可控制的混乱战略。循着这个战略，西方积极赞助国际恐怖主义。世界上一种越来越坚定的信念是，2001年9月11日发生在纽约的恐怖行动是美国的核心权力阶层策划的。其目的是制造借口，加强美国以"打击国际恐怖主义"为名进行扩张。

列宁的话完全可以针对当代帝国主义的特征，"垄断、寡头，统治的欲望取代自由的欲望，一小撮最富和最强的民族对越来越多的弱小民族的剥削"。

美式全球化成为大规模消灭非西方文化的同义词。世界秩序的全球同一化将使国家和人民的民族独特性趋于根绝。

第一章　资本主义的系统性危机与资产阶级的俄罗斯

新的阶级危机浪潮席卷了世界

一个多世纪前，资本主义进入了其最高阶段——帝国主义阶段，从这时起，资本主义社会阶级关系的危机开始变得常态化。其下一次激化就发生在当下，就在我们的眼皮底下。

加入世贸组织加重了危机对俄罗斯的打击。公共服务、住宅、食品和工业品以及不再免费的医疗保健和教育的价格上涨，劳动人民的生活水平下降。在这种条件下，抗议情绪的增长是必然的。

社会政治危机要求俄共作为主要反对派力量迅速地提高自己的战斗力和进攻性，站在人民爱国力量的先锋队前列。党的思想理论工作在这方面起着巨大的作用，没有这种工作，就不可能提高劳动人民争取其经济和政治利益的有效性，就不可能向居民群众解释清楚俄罗斯执政体制的真正目的和利益。

在整个帝国主义时期，人类只看到它有一个现实的替代物。我们共产党人坚信：社会主义——这是现行秩序应该给其让位的制度和社会体制。但是，我们根据自己的经验知道，主人和旧制度的奴才从来都不会自动离开。只有社会阶级力量强大的运动、而且是政治上组织有素的运动才能够解决这个问题。它的使命恰恰是删除历史档案中那些妨碍把经济和科学技术进步变成社会进步的东西。

1917年秋，在我们国家——在这里，在俄罗斯——发生了伟大的十月社会主义革命。从这个历史事件起，世界开始了复兴。

我们的祖国向未来的跃进成为世界各个国家和人民的榜样。它们的发展程度、民族文化特点、国际局势和主观因素预先决定了社会主义建设模式上的区别。况且，这些模式引起争论，有时也引起这些国家内部的矛盾。然而，尽管如此，社会主义无可置疑的成就在过去一百年打上了自己鲜明的印记。

资本主义——死路一条

"民主"包装难以掩盖世界资本的厚颜无耻及其自由主义纳粹的张牙舞爪。加强对共产党和左派政党的打击，东欧国家帝国主义的仆从们展现了对山姆大叔的忠诚，并公开颂扬希特勒的帮凶是反对"红色威胁"的斗士。在这些国家，为纳粹分子树立了纪念碑，在立法上把共产主义与法西斯主义等量齐观。摩尔多瓦紧随波罗的海国家的步伐，现在，它将禁止共产党的标志。

帝国主义——压迫和暴力的基础

历史一次又一次证明了列宁的论断的正确性，他说，"政治上，帝国主义就是对暴力和反动的渴望"。列宁写道，这种渴望是由"帝国主义不是工业资本，而是金融资本的特点"所决定的。帝国主义的共同特征不会改变，这是寄生和腐朽的资本主义，这种证据汗牛充栋。要知道，正是1933年德国确立的金融资本专政，法西斯主义的野兽嘴脸暴露出来，值得人类永远记取。上帝选择雅利安种族统治世界的理论完全符合德国资本对世界统治的向往，被"特别使命"思想所激励的德国人只会成为达成这些目的的"炮灰"。

当今，对类似思想内容"稍加修改"的方案，以"文明冲突"的反动理论的形式呈现出来。根据其宣传者的想法，似乎正是自由、民主和人权的承载者的西方文明应该对其他文明占有优势。对其余世界来说，这完全是自然、进步和简直是必须肯定的。但是，这些意识形态的炮制者们自然没有认识到主要的东西：他们的思想框架完全符合帝国主义西方的霸权欲。他们顽固地证明金融资本的侵略性，为了他们的利益，美国士兵千里迢迢，背进离乡，制造暴力，自寻死路。

除了"文明冲突"理论外，他们也推出了其他的思想替代品。"取悦"全球主义的渴望是当代社会民主的典型特征。进入资产阶级自由主义的航道，它制造了资本主义实施全面社会福利的幻象，把劳动与资本之间矛盾会弱化的思想强加于人。还在前不久，社会民主党还乐于时而把瑞典，时而把斯堪的纳维亚作为"社会主义"模式大肆地广而告之。社会民主党还宣扬把转向没有阶级斗争和社会动荡的新社会作为资本主义累进演变的结果。目前的世界经济金融危机把这个构想化为灰烬。资本悄无声息地把与危机的斗争变成了在世界各地加强对劳动人民权利的进攻。

对帝国主义时代资本主义"人道化"的渴望不是新现象。列宁早就对吉利菲尔丁—考茨基的"超级帝国主义理论"给予无情的批判。根据这个理论，金融资本的统治似乎"将弱化全世界经济不平衡性和矛盾"，这在当时会导致阶级斗争的熄灭。历史已经嘲弄了机会主义意识形态理论家们的虚幻理论。

提出新的时髦的全球化理论的那些人，指望由他们来"超过"列宁的帝国主义理论，并使其被人遗忘。对我们共产党人来说，它是分析和评价当代资本主义经济的思想理论指针。

列宁根据卡尔·马克思《资本论》的主要方法——辩证唯物主义认识

事物的方法，提出了帝国主义理论。在描述生产力和生产关系时，这个方法要求有阶级态度。抛开这种态度，资产阶级全球化的意识形态专家们的目的是培育消除劳动与资本之间矛盾的想法，同时，掩盖帝国主义的反人道主义本质。

当然，人类的实际理论不像浪漫主义的神话，与艺术理论发展的同时还创立了战争和犯罪的历史。对资本主义的主要指控在于，它改变了这种图景。尽管有巨大的科学技术成就和社会财富的加倍增长，但在其统治的几百年来，资本主义慷慨地使人类的累累白骨布满了各个大陆。

确实，在资本主义的早期阶段，其许多罪行被视为追求社会经济进步所付出的惨重代价。当时他们还可以用必须来摧毁旧秩序、消灭等级压迫和农奴制来为自己正名。然而，随着时间的流逝，资本主义的反动作用变得显而易见。正如俄共认为的那样，"在帝国主义阶段，该制度的目标与社会进步的任务早已分道扬镳。帝国主义之间的矛盾使世界陷入两次世界大战的深渊，任何一次都不应该被人类忘却，也不会被人类原谅"。

资本主义的罪行罄竹难书。其中的主要罪行我们几年前已经在《关于反对帝国主义斗争的任务和国际上对其谴责的必要性的备忘录》中予以确定，已经成为俄共对国际共产主义运动的智力贡献。本文件问世于2006年，是对欧洲议会大会反共产主义挑衅的回复。这个步骤在我们随后发布的《资本主义最后的黑皮书》中得到进一步阐述。这方面的工作是党在未来研究传播努力的重要环节。

继续研究金融资本主义也更加重要。在这项工作中，我们是有东西可以作为依据的。

"金融资本主义如此庞大，可以说是所有经济和所有国际关系中决定性的力量，它能屈能伸，甚至在实际中从属于享有充分政治独立的国家，我们现在可以看到这样的例子。但是，显然这样的屈从给了金融资本最大的'方便'和最大的好处，而这种屈从是与屈从的国家和人民丧失政治独立有关。”列宁在1916年所说的话在今天仍然有重要意义。难道这个明显的特点不是与当代生活的现实合拍吗?

帝国主义时代的全球化

只有政治上幼稚的人们才看不到欧盟对希腊、西班牙和意大利的财政“援助”与削弱这些国家的政治独立之间的直接联系。跨国资本就像吸血鬼,把其触角伸向所有的国家和人民——远不是只伸向落后和没有防护能力的国家和人民。它步步为营,把事情从经济依附导向政治屈从。

建立了掌控世界的体系,美国及其盟友不仅利用北约——军事暴力机制。当代帝国主义还建立了专门机制,似乎是通过合法的“和平”途径达到自己的目的。债务国在表面上保持其主权的情况下,实际上沦为半殖民地状态。这些当代奴役机制是众所周知的。世界银行和国际货币基金组织解决相应的任务,世界贸易组织保证国家间的不等价交换。世界贸易组织在消除国际贸易壁垒官方宣言的幌子下,为数个世纪以来的殖民主义目标服务。

世界对美国式全球化的抵抗进程正在加速,越来越多的人们和社会组织要求变革。2011年开始并持续到今天的“占领华尔街”运动不仅在美国国内获得广泛支持,而且在国外也得到支持。通过建设21世纪社会主义、生产力和谐发展、保持合理的消费水平和珍爱大自然、保障所有人和每个人的福利和进步来迈上新的文明阶段的思想越来越具有吸引力。

新刮来的风正在改变国际关系的构架。单极世界的概念正在坍塌。有巴西、俄罗斯、印度、中国和南非参与的金砖国家的出现意味着宣布星球上具有替代意义的政治和经济影响中心的形成。这些占地球人口最多的国家,对世界经济的“分量”也越来越重。中国已经成为“世界工厂”,积极地开拓销售市场,包括对欧洲和美国的市场,并发展本国的技术。考虑到印度和巴西经济的快速增长,这种状况正改变全世界的力量对比。金砖国家增长的综合国力在苏联解体之后首次成了新殖民主义世界秩序模式复兴道路上的严重障碍。

正在发生的变化的一个结果——联合国应有的影响在当代世界可能复兴。在联合国基础上建立起来的国际体系经受了时代的考验。尽管美国竭力想把这个组织玩弄于股掌之中，但是它依然是国际关系稳定化的关键环节。在苏联积极参与下奠定的联合国安全理事会的力量制衡原则为金融资本主义的侵略性政策设置了障碍。

在苏联解体和叶利钦集团对西方奴颜婢膝的时期，联合国安理会的作用被削弱了。美国及其盟友在南斯拉夫、伊拉克、阿富汗、利比亚等国实施了一系列强盗式的行动。然而，变化的力量平衡的结果是，建立起来达20多年的利用联合国来使侵略合法化的体系运转不灵了。中国和俄罗斯的否决权使西方难以用联合国的意志来掩饰其对叙利亚的军事干预。

当然，这是片段，但也是重要的片段，尽管它不能解决保证国际安全的关键问题。帝国主义还很强大，并将采取措施，竭力证明"谁是家里的主人"。它们试图影响印度、巴西、南非的国内政治进程，破坏中国的稳定渐进发展。新的事实是，它们企图采取步骤，动员俄罗斯的"第五纵队"和来自执政集团的对民族的背叛。一切都会发生。但是金砖国家的出现，尽管它们还没有成为坚强的联盟，但还有机会赢得时间。当抵抗帝国主义的新生力量、社会主义选择的力量成长起来并加强，那么，就会战胜资本主义。

俄罗斯共产党人不能不提出的问题是：我国在新的瓜分世界过程中起什么作用？很显然，它将面临牺牲品的命运。执政集团也没有打算认真地抵抗这种情况。这就是为什么我们俄共欢迎俄罗斯参与金砖国家，支持克里姆林宫保卫南奥赛梯这个迟来的决定，赞同联合国对反叙利亚的决议投否决票的原因，但是我们并非对这个方针抱有始终不渝的幻想。

归根结底，问题不在于决议和声明。我们记得俄罗斯当局定期批评北约。事实上，这些批评就没有抵制住北约军队出现在乌里扬诺夫斯克。国家利益成为执政集团自私利益的牺牲品。另一种选择不会出现，因为俄罗斯的寡头和最高官员把钱存放在外国银行里，送孩子到外国大学学习，在西方的疗养院度假，他们在西方国家有别墅和住宅。俄罗斯的"精英"从1990年代一开始就热切地梦想成为西方"上流社会"的一部分，西方慈悲地允许他们经常以无权的小伙伴身份进入这个"俱乐部"。

暴发户没有祖国

为什么家养的俄罗斯资本没有竭力去对西方在俄罗斯大地上作威作福的权利提出异议？为什么它不试图把自己与竞争者隔离，以便独立自主地剥削它所获得的全民财产、最丰富的自然资源、自然还有劳动人民？之所以这样，是因为全球主义起初建立和培育俄罗斯的寡头作为自己在俄罗斯的分支机构，作为知道主人需要什么的仆人。俄罗斯的这些寡头只有依靠外在势力才能够产生，因为只有这些势力的参与才可以促使我国从社会主义发展的轨道滑出，把社会分裂为穷人和神话般的富人。

俄罗斯的对外政策具有公开的阶级性。这里谈的不是民族资产阶级的利益，而是世界寡头的俄罗斯分支机构的利益。听到这句话，一些人可能会提出异议：如果是这样，那么为什么经常从普京口中发出爱国主义的滔滔雄辩？然而，另一些人马上会回答：难道西方有谁怕他吗？

当局的"爱国主义"滔滔雄辩不是偶然的。无论怎么操弄，寡头毕竟占居民的极少数。当局为了能够应对多数人，它不展示一些口号是不行的，如"我们流着同样的鲜血"。而为了让人们相信这些，某些行动应该与爱国主义的言辞相符合。这就是我们为什么有时候看到，在国际舞台上旨在提高国内统治集团声望的举措。

全球主义者对此慈悲以对。要知道他们也需要保证俄罗斯人民对西方管家们俯首帖耳。既然"已经达到他们的地位"，就让他们"任性一把"。然而，他们自己则时不我待，为将来积累"黑材料案卷"。在这个案卷中，有"马格尼茨基案"和"布希·莱特案"，间谍丑闻，还有其他许许多多。

爱国主义精神的声明和现实政治——这不是一回事，这样的证明多如牛毛。俄罗斯的武装力量在连续不断的"改革"进逼下，事实上已经丧失了战斗力。现代武器的份额在最佳情况下不过10%，上万名最有经验和懂业务的军官被从军队中驱逐出去。

仅仅凭一些大声的声明来捍卫国家利益是不够的。任何国家的对外政策都需要盟友，顺便说说，美国就十分明显地证明了这一点。今天俄罗斯只有一个战略盟友，那就是白俄罗斯。但是，我们的兄弟人民经常遭受俄罗斯执政集团中亲西方分子极其强大的压力，他们还力图挑唆降低白俄罗斯的生活水平，这也引发那里抗议情绪的增长。

政策的主要内容总是积极的。苏联解体之后，他们让俄罗斯社会的前景被劳动与资本之间矛盾必然增长所严重制约。我们的整个"过渡时期"改变了经济结构，改变了生产关系和社会的阶级结构。在苏联的经济结构中，工业、农业和服务业几乎占据了整个经济空间。现在，国家的经济被划分为两部分：实体和投机。在"改革"时期，国家失去了三分之二的工业和一半以上的农业。今天，剩下的工业在经济中占比只有36%，农业不到4%，同时，服务业约为60%。

这样一来，实际生产的份额急剧下降。更糟的是，工业的大部分是石油和天然气。这样的比例失调是由俄罗斯的能源取向引起的，而这种取向是由国际资本主导的。俄罗斯经济与包装华丽的世界经济接轨的思想完全是以另外的方式——通过把俄罗斯变成西方的原料附庸和别人的商品的销售市场来实现的，石油和天然气收入占国家预算收入的60%就不是偶然的了。进口的物项不仅包括药品、食品、汽车和飞机，还有糖浆，并且带着起瓶器。

实质上，国家不生产任何东西。在国内生产总值的构成中，整个非原料工业只占6%，而在出口结构中，只占4.5%。今年，企业的数量继续缩减，运作企业的状况惨不忍睹：40%亏损，这些企业中设备的磨损率超过75%。

俄罗斯就是带着这样的指标进入国际贸易组织的！十分明显，在既定局势下，这个组织成为致力于使我们的工业和农业生产脱离正轨的势力的又一个工具，世界资本会完全把它吞噬。

外国资本已经在俄罗斯经济中占统治地位。已经有95%的所有制不归我国法律管辖，处于离岸地区。世界垄断的淫威向俄罗斯经济强加了破坏科学技术潜力的方针。这就是为什么俄共坚持把经济基础部门国有化的原因。首先，这意味着被外国资本夺取的企业回归俄罗斯法律管辖。

俄罗斯经济还在带病运行，是因为几乎所有的钱都被运到国外。贷款利率很高，不能进行长期贷款。

为什么俄罗斯的贷款利率如此之高？储蓄银行几乎半数以上股票由外国所有者——世界不同国家的公司掌握。大部分股东来自英国、美国和加拿大。在银行的外国所有者名单中占次要地位的是瑞士。类似的反国家做法在俄罗斯其他银行也存在。

在工业领域，通行的依然是同样的对俄罗斯企业的奴役方式。令人惊奇的是，国家最有利可图的企业——"俄罗斯天然气公司"好像早已破产。早在2002年，俄罗斯为"俄罗斯天然气公司"偿还的外债达140亿美元。公司的债务还在增长，2003年，国家不得不还债75亿美元，以后几年情况都是如此。今天，"俄罗斯天然气公司"的利润是8790亿卢布，而它的债务约2万亿卢布，这是对外国借贷者的债务。"俄罗斯天然气公司"用地下的矿藏来抵押贷款，贷款"离开"，而放贷者开始主导供应蓝色燃料的条件。国家按照公司债券计算，提高国内的天然气价格，我们已经赤贫的人民支付数十亿美元的债务。

在这种荒唐的局面下，统治集团力图敲响现代化的战鼓来维持国家，由于俄罗斯的极端虚弱，跨国资本期待这里继续进行自由主义改革。这些改革——进一步毁灭生存保障体系的方式：住宅公用设施和能源供应体系、卫生和教育、国家安全体系。

当银行和企业完全属于国家之时，避免这种悲惨前景的可能性就会出现。20世纪90年代初社会经历的私人所有制已经证明是幻想。如果说它有什么值得说的话，那就是它摧毁了俄罗斯经济。

假如真正力求现代化和工业化，那么，国有化是必然的。相反，出售掉剩下的盈利最好的国有财产，俄罗斯将彻底沦为奴隶。

俄共将为终止私有化而斗争。通过自己的立法和宣传工作，我们早已表明了把关键经济领域转为国家所有制的必要性和有效性。对这种要求的支持正在增长。还在不久前，国有化思想引起怀疑，甚至使相当部分俄罗斯选民不安。现在，这个思想得到了最广泛的赞同。如果2005年我们在为国有化举行的人民公决中，就这个问题比其他问题发言的较少的话，那么，在2011−2012年，局势已经发生变化。譬如，对此表示赞成的人数已经完全符合赞同限制公共服务费用（家庭收入的10%）的人数。

继续目前的政策，注定使我国进一步被大的私人所有者——外国的和家养的所有者所掠夺。最近20年里，2万亿美元被运出俄罗斯。仅在去年，国家就流失了840亿美元。经济发展部预测，当年资本净流出达600亿美元。根据另外的估计，流出的资本达900亿美元。所有这些就发生在谈论外国投资的背景之下。

资产阶级犯罪国家对劳动人民的权利不断发起攻击。俄罗斯的月平均工资不到2.7万卢布，比欧洲的水平低3倍。但也只是"医院的平均温度"。在国内，今天，16%的人的工资低于最低贫困线，60%的劳动者所得不到1万卢布。根据国际劳工组织的资料，俄罗斯90%的居民是贫困人口。然而，100个最富有的俄罗斯人的总体收入超过5000亿美元。

全球资本主义——全球贫困

当然，当资本在世界占统治地位，社会发生深刻分化是普遍现象。世界超过半数以上的收入被10%最富有的人掌握。在俄罗斯，情况则更加悲惨：70%的财富属于0.2%的居民。

列举这一切之后，为什么我国的平均寿命是世界第105位，民族的健康状况是第127位，问题一目了然了。那么，喧嚣一时的"健康"国家计划产生了什么效果？这就是结果：俄罗斯的医院减少了一半，最危险的疾病迅猛增长。

学前教育机构减少了4.3万家，或者说一半。全日制普通教育机构减少到13312家。职业技术学校剩下不到一半。就教育水平而言，俄罗斯今天处于世界第43位，人类发展指标处于第66位。不难推测，随着教育转向事实上的收费，局势还会更糟，而预算支出还将减少。支出项目以后还将毫不留情地遭到削减。最近3年，教育得到的不足1280亿卢布，卫生不到167亿卢布。这些钱还是从劳动人民的口袋里掏出来的。

根据世界资本的想法，俄罗斯改革者活动的结果就是如此。对私人所有制的崇拜取代了经济增长、普遍进步和每个居民的美好生活，俄罗斯人民遭受着贫困、屈辱、腐败、匪帮横行、失业和靠微薄的口粮生活。真是可笑！

与子虚乌有的社会主义不同，俄共为之奋斗的社会主义不意味着在一种所有制下的兵营里的生活。在苏联时代，曾存在不同的所有制形式，合作社企业——加工和贸易、销售商店、饭馆和批发店能很好地运转，居民在当局的协助下，组织了别墅合作社、车库合作社和体育合作社。

工会掌握着财产，大部分疗养院属于它们。有个人所有制和宅旁园地所有制，所有这些都处于国家的保护和监护之下。极其重要的是，曾奠定过人民对各种所有制形式的发展都能施加影响的机制，但是已经运作不灵。为此规定了群众参与国家管理和人民监督，这就是为什么在当时条件下国家的资源被积极用于实现社会主义的主要原则"人人为我，我为人人"的原因。

俄罗斯的社会阶级分化已经达到了前所未有的程度，分化为少数富人、掌权阶层和绝大多数穷人。社会和精神文化矛盾就要把社会撕裂，使它处于隐形国内战争的状态之中。

社会种族主义——对赤贫的大多数人的悲剧却能厚颜无耻的无动于衷成为统治阶级的日常做法。这突出地表现在对数千万人的态度上，他们被抛到"社会最底层"，他们被宣布为不成功者、"傻帽"、"倒霉蛋"。一些乞丐和无家可归的人们、无人监护的孩子加入了这个"底层"，他们形成庞大的数量——约占城市人口的10%。要知道，这是1100万人啊！"靠近底层"的人——生活在完全绝望状态下的人们加入了"底层"，全国这样的人口达到1800万。资产阶级国家把他们抛弃，任意受命运摆布。这些人事实上被拒绝了居住和医疗救助权。他们在街上和地下室死去，他们失去生命，就像他们根本就没有存在过一样，没有留下姓名。顺便说说，他们也没有得到那些维权机构的关注，而这些维权机构经常大呼小叫地说违反了个别的有时是家庭殷实人物的公民权。为什么他们不关怀一下数百万慢慢被消灭的人？为什么不发声保护他们？

有计划地对人民实施精神奴役和腐蚀，破坏其民族文化价值观，压制其社会主义意识和集体主义道德。通过媒体，用全面暗示的方式，把极端个人主义、拜金主义、追求暴富和小市民式的消费方式强行引入到日常生活和道德之中。

世界危机只是加重了俄罗斯买办资本主义的危机。当局为了保护自己正在狂奔，它试图让人们看到其数个面孔：时而穿上国家爱国主义的外衣，时而取悦教会最高阶层，以便把俄罗斯东正教拖入与当局的联盟，使它成为其反人民政策的人质。同时，它不停地在其西方庇护者面前屈膝。

记得，与他们开玩笑没有好结果，当局会宣誓忠于改革的方针和自由主义价值观。

当局决定始终不渝地坚决遵循的只有一条路线，其实质是把自己"改革"的沉重负担转嫁到劳动人民肩上。人民被为原始般的生存而斗争联系起来，他们越来越难以应对不断上涨的公共事业费和电费，社会服务日益削减，食品、汽油和生活必需品的价格成倍上涨。

当局不仅使公民陷入为原始生存而斗争的深渊，而且摧毁他们对这种政策的抵抗意志。它总是利用反苏维埃和反共产主义情绪，纵容对祖国历史的愚弄，向大众意识中培植的思想是，"是的，现在不好，但是要知道现在是危机时期。在苏联时代，情况更糟"。这种"更糟"在电视上大播特播。而"民主"和"言论自由"绝不允许另一种立场的拥护者对明显的谎言进行驳斥，对历史的伪造进行揭露。

关于经济突破战略

苏联时期和现在的经济战略的实质是完全不同的东西，而且是相反的。我们记得，斯大林指出，"我们应该这样建设我国的经济"——1925年在联共（布）第14次代表大会上他解释说，"为使我国不变成世界资本主义体系的附属品，为使它不被作为其附属企业纳入资本主义发展的整个图式，为了我国经济发展不被作为世界资本主义的附属企业，而是主要依靠国内市场，依靠我国工业和农业结合的独立自主的经济单位"。

他这样清晰和明确地说了，也是这样坚决和彻底地做了。

普京在一次会议上提出了什么建议？怎么尽可能多地向俄罗斯吸引外国资本，其中包括向战略性经济领域投资。换句话说，积极地促使俄罗斯加入国际资本主义经济体系，而且是以无助的最小的伙伴地位加入的。而斯大林则绝对会预防这种情况的出现。

斯大林的工业化把农业的俄罗斯变成了强大的国家。我想提醒一下，仅在第一个五年计划，苏联的工业潜力就实现倍增，而且发展的主力——重工业占据了主要地位。在20世纪30年代末，6000家企业投入运营，而且是当时最现代的。为了在这些企业工作，形成了新的苏维埃技术知识分子，培养了工人干部。

斯大林也依靠集体农业，在农村重新确立了社会主义取向的俄罗斯传统村社制度。这里又有几个例子：仅在第二个五年计划，集体农庄就装备了50万辆拖拉机，12.4万辆联合收割机，14万辆卡车和其他装备。同时，500万农民掌握了机械师职业。

党支持斯大林，党的基础则是由渗透着为人民服务和为亲爱的祖国服务思想的人们构成。党用强大的马克思列宁主义意识形态武装起来，党动员和面对共产党员，面向广大人民群众，面向经常性的建设工作。

为了这些目的，在最初几个五年计划内，开设了数千个图书馆、影剧院和博物馆，保证了真正的文化革命。

20世纪30年代的经济突飞猛进不是某种技术行动，而是深刻具有精神意义的事件。我们的父辈和祖辈不止参与了规模庞大的建设，而且有意识地建立了伟大的红色文明的支柱基地和"神经中枢"。

斯大林的方针立足于苏联社会阶层所提出的科学之上，依靠社会中最有威望的一群人。

当然，也依靠人民红军，它在群众中享有无限的爱戴和支持。在斯大林时期，军队中的老兵欺负新兵的现象无从谈起，在武装力量中服役确实是荣誉、义务和光荣。士兵与指挥官完全受到人民的尊重和感激。

这就是斯大林的经济和社会突飞猛进的战略。国家的所有力量都集中在一起共同行动。苏联工业化的卓越组织者谢尔戈·奥尔忠尼启则很好地阐述了这一点，他说，"什么是协作？这意味着，数量庞大的工厂根据一个命令行动，互相帮助。您在哪里能找到这一切？在整个资本主义世界里，工业被划分为单独的公司，它们彼此进行残酷的斗争。而我们的工业集中在一个拳头，服从统一的意志，只会合理地利用它"。所以，例如，如果说在20世纪30年代初"国防"支出占年度总收入的9%-10%的话，那么在五年计划末，已经达到30%。整个苏联都支持这样做。

口头上是现代化　实际上是崩溃

经常把现代化和捍卫俄罗斯的安全挂在口头的现行当局的情况如何呢？国防实际上被抛弃，任由命运支配——提议让它独立自主地生存，在谢尔久科夫时代，在他作为国防部长的直接领导下，试图把军队变为私人小商铺，军队怎么"现代化了"？结果众所周知。在这种态度下，形成一支什么样的力量，更谈何攥成拳头？这里，另一种形象多半是适宜的——巴掌张开，鬼鬼祟祟地摸索，无论在那里抓到什么东西，就使劲去偷。国家同以往一样事不关已高高挂起。

工业在萎缩：它无论如何都远难以达到1990年苏联最不景气时期的水平。农业领域被摧毁，沿着农村和乡镇走走，就会发现坊间所说的那样，就像遭到了洗劫一样。那些在斯大林时代曾经是沃野千里的土地，如今已经是旷野千里，杂草遍地。

科学已经破产，被迫与无能的"改革"压力作斗争，它已经不再为今天的原料经济所需要，智力之源、特别是青年才俊不停地逃离这个国家。

至于当局所依赖的统一俄罗斯党，已经在民间难以听到一句说它的好话。大多数人对它已经形成了一种概念，它是拜金主义和官员职位、不事建设的官僚廉集场所。这个党只会毁灭国家。难怪连普京现在也与它保持一定距离，尽管他多年来就是该党的领袖和主要导师。

至于意识形态，俄罗斯的最高层根本就没有一个完整的体系。如果有某种思想流传开来，那么也是围绕着金钱和剥夺已经破产的国家和赤贫的公民的方式、保持有利可图的官员位置而进行的。

就是这样的平台，能实现什么样的跨越呢？这里我们完全可以再扎个猛子，更深入地联系起那段历史所造成的社会黑暗时代，而我国已经在这里沉沦了二十多年，越往深里扎，俄罗斯就越来越失去最后一点独立自主和参与的安全。

我们早就不生产在规模上可以看得见的当代科技装备，甚至在军事领域，特别是在成套的电子设备，把赌注押在进口上。产生了严重的冲突——正如先辈们所说的那样，在武装到牙齿的敌人面前，我们"赤手空拳"。还在苏联时代就设计、现在纯粹用作样品展示的现代武器屈指可数，照样无济于事。是不是感到惊奇，大量地谈论西方和北约的敌视，俄罗斯当局却随即让美国在乌里扬诺夫斯克——俄罗斯的最心脏地区建立基地。

国家进口了半数以上的食品，质量低劣，运输却没有任何保证。一旦这条线断裂，俄罗斯将面临极其严重的饥荒，药品的状况更加糟糕。国家加入世贸组织缺乏应有的准备，加剧了类似的危险。

工业生产领域的状况也大致如此。建立了一长制的企业原则上也没有任何改变。拿来蒙混社会舆论的不切实际的项目——与纳米技术、现代化和社会领域优先方面有关——兴奋期也就一年两载。之后当局自己就把它置诸脑后，以便给人们提供燃起希望的下一个"神话"。

总体来看，穷人为富人买单的经济政策是犯罪的。在国内，几乎2000万人过着极其可怜的日子，生活在饥饿和完全赤贫边缘。

在国家安全会议上，提出了必须整顿国防领域（一系列紧急情况之后）纪律的问题，军事预测中心负责人A.茨冈诺夫表示，"正如斯大林同志所说的那样，在每件事故后面都有名有姓有父称"。今天的"大人物"们喜欢向下属问责，确切地说——是寻找"替罪羊"。而自己拒绝像斯大林时期那样生活、工作和负责。如果从自己开始——就不会有20多年来俄罗斯持续不断的事故。这样就提出一个问题：谁该为事故承担责任？他们的姓名众所周知。不应该总是惩罚扳道工敷衍塞责。

他们总是用各种各样的方法使人民不再思考主要的问题：我们是谁，我们从哪里来，我们向哪里去，我们有权做什么和达到什么目标？要知道民族的自我意识在任何时间任何地点都是其生存的主要条件，是其安全的基本保证。例如，迄今为止，"俄罗斯人"一词在我国依然是不成文的禁忌。在某个写手和靠近权力的媒体嘲笑"俄罗斯人的懒惰"和"俄罗斯人的酗酒"等情况是例外。自然，同时不应该忘记，他生活的世界——居住的房子、行走的公路、走下去的地铁——基本上是用俄罗斯人之手建设并保卫，免遭敌人的侵犯。俄罗斯历史和俄罗斯语言在我国学校被蔑视和庸俗化，顽固地被置于教学过程的后排。媒体不去内行和诚实地讨论过去、现在和未来，而是向人们——特别可怕的是对青年的头脑中灌输各种各样的智力垃圾、有关飞碟的各种传说、外星人、一切皆可预测的算卦和预言等。如果电视总是充斥着暴力和龌龊行为，经常预言世界末日，而不是向人们宣传为未来工作的各种愿望，哪里还有什么突飞猛进？

高层稳定　人们危机

俄罗斯和世界发生的资本主义萧条越来越全面和深重，最终使世界文明的基础本身遭到了侵蚀。例如，今天，不仅是马克思主义，而且具有博爱、利他主义和禁欲主义思想的基督教都遭到打击。所有把人抬高到超凡脱俗的东西都遭到嘲笑，世界资本主义的主要思想——一种无节制消费的思想，把个人变成精神和高尚的东西都与之格格不入的生物。

不能不令人惊奇的是，我们周围的世界一年比一年变得更加不稳定和动荡。这种趋势越来越明显，而这一切都是在当权者谈论稳定多到令人牙酸的背景下发生的。对这种稳定可以有各种不同的理解：大所有主和为他们服务的仆从有自己的理解，人民大众又是另一种理解。根据各种情况判断，俄罗斯"最高层"理解的稳定是——有计划地恶化大多数人民的生活条件，靠牺牲这些人的利益来确立最少数居民即最高层的福祉。而对那些

"最底层"的人而言，他们深信，今天和明天不对社会、权力体系和经济领域做出根本变革，是不可思议的事情。

由此就产生了人民对苏联时期的尊崇，对曾完成最复杂和令人头痛的任务取得成绩的赞美。我们看到的这种尊崇，俄罗斯当局今天也不得不对之做出考虑。

俄共重建已经二十年，从重建的那刻起，就坚定地指出，在当代条件下，必须研究和运用20世纪30年代经济和文化建设的原则。我们共产党人，不止一次提出自己的关于俄罗斯全面发展的纲要，它基于本国社会主义建设的经验和世界的成就。但是，对现当局来说，这与他们明显地越来越格格不入，而苏联的经验引起他们病态的排异反应——自然而然地产生了危险的比较。所以，他们喜欢不加思索地遵循自由主义的教条，阻碍我国社会转向建设发展道路的任何尝试。

时间在流逝，世界和俄罗斯的局势越来越复杂和越来越骇人听闻。局势要求采取现实和有效的措施。但是，由于现当局绝对不会这样做，于是就产生了取代它并根本性地改变整个国家方针的问题。

预算绞索

每年，俄罗斯政治秋季的一个最重要事件是审议联邦预算。在这个文件中，经济与政治交织在一起。要知道，在这个财政法律中，总是这样或那样体现社会各居民阶层的利益。国家杜马中的俄共议员团经常收到许多来信，要求讲述向议会呈交了什么样的预算来审议，这个预算在多大程度上考虑到了公民的期待，它给俄罗斯人带来什么等，这就不是偶然的了。这类信件每年越来越多。

我们党对预算进行全面的评估。与"政权党"不同，我们详细地就国家的主要财政文件向选民解释自己的立场。言之有据和明白无误地表达自己不同意政府的社会经济方针。今天可以满怀信心地说，协商俄罗斯联邦预算时，还从来没有像最近一次那样，伴随着总统与总理、财政部和经济发展部之间为数众多的矛盾。

当然，送到杜马的文件到最终批准是要做出修改的，但是，修改仍然是非实质性的。最终，预算总是以政府提交到杜马的形式予以通过。这个最重要的文件的弊端是统一俄罗斯党保留下来并支持的。所以，每次都有一切理由来审议所提交的草案作为实际的最终决定，迫使整个国家按照这个行事。事先就可以自信地说，这个预算实质上具有反社会性和破坏性。

况且在起草主要财政法律时，政府甚至公开藐视总统的承诺和命令。自然而然产生的结论是，我们是厚颜无耻的游戏的见证者：政府向杜马提交令人发指的草案，以便随后由统一俄罗斯党做出修修补补、订正并在下一出政治戏剧中，作为人民利益的捍卫者呈现，抵制玩忽职守的部长和官员们的胡作非为。

目的是显而易见的：只有通过这种方式才可以提高"政权党"和总统的威望，似乎是他要求实质性地改善预算的社会部分。最终会做出某些修改，但是这种修改少得可笑。修改并不改变问题的实质。总统、政府和统一俄罗斯党对此心知肚明。但是，无论围绕着预算的游戏怎么玩，真相是，政府关于2013—2015年的预算是本世纪以来最糟糕的。

其缺陷如下：

1．预算是如此地反人民，与俄罗斯宪法直接抵触。要知道，宪法禁止通过恶化公民的社会状况的法规；

2．这个预算不会促进俄罗斯的发展，相反，它旨在进一步使祖国的经济凋敝，并破坏它。既不会有政府预测的俄罗斯经济2013—2015年4.2%的增长，也不会有计划中的工业生产3.7%的平稳增长，因为必要的资源没有得到保障；

3．最近三年所通过的文件不会保障任何宏观和财政稳定，预算收入一如既往地完全取决于原料市场摇摆不定的行情；

4．没有预先考虑到当局所承诺的扩大发展的支出，相反，为这些目标所拨出的资源前所未有地降低了，无论是用实际价值还是用名义价值来衡量；

5．不是为了公民的利益去变革退休金体系，而只是往预算中加入了对人民空洞和毫无益处的允诺；

6．文件的参数既不符合总统的预算国情咨文，也不符合他的竞选承诺和2012年签署的命令，而该命令规定了增加社会领域的支出。

所有这些都明显地与财政部在提交预算草案所作的解释性请示中的评估产生矛盾。评价自己的产品时，财政部总是千方百计赞美它，好像所谈的文件与提交国家杜马审议的文件毫不相干。

所通过的2013—2015年预算引起许多问题，对这些问题不可能再一览无余地进行审议。但是，上述使我们可以自信地断言，俄罗斯既定经济管理体系以及所实施的财政政策将会给国家带来失去经济和国家独立的威胁。摆脱这种局势的出路只有一条：根本性地改变社会经济方针，实施俄共所提出的措施。

1．我们所坚持通过的最重要的措施是原料和其他主要工业领域的国有化。二十多年的"发展"经验，确切地说是"后苏联"时代的经济萧条证明：犯罪投机的寡头不会为俄罗斯的发展做任何投资，而且永远不会投资，它只会掠夺和破坏。同寡头长在一起的政权也不会为改变局势做任何事情。它将最终站在寡头一边，使国家的主要财富留在寡头手里，以便利用他们的收入使一小撮亿万富翁继续发财，而不是进入国库来充实联邦预算。

2．其实，俄共在国家不同地区所进行的人民公决和民意调查的结果表明，90%的公民支持国有化的想法。总统和政府继续把私有化、甩卖国家财产作为灵丹妙药，它只会给国库带来一次性和非常有限的收入。把工业最重要领域国有化将会带给国家预算巨大而且经常性的附加收入来源。

只有这样，才会实现俄罗斯的新工业化。

只有这样，才会给国家提供复兴的机会。

只有这样，才会使民众的福利有实质性的提高，教育和卫生有实质性的改善，对地区提供实际帮助。

3. 在我们的主要优先领域中包含了农业，它已经遭受了二十多年的前所未有的掠夺。过路的农产品贩子掠夺农业，他们从来不向农业投入点滴劳动，却力图牺牲饱受屈辱的俄罗斯农民利益发财致富。能源领域的人、石油领域的人、天然气领域的人、交通领域的人掠夺农业——不断提高的费用、难以承受的农业机械和燃料润滑材料的价格。银行投机分子利用高利息贷款来掠夺它。向杜马提交的所有预算草案证明，政府不采取任何措施来挽救国家的农业领域，由于上述因素，国家加入国际贸易组织将摧毁这个领域。

4. 国家需要保证有工业、交通、农业部门、建设、贸易领域可以接受的利息贷款的银行体系。这应该是为经济发展服务的银行体系，而不是掠夺和把金融资源运到离岸区的银行体系。

5. 俄共经常要求重新审视俄罗斯现行的税收体系。是终止对穷人加大税收压力的时候了。没有这点，暴发户们就会不停把资本运到国外，从而掠夺和毁灭俄罗斯。

我还没有列举一切，只是挑最主要的优先措施列举出来，这些措施会成倍地增加对经济、卫生、科学、教育、文化、体育和青年政策的预算支出。我们大家应该意识到，没有勇敢和日常的斗争，就既不可能达到修改预算政策的目的，也不会根本性改善社会领域，也不会提高工业和农业，更不会复兴俄罗斯。

俄共十五大对过去二十年做了原则性评价，甚至对俄罗斯目前的政治和社会经济局势做了评价。代表大会详细分析了总统和政府所实行的反人民方针的内容及其后果，不仅深刻揭露了寡头制度政策的恶性循环，而且形成了俄罗斯共产党对国家走出死胡同的建议。解释一下执政阶级不愿审议俄共的反危机纲要不是多余的。承认这个纲要——就意味着承认俄罗斯的严峻的真相，就意味着承认他们把国家带到了悲惨的境地。

幻象阴影中的危机

俄罗斯政府定期在国家杜马就自己的报告进行发言。内阁的基本任务是不仅分析他们所做的事情，敲定国家在某个时期的任务，而且还要确定未来的纲要。前景在很大程度上取决于当局在多大程度上能够清醒而审慎地评估自己的工作成果，在多大程度上积极地对待今天的社会经济现实。要知道，这预先就决定了它未来的行动。对所取得的成就评估质量要比任何有关目的的宣言都能证明其职业水平和政策的有效性。

其实，最近几个月来，俄罗斯的政治生活的特点是发布了大量关于意图的声明。国家领导人通常向各个地区宣布意图。在俄罗斯的各个地方，总统和政府总理讨论需要的，但是早就知道的目前的问题——从在萨哈林建设离岸区到实行统一的学校形式。至少在这之前他们就确定了重大而严肃的任务：现代化、打击腐败、确定新的青年政策。他们会宣布例行行动，一年两载装装样子，表明他们在从事所宣布的事情。

但是，现在重要的内容已经淡出了总统和政府将触及的问题范围。他们几乎就现代化不置一词，而且也不谈腐败和支持青年。所提出的问题越来越细小。所形成的印象是，当局最近向社会提出的内容，宣布一下只是为了使国民不关注社会经济问题，让社会讨论次要的东西，而同时造成政府本身高效积极的幻象。

政府在国家杜马的报告变成了赌咒发誓的汇编，说是俄罗斯经济和社会领域沿着正确的道路前进，以后政府还会有更大规模的计划。的确，例行报告之后，人民很快就忘记了计划。于是新的允诺代替了它，这些允诺离生活的真相太远。国家的实际状况——经济、国防综合体、教育、科学、医疗、文化其实依旧在恶化。

外部控制下的经济

很早就对俄罗斯政府能对自己的工作做出客观评价失去了信心。首先，它回避原料资源和生产资料所有制问题。就让我们看一下：谁在俄罗斯掌控主要生产资料，即建设物质福利的资料、形成国内生产总值的资料？

我已经指出，在我国，几乎所有大的财产——90%都处于外国的法律管辖之下。这基本上是诸如"基本元素"、"西伯利亚金属联合体"、"新库茨涅茨金属联合体"、"ＸＫ金属投资"、"北方钢铁"、"诺林斯克镍业"、"乌拉尔钾肥"、"雄蜂"等开放股份公司。还有诸如"阿尔法集团"、"巴什基尔石油""俄罗斯石油"、"佛斯农业"子公司及其他公司集团。

这些巨无霸所得到的利润大部分运出了俄罗斯，这对国家经济造成了巨大损失。公司的利润流向国外，它既不会用于资助科学研究和试验设计工作，也不会用于技术更新和改善工艺。这里隐藏的主要原因是，俄罗斯经济依旧是原料经济，其容量在缩减，就像搓纹革一样在收缩。甚至俄罗斯政府下属的俄罗斯统计局公布的资料也证明了这一点。

统计指数说明，2008—2009年席卷整个国家的危机，俄罗斯还没有走出来。当局只是缝补了财政窟窿，而且是靠剥夺人民的资金。现在，长期的经济下行新阶段已经来临。其中一个证据是——俄罗斯国际黄金外汇储备的状况。如果说在2008年8月前，即世界金融危机初期外汇储备达到6000亿美元，那么到2013年3月1日前，已经缩减到5230亿美元。2013年7月中旬，则为5057亿美元。

可能，有人会问：我们要这么多外汇储备干嘛啊？但是不应该忘记，今天俄罗斯经济已经被"嵌入"世界经济。国家已经被驱入债务深坑。为了保持自己的国家独立，俄罗斯必须有外汇储备，哪怕超出外债总数的外汇储备。但是我们看到的局势正好相反。

根据中央银行订正的资料，俄罗斯联邦的外债2013年初不到6230亿美元。在2012年期间，外债增长了930亿美元，即增长了17.2%。根据任何一个经济指标我们都不会看到如此急剧的增长。以等价卢布计算，俄罗斯外债年度增长达到了2013年联邦预算的四分之一。

我们注意一下，2013年7月1日的情况是，俄罗斯的外债数额超过国家的国际储备数额，几乎达1950亿美元，或者说达6万亿卢布。正是这些数字反映了真实经济状况，证明当局奉行的经济政策的无效性。

有时候听到一种论断说，俄罗斯联邦的外债不是国家的债务，商业机构应该为此承担责任，因为这是他们积累下来的。谁遵循这种逻辑，谁就忘记了，恰恰俄罗斯政府（就是说俄罗斯国家）是冲抵借贷者外债的保证人，而不是取决于其所有制形式。

到2013年3月1日，俄罗斯总体外债的结构如下：

2013年初，国家机关的外债为478亿美元，一年之内，外债增长了131亿美元，或者37.8%。

银行和资金信贷机关的外债为外债总额的34.5%。

构成俄罗斯经济商业领域的商社、公司和其他实体的外债几乎占外债总额的58%。

问题是：在外债这种无节制增加的情况下，国家获得了什么？对经济有什么好处？在俄罗斯，什么得到建设、恢复和重建，以便这些债务好歹看起来物有所值在将来可以冲抵，而不是再一次把我们带到资不抵债？要知道，从财政观点来看，国家实质上处于资不抵债状态。如果俄罗斯联邦的债务将向债主一次性提交而且以大额的方式，那么它在法律上就处于这种状态。

此外，塞浦路斯制定的没收大额存款制度可以在其他离岸区得到运用。俄罗斯的银行和公司有这些外资在承担着，因此，它们变得更加脆弱。同时失去其存款保证的威胁也是整个国家金融安全的威胁。

资本抽逃　国内生产总值下降

俄罗斯的风云人物们不是去采取紧急措施来活跃经济，而是在塞浦路斯事件之后继续把资本运到国外，而且速度更快。仅在第一季度，就有258亿美元逃离俄罗斯，其中240亿逃到银行。以等价卢布计算，逃到国外的资本超过7500亿卢布。

如果这些钱用于支持农业，特别是用于春播工作，那么，过几个月后国家就会获得巨额回报。在一年之内，就可以解决其相当大部分粮食和经济问题。

国内的制药业也需要资金，这个行业处于进口药品——价格昂贵而且质量远没有保证的药品的毫无控制的冲击之下。

最后，就在前不久，总统承诺拨出5万亿卢布去发展航空工业。早就应该开始对这个最重要的部门进行现代化改造，如果当局表现出政治意愿，并制止资本流到国外。确切地说，就会制止对俄罗斯可怕的掠夺。但是，与此相反，人们用虚假的纲要和预测来养活人民，而这些预测无论如何与实际经济状况毫无关系，而且与社会的真实需求没有任何关系。

其实，2013年第一季度的经济总结要比一两年前甚至最悲观的政府方案都要凄惨。

预测国内生产总值增长从3.6%到5%。但是，经济发展部被迫承认，根据第一季度的总结，增长不超过一个百分点。现在，前任经济发展部长安德烈·别拉乌索夫声称："这样的经济增长"就如同零增长一样。国内生产总值速度下降的后面隐藏着联邦预算的损失，数额超过一万亿卢布。

我们面前还面临着更加实质性的损失。独立专家预测说，在2013年剩下的几个月里，将不会有承诺的增长，不排除国内生产总值进一步下降的可能性。

如果把第一季度正式从俄罗斯逃离的金融资源与由于经济增长速度下降没有得到的钱相加，构成的损失超过2万亿卢布。这还是看得见的损失。如果再加上通过运行一两天的公司非法从国内运出的资本，那么，又要损失一万亿卢布。这是日前中央银行的领导正式承认的。

这样巨额的钱在俄罗斯打个转，然后运到国外。但是，我们同时经常听到官员抱怨，说国家没有可以用于大力发展科学、保证免费高质量的教育、挽救俄罗斯的医疗免于技术和干部萎缩的资金。

在俄共的反危机纲要中，已经要求通过禁止无节制地掠夺性地把资本从俄罗斯抽离的法律。我们的政治反对派断言，它不现实。之所以这样断言，是力求迫使人民相信，好像有计划地掠夺和破坏国家是唯一的可能，不存在其替代方案。同时，同样是这批反对派力争事实上使犯罪和腐败合法化，而不愿承认席卷俄罗斯的危机的真实程度。

工业生产不断下降也证明了持续不断的危机趋势，这种下降从国民经济状况的观点看，是关键性指标。甚至善于涂脂抹粉的官方统计也证实了工业生产的下降。这种下降开始于去年，今年第一季度还在持续。

1月份，工业生产下降了1.5%，2月下降2.1%，加工领域下降1.3%，而在采掘业领域，下降2.3%，能源装备的生产下降15%—16%。

工业生产的萎缩直接影响到国防能力的下降。现在，在世界军事紧张局势加剧，国际威胁事件不断增加的情况下是特别危险的。

认识到这些危险，总统在安全会议最近举行的一次会议上直言不讳地表示，以目前的速度和方式来对俄罗斯的工业现代化在技术上重新武装将是复杂的。应该以20世纪30年代苏联工业化为榜样，当时在五年之内，在两个五年计划期间，建设了数千个最发达的工业企业。这些企业后来成为苏联经济和国防综合体的主要支柱。

但是，要知道，20世纪30年代的工业化是在官员和管理者极其严格地受社会监督的条件下，在所有各级都不折不扣地遵守纪律的条件下实现的。任何背离法制规则的行为都将受到惩罚。在目前政权总体腐败的情况下，在国家机关极其萎靡的情况下，不可能取得工业化时代类似的成果，如果预先不在管理领域实施根本性的干部更新的话。

在我党的纲要中，发展基础工业被视为保持俄罗斯国体性的最重要条件。但是，如果工业生产领域破产，它们之间的技术联系被破坏，那么就不可能达到工业生产的增长。如果同时还继续对最重要的企业进行野蛮的私有化的话，不调整我们一贯坚持的所有制关系，就难以保证工业生产的飞跃。而没有工业的复兴和发展，就不会有经济的增长。

在经济发展部副部长安德烈·克列帕奇不久前发表的一次讲话中，他说，"达到经济增长5%的目标——不是目前讨论的话题"。同时，还是这个政府前不久正式通过了经济发展方案，其中规定了这样的速度。但是，正如那位克列帕奇宣布的那样，"方案是一回事，预算是另一回事"。

经济下降，尤其是工业生产的下降直接影响到联邦和地方预算的执行。

生产下降　　地方贫困

沉沦于债务和难以解决的问题，俄罗斯大多数地区的预算局势威胁着国家的完整性。2013年初，俄罗斯联邦各主体的债务总额，按其支出权限来看，约1.4万亿卢布。此外，在第一季度，由于各地区整理预算，又形成了5000亿卢布的"窟窿"。根据经济发展部的预测，到2018年，各地区的预算赤字增长到1.8万亿卢布。同时，政府竭力尽可能多地把俄联邦各主体的社会责任转移。从2014年起，财政部甚至拒绝向俄罗斯各地区提供预算贷款。

各地区的财政和社会问题不仅是由经济危机和生产下降引起的。它也是由于国家缺乏审慎的地方政策所决定的。其证明就是地区的人均国民生产总值指标不断增长的差数。如果说2003年这个指标的最大差数为58倍，那么，俄罗斯统计局最近公布的差数，已经超过了83倍。

必须消除俄罗斯各地区触目惊心的失调。所以，共产党人在杜马党团要求通过国家地区政策的法律。

各地区的问题在相当大程度上可以依靠发展农业来解决。但是，在这个领域，就如同在整个经济中一样，依然实行反人民的自由主义政策，结果，农业领域遭到破坏。这个领域的技术落后只会逐年加剧。例如，根据俄罗斯统计局最近的数据，俄罗斯拖拉机的生产为13234台。其中包括一些联邦区：在中部联邦区1602台，西北联邦区703台，南方联邦区929台，西伯利亚联邦区总共只有315台。

所生产这些数量的技术机械绝对不符合地区的需求。它们被迫购买进口农业机械——这有损于本国的生产和居民的就业。按照许可证购买的进口农业机械没有装备必要的零配件。这更加激化了农业领域的技术保障问题。结果，肥沃的没有耕耘的土地撂荒，耕牛的数量减少，农业居民机械依然不足，俄罗斯的农村正从俄罗斯的地图上消失。

如果把依然没有被追究责任的谢尔久科夫时期国防部被盗窃的资金投入到农业领域，俄罗斯的乡村的人口会比现在多得多。

如果纵然把被运到离岸区十分之一的资金用于农业机械制造，那么，国家将获得在我们自己土地上生产的优质粮食。

3月初，总理梅德韦杰夫视察下诺夫哥罗德州之时，他不无满意地对此做了憧憬。同时，他难过的是，在俄罗斯人所需求的蔬菜中，只有26%是在我国生产的。梅德韦杰夫同意，进口蔬菜质量不太好，甚至对健康是危险的。目前没有任何理由希望，总理所说的能够体现在国家的农业政策上。

俄共在杜马议员团和我们在地方立法机关的代表提出了具体建议和要求，打算根本地改变农业领域的政策。

必须刻不容缓地通过的第一个决议是——保证俄罗斯农民可以自由地进入食品市场。这会使农业劳动者获得更高的收入并独立自主地销售自己的产品，而不是把自己的商品以三瓜两枣的价格卖给二道贩子寄生虫。同时，市民可以获得他们的同胞在自己的土地上生产的优质食品。正是这样的程序加强了邻近的白俄罗斯所实行的国有农业生产。

但是，俄罗斯国家在这个领域的政策由腐败动机所决定，所以，进口商品的供应者以及二道贩子获得优势。而且那些人与在俄罗斯领土上活动的种族犯罪有联系。这些生活的新主人贿赂官员和执行机构，扼住我国农民的脖子。实质上，他们用所生产的东西剥削俄罗斯的城市居民，城市居民不是向农民劳动者付钱，而是向一帮外来的中间人付钱。

我不能不对现行农业政策的一个缺陷做出阐述，这与所谓的自由对外贸易有关。我们倒霉的官员们经常为俄罗斯成为了最大的谷物出口国而自豪。但是，这样的自豪看起来是反自然的，如果考虑到俄罗斯的农村在我们的眼中逐渐破产，那么，农业生产的总量将要下跌。

例如，2012年，农产品总量减少了4.7%，这只是根据官方的统计资料。此外，俄罗斯统计局报告说，2013年3月，农业企业饲料的保障率与去年同期相比减少了23%。同时，当局还在试图取消目前还在运行的谷物运出俄罗斯的某些禁令。

这样的政策与保护民族利益和国家安全没有任何共同之处。

不得不说到另一个问题，这个问题直接由上述问题产生出来。这个问题就是正在增长的失业。俄罗斯政府完全不承认这个问题，而且，它经常自夸的是，俄罗斯的失业问题要比欧盟和美国低得多。

关于隐形失业的明显谎言

今年4月初，在"经济现代化与社会"研讨会上，主管社会问题的副总理奥莉佳·戈罗杰茨引用了涉及到居民就业率的一组令人烦恼的数字。她说，在俄罗斯8600万有劳动能力的人口中，按照戈罗杰茨的说法，只有4800万在"看得见和能明白"的部门就业。按照她的结论，所有其他人都"弄不明白，他们在哪里就业，就什么业，怎么就业"。

戈罗杰茨断言，国家对这3800万公民的工作性质和岗位没有确切的资料，他们对"整个社会造成了问题"。作为回答，我想问一下副总理：谁给这些人制造了问题？要知道他们大多数人想根据职业技能有固定的工作，获得正当的工资，诚实地纳税并定期向退休基金注入提留。这3800万人中的三分之一的人是相当年轻的，接受过高等教育，但是在目前条件下难以找到专业对口的工作。他们许多人被迫寄身于"灰色"劳动市场。副总理戈罗杰茨谈到他们，自信地认为，好像她绝对不了解这个市场究竟从哪里来的。

独立的社会政策研究所地区项目主任娜塔莉亚·祖巴耶维奇引用的涉及到同样内容的令人不安的资料。在俄罗斯，有1500万—2000万人，无论是税务机关，还是劳动市场专家根本没有他们的任何资料。

但是，要知道当局、社会学家首先关心的是，这几百万人口怎么就从税务部门的失业中消失了。但是，无论是国家，还是社会学家都不关心，这些人靠什么生活，在哪里生活。失去了创造性工作可能性的那些人，他们的自我感觉如何，所以，在野蛮资本主义条件下，不要求真正创造性的活动。

当局向我们保证说，失业对俄罗斯来说不是严重的问题。但是，仅在2013年第一季度，超过30万家小企业停止了运作，因为它们的社会支付费被迫成倍增加。到前半年末，这样的企业达到了50万家。毫无疑问，这些企业的大部分工人加入了失业者行列。

不停的破产进程增强了失业的增长，实际上，这是准备对企业进行私有化屡试不爽的方式。

例如，3月中旬，根据仲裁法院的判决，决定在塔干汽车厂实施外来管理。还在一年前，这家企业的债务超过了210亿卢布，而且还在增加。试问：为什么1997年成立（相对来说是前不久的事情，而且装备了现代化的设备）的企业现在要破产？它生产了俄罗斯需要的各种产品，越野汽车、小卡车、公共汽车等。因为什么原因，谁让这家企业走到这种地步？在这里工作的工人和专家因此得到了什么？他们中有多少人失去了工作？新来的管理者能否胜任解决工厂工人的问题？他们面前是否有这样的任务？

私有化——腐败的基础

毫无疑问，我们的当局是可以成功地进行这种根本性的私有化的。俄共经常抵制这种破坏性的进程，多年来为制止该进程而斗争。与私有化斗争——我党纲领的重要部分。首先，我们将进行斗争，利用国家杜马所有制委员会的力量。在俄共十五大上，就《共产党人反对反人民的私有化》通过了专门决议。

但是应该承认，抵制这个进程暂时还不具有群众性。人民还没有完全意识到，把矿藏和生产资料，即全民所有制的最重要部分交到私人大老板手里是什么样的恶行。苏联强国的解体正是从这里开始的。只有制止私有化，下一步重新审议过去所进行的庞大的私有化交易的结果，才可以开始复兴俄罗斯。

然而，当局不愿意承认这些。相反，它继续缝补财政窟窿，廉价甩卖人民的财富。只要形成了联邦预算窟窿，经济发展部立即建议通过私有化使国家得到收入，数目从起初的1万亿卢布到后来的1.7万亿卢布。特别是提议国家放弃"俄罗斯石油"19.5%的股份，为此只获得5000万—5500万卢布。我们只在一年来国家采购工程付出的就比德米特里·梅德韦杰夫当总统时多一倍。马上又建议为这样的数目出让最大的石油公司五分之一的份额。

国家只为三瓜两枣——2000亿卢布就出让"俄罗斯电讯电话"公司50%的股份。而且，谈到国家从私有化交易中得到的好处，财政部长安东·西卢阿诺夫声明，"这些资金将留在公司自己手里"。这再次证明，充实国库完全不是私有化的真正目的。其真正目的是——以最快速度把国有财产转到暴发户手里，保证他们得到最大的好处。在这种情况下，预算只是一个加速私有化的借口和证明有助于彻底消除俄罗斯国有财产的官员正确的证明。

国家的最高监督机构——审计署已经对前些年实行的私有化做了官方评价，认为它是对国家的掠夺过程。但是，尽管这样，甩卖国有财产以及随之而来的践踏法律的行为近来继续急剧增加。

今年1月，俄罗斯联邦反垄断署要搞清的问题是，谁在私有化过程中获得了远东战略港口"瓦尼诺"的一半股份。反垄断署交通与通讯监督局局长德米特里·鲁腾别尔克就出卖港口一事表示，"没有就交易之事同反垄断署进行协商。让人警觉的是，股份不仅出售给俄罗斯投资者，而且卖给外国投资者。应该考虑到，港口是战略资产"。

这样一来，连国家赋予其监督使命的机构都难以监督私有化的合法性。

私有化进程现在绝对不受国家杜马监督，这是政府和统一俄罗斯党行动目标明确的结果。

早在2012年6月，第一副总理伊戈尔·舒瓦洛夫就声称，俄联邦当局不允许在燃料能源综合体私有化时歧视外国投资者。政府在管理俄罗斯经济的"成就"导致了什么——在获得俄罗斯最重要的财富时，坚决捍卫外国人的权利。

我想提醒一下：根据经济发展部前部长安德烈·别洛乌索夫的声明，他预测说，到2016年，国家将完全退出对外贸易银行的股份，现在国家持有该银行75%的股份，还要完全退出俄罗斯农业银行的股份，国家此刻百分之百持有该银行的股份。国家还计划放弃自己在俄罗斯农业租赁公司（约百分之百的股份）、"苏维埃商业港"（100%股份）、"谢列梅捷沃"国际机场（83%股份）、"航空港"（51%股份）、"联合谷物公司"（100%股份）以及其他公司的股份，诸如"阿尔罗斯"、"俄罗斯水电"、"国外石油"和"因特尔股份公司"等。随之而来的将是"俄罗斯铁路"、"跨国石油"、"联合造船公司"、"联合航空建设公司"脱离国家的监督。

在必须进行新工业化、现代化和发展航空工业以及整个国防工业综合体的喧嚣和议论下，按照甩卖价出售苏联五年计划时代通过艰难而英勇劳动建立起来的一切。

人民早该意识到这个过程的掠夺性本质，不再投票支持那些没有给俄罗斯提供任何替代选择、只是淘空它、以几代人建立起来的财产来发家致富的人的政策。

已经决定了二十多年俄罗斯经济政策的超级自由主义者，就其意志来说，无论如何也不会放弃私有化。他们自己、他们的财富、他们的权力——就是由强加给国家的私有化所产生的。

正是俄罗斯快速甩卖国有财产的模式产生了无所不包的腐败，它已经成为真正的社会瘟疫。但是，善于思考和负责任的人们越来越明显地看到腐败的规模和后果，腐败分子本人的行为就显得越来越赤裸裸的无耻。

许多年里，俄共已经谈到盗窃国防领域的资金，认为安纳托利·谢尔久科夫在国防部长职位上令人发指的不匹配。但是，在长达五年的时间里，谢尔久科夫依然不可侵犯。现在，当军事部门揭露出令人发指的盗窃预算资金和非法出卖国家资产、包括土地的事实时，当揭露出给国家造成数亿的损失时，前国防部长及其部属依然逍遥法外。

不久前，塞浦路斯银行的情况证实俄罗斯国有银行在离岸区拥有账户表明，当局在纵容腐败分子。随塞浦路斯丑闻而来的是在英国所属维京群岛离岸区账户。由于这个丑闻，媒体公开点出了俄罗斯高级官员的名字，其中包括第一副总理舒瓦洛夫。

就塞浦路斯当局对银行存款及其持有人，包括俄罗斯人被迫采取的措施明显不满，梅德韦杰夫总理指出，那里是在进行"继续对掠夺者进行掠夺"。但是要知道，完全不是所有的运到离岸区的钱被剥夺的人在掠夺。

不是已经被偷光的俄罗斯的公民在掠夺。等待俄罗斯劳动人民的是另一种命运：他们注定要填补由于危机或离岸区富人们的损失的财富，而这些富人们掌握着我们的国家。

正因如此，等待俄罗斯人的将是对住宅不动产征税的新办法。换句话说，急剧地增加住宅面积税。现在，它将依据住宅价值名册进行。官员们安抚性的声明说，好像这个税种不涉及穷人——这是对极其轻信和幼稚的人谈的。穷人占俄罗斯人口的四分之一。而在对居住的不动产计税时，根本不考虑公民的收入水平。许多人很快将发现，他们的纳税增加了好几倍。

同时，公共事业服务的费用继续增长。它以如此速度增长，甚至连普京总统都不得不对此表示愤怒。2013年2月，在就公共事业问题举行的会议上，他尖锐地批评公共事业缴费的过分增长，并马上要求限制在每年6%，一些人相信了并表示高兴。总统的支持率马上提高了几个百分点。但是过了一周，莫斯科公共事业增长指标公布了，2013年，天然气的价格对首都居民提高15%，电费提高10%—12%，热能提高9%。在许多地方，今年的费用平均比莫斯科增长实质更多。

当局调节电视费用的想法没有产生任何结果，那些制定掠夺公民费用数额的人，早已不害怕电视上的普京。因为他们明白：电视上的愤怒和威胁——这是一回事，而纵容野蛮资本主义最反社会表现的普京的实际政策是另外一回事。这不仅涉及到费用的事，而且涉及所有的事。

上面所述与俄罗斯各级权力——从地方到联邦权力的深重危机紧密相关。只有在改变班子、改变覆盖俄罗斯生活所有领域的政治和经济方针的条件下，管理危机才可以克服。

人民经济　具有活力

俄共建议，利用在共产党领导下国家在最佳经济中所积累的丰富的正面经验。

在土地上的集体劳动成为俄罗斯人民与生俱来的一个特点。这形成于几百年前。为了在非常复杂的条件下从事经济活动，他们必须守望相助。在西欧，很早之前就在相邻的农民经济中产生了血亲村社。气候变暖与生产力的发展使个体经营变得有利可图。之后在邻居村社不断发生关系逐渐弱化的过程，直到完全解体。

随着生产力的发展，我国在蒙古人占领之前，任何方面都不逊于欧洲。但是，就如同今天一样，气候是非常严酷的。农民十分明白与此有关的危险：冬天就会预示着秋天应该收藏什么。在南部还存在着对基辅罗斯经常性的军事威胁。斯拉夫农民向气候更温和的土地扩展并站稳脚跟是非常复杂的。所以，他们基本上不得不在有风险的土地上劳作。这迫使农民抱团，形成了集体主义感情。在斯拉夫人的村落里，考古学家经常发现共同的食品储藏库，以防"不时之需"。金帐汗国入侵之后，局势越来越严峻。经济被破坏了，居民为了免除占领者的威胁，逃到北方和东北地区。这样，集体工作和相互支持的必要性变成了日常需要。这也就解释了俄罗斯农民村社坚固性的原因。

几个世纪以来，集体经营土地的形式是最有效率的。早在19世纪，研究者发现，在农民村社里，与其说总是存在理解，不如说存在几个世纪以来形成的取决于每个农民家族对共同福祉的感情。正因如此，在20世纪初，保留了土地重新分配制度：农民总是为了耕作从村社可以经营的土地获得不同的份地。之所以这样做，是为了不让那些得到好地的人致富，不让那些不走运得到差地的人变穷。土地私有制对村社是有害的，因为集体管理在经济上是更有效的。同时就形成了几个世纪以来的互助和集体福利优于个人的传统。这些传统牢固地保持在我国人民中间而且流传至今。

在农村保持村社是客观现象。值得注意的一个事实是，直至19世纪，当局根本就没有以任何方式从事农民村社的制度构建，官员也几乎不干预他们的生活。国家管理在乡一级就是终端，农民有自己从事村社生活的组织。即这是纯粹的自我组织和自我管理。

19世纪农业领域已经成熟的危机把村社置于严峻考验的境地。这首先与俄罗斯的欧洲部分技术落后和农业人口多余有关。农民开始变得贫困起来，1861年废除农奴制以后，农民欠下了许多债务。但是，20世纪农民村社的坚固性表现出来。正是不理解这些特点和力图让农民屈膝，导致斯托雷平改革的失败。改革的意图在农村变成了血腥的动荡，并悲催地以"斯托雷平领带"为世人所知。

十月革命胜利后，布尔什维克不得不解决农业的危机问题。就如同许多情况下一样，解决方案制定得非常出色。理解到大多数农民对自我组织的渴望，列宁把希望寄托在农业合作社上。1923年在就此问题发表的文章中，列宁写道："在生产资料公有制条件下，在无产阶级对资产阶级取得阶级胜利的条件下，文明的合作社工作者的制度就是社会主义制度。"

我们将不掩饰的一个情况是，把希望寄托在合作社并没有得到党的无条件支持。列宁本人承认，许多党员怀疑地对待这个思想，而左派则是完全敌视。但是，在自己的文章中，他令人信服地证明，合作社的意义被低估了，这个形式本身完全可以诠释为正在建设的社会主义社会："在我国现存制度下，合作企业与私人资本主义企业不同，合作企业是集体企业，但与社会主义企业没有区别，如果它占用的土地和使用的生产资料是属于国家即属于工人阶级的。"

现在指责布尔什维克是时髦的事情，他们说，似乎布尔什维克不假思索地做了试验。但是农民村社的局势说明了相反的东西。列宁的态度不仅从社会阶级的观点看，在根本上与斯托雷平的不同。列宁十分明白农民社会的特点，他不是摧毁传统，而是建议为了社会主义的利益利用他们，同时，把他们提高到崭新的水平。

斯大林也接受了列宁的这个思想，他指出，合作社是"劳动人民的群众性组织，是团结非党人员的组织，首先是消费者的组织，随着时间的流逝，它也是生产者（农业合作社）的组织。在无产阶级专政获得巩固、在广泛的建设时期，它将获得特别的意义"。

斯大林的话不是只落在字面上。合作社牢固地进入了苏联的日常生活。生产组合成为了其最广泛传播的一种形式。首先，这些组合从事人民消费品的生产。但是也有一些十分独特的例子，其中之一是在列宁格勒"进步无线电"组合的工作。正是这个组合组装了我国第一个电子设备——电子管收音机和电子发射管电视机。

今天，没有多少人记得，生产组合在苏联经济中起了显著的作用。在斯大林时代，这样的劳动组合达到10万多个，其产品达到工业生产的6%。国家的支持促进了组合数量的增长。此外，官僚主义的拖拉作风在劳动组合降到最低，所有的文件在一天之内就可以办好。

如果看一下农村，那么主要灾难就是苏联农业的快速集体化。正因如此才导致一系列过火行为，否定它是没有意义的。斯大林本人也否定了这种现象，他就此写了篇题为《胜利冲昏头脑》的文章。但是，思维健康的人明白，苏维埃俄罗斯所处的条件要求快速做出决定。

苏联确立的集体农庄制度同几个世纪以来的农民的集体主义精神并不矛盾。相反，它完全符合这种精神。现在可以听到最疯狂的社会主义的反对者，他们把集体农庄制度与农奴制相提并论。这些先生明显在耍滑头，他们十分清楚，数百年来，农民暴动反对农奴制，在17世纪和18世纪发生了两次大的农民战争。集体农庄如此自然地进入了农村社会，在伟大的卫国战争年代，农民自己自愿地在游击区、在法西斯的后方恢复了集体农庄制度。甚至今天在强力摧毁我国的集体农庄制度之后，许多人选择集体劳动制度。他们由此赢得的成果我们下面再讲。

20世纪，西方试图实施人民企业制度，其原因是工人积极争取自己的权利。在革命动荡中失去财产的危险迫使资产阶级采取紧急措施，降低社会的紧张程度。其中的一个例子就是法国通过了法律，规定把部分股票转交给企业的工人。在1917年4月，这是典型的情况。

伟大的十月社会主义革命使劳动人民在我国取得的胜利，把资产阶级吓破了胆，担心法国的例子会广泛传播。美国成为类似法国的一个最发达体系，20世纪中期，那里通过了一整套类似的法律。

然而，工人和职员参与所产生的股份制公司与真正的人民企业过去没有、将来也不会有任何共同之处。其建立的动机就不纯，更不要说社会公平了。只是大商业清楚地认识到必须与工人分享点什么，只是不要丢掉一切。所以，找到了纵然是把部分工人"捆在一起"，把他们从罢工运动中拉回来，在某种程度上成为带着"股东"这个响亮名头的自己的同盟军。

形式上工人成了企业的一个共同所有者。但是，资产阶级不打算把生产和分配的监督权交到工人手里。所以，控股权掌握在少数几个巨头手里。大量的单个股东一般来说组织性比较差，实际上这些人也不参与企业的管理，好歹在工人数量较少的企业是可能的。当谈到成千上万的工人，那么就变成了一般的摆设。这样一来，提出的目标轻易就实现了：20世纪80年代美国"股东"的数量超过1400万人。罗纳德·里根总统就此恬不知耻地指出："几百万工人掌握了生产资料，还有这比给卡尔·马克思更好的回答吗？"

然而，严酷的现实勾销了这些仓促的结论。今天，显然，西方社会经济紧张程度的降低完全是用另外的方式达到的。首先是依靠企业从发达国家转移到第三世界国家，这样就模糊了其无产阶级的界限。苏联和整个苏联阵营的解体为培育这种机制发挥了巨大的作用。西方几乎白白地取得了巨大的资源和庞大的市场。

在掠夺与崩溃之际站稳

在戈尔巴乔夫"改革"的框架下，向我国社会炮制了大量神话。这些神话有着高贵的形式，但是归根结底是起了有害的作用。其中一个神话就是农庄主经济似乎对集体农庄和国营农场占有绝对优势。但是，俄罗斯农村的农庄化不是目的，而是一种工具，它带有强迫性和目标明确地摧毁农村的劳动集体。随着集体生产一起死亡的还有农村的整个基础设施，因为没有人再来维护它。

今天，集体农庄的建筑废墟已经成为俄罗斯日常见到的景象，其中令人印象最深刻的是灌木丛生和杂草遍地。2012年，在乌法举行的全俄罗斯农业论坛上，杜马农业委员会主席、统一俄罗斯党的代表尼古拉·潘柯夫承认，在我国近20年来3700万公顷耕地撂荒。其中799万公顷耕种了不到10年，杂草丛生。这不仅是对事实的确认，而且承认了俄罗斯当局的整个农业政策的破产。

当生产正在死亡时，农村会发生什么，这在俄罗斯的任何一个角落都可以看到。某些例证简直是触目惊心。特维尔州卡申区的上特洛伊查村——这是米·加里宁的故乡，在他诞生100周年之际，那里启动了一个大项目。1976年，在上特洛伊查国营农场建设了农业城，基础设施非常好，一点也不逊于区中心。建设了文化宫、学校、幼儿园、体育馆，甚至还有七层楼的宾馆。对上特洛伊查国营农场的投资尽管安排在纪念日，但是它是长期的，而且是绝对划算的。国营农场根本不是"黑窟窿"，70年代末，这个农场每年带来50万苏联卢布的收入。

"改革"、"艰难的90年代"和普京的"稳定"毫不留情地耕翻了上特洛伊查农业城的命运。期间该农场的居民急剧减少，获得奖章的国营农场成了"改革"的牺牲品。农业城非常好的基础设施部分被抛弃，剩下的被报废，并逐渐消失不见。不是利用非常好的增长和发展中心，而是无情地扼杀了它。

对于大多数农民来说，当代俄罗斯是难以忍受的，逃离农村成为普遍现象。"改革"变成了真正的灾难，我国失去了粮食安全。结果农场赢了，但是这是外国人的农场。其背后有本国政府的强大支持，这些农场开始侵入俄罗斯市场。我们现在到处就如同农民旧俗语所说的那样，"地里漏耕，兜里受穷"。

然而，在当代俄罗斯，还是可以看到一些小岛，尽管有既定的体制，但它们还是站住了脚跟。它们不仅生存下来了，而且成为了在农场中难以找到的效率的例证。

斯塔夫罗波尔边疆区的一个最好的企业是名为"特尔诺夫斯基集体农庄"农业生产合作社。共产党人伊万·安德烈耶维奇·伯格乔夫领导这个合作社。这个企业有1400多人劳动，它不仅保留着强大的生产能力，而且还在增强。在其存在期间，包括最近20年，特尔诺夫斯基农场从来就没有亏损过。今天，它已经进入了俄罗斯最好的一百家农业企业之列。特尔诺夫斯基农场一年生产约5万吨谷物，这个指标不仅超过了许多竞争者，而且超过了俄罗斯的所有各州。企业的年流动资金超过3亿卢布。这里非常合适的是农民的智慧：人勤地不懒，人懒地不产。

因此，集体农庄站稳了脚跟，它所在的特鲁诺夫斯科耶村也获得了新生。与其邻村不同，它不再贫困。这里的人有一切条件来过上富足的生活。整个基础设施被保留下来而且井然有序：从道路和公共设施到三个农村学校。特尔诺夫斯基农场的劳动者有机会依靠企业获得去基斯洛夫斯克的集体农庄疗养院的疗养证。

特尔诺夫斯基农场的经验说明，集体农庄瓦解的过程不具有客观性。农庄的劳动者也十分明白，他们也不想成为农庄主，他们把自己的福祉与整个企业的命运直接联系起来。

白俄罗斯提供了顺利发展的人民企业的例证，这恰恰是体制，而不是一系列例外。我们举其中一个例证——"斯特拉尼察农业"开放股份公司，它位于离首都和大干道不远的地方，是十分普通的农庄，而绝对不是"波将金村"。所有制形式是集体的，经营是多方面的。它包括9个村庄，460个劳动者，5家商品牛奶农场，数千公顷农业用地，约7200头牛，"斯特拉尼察农业"开放股份公司甚至在2011年白俄罗斯不平静的年份里，依然保持了10%的利润。正是由于它的工作所赐，周边的农村获得了发达的基础设施：这里有学校、医院、幼儿园、文化宫和图书馆。

在农场，根据总统的纲领，前不久建成了农业城。其中的条件一点也不逊色于城市。开放股份公司自己的专家首先迁入了新别墅，然后是医务工作者以及教师，他们将来可以把免费分给他们的住宅变为私产，这是一个留住农场干部的主要方法。

但是对青年专家也有其他的优惠措施。"斯特拉尼察农业"开放股份公司用自己的钱派青年男女去学习，向他们提供奖学金，但是条件是学成后他们要回到农庄工作。这样就培养了动物学家、会计、法律工作者，现在正在培养一名医生，他将担任这里医院的院长。对于青年专家来说，国家还提供金钱补助。

除了训练有素的干部外，"斯特拉尼察农业"还有相应的物质保障：有130多件农机具，其中包括农业机器，而且还有诸如公共汽车，用它来运送畜牧业专家、大田农艺师和其他专家。

农业机械是新的，毕竟国家在这里起了主导作用，它建立了有利可图的租赁制度。譬如，对于白俄罗斯生产的机械，租赁期可以达到7年，利息为每年3%-5%。如果需要外国的机械，没有人禁止他去购买。态度是相当务实的。农庄也可以获得发展的贷款，年利率为2%-3%。

土地租赁期为99年，国家是所有者这个事实丝毫也不妨碍"斯特拉尼察农业"的运作。如果回忆一下我们俄罗斯的现实，那么这是个巨大的优点。要知道，以这样的态度，谁也不会被诱惑掠夺式地糟蹋农场、快速破产和出卖土地。在白俄罗斯，国家掌握农业用地，所以，这类的犯罪基础并不存在。

与白俄罗斯进行比较，我们一点也不想贬低我国的农业生产者。在野蛮的市场、缺乏国家的支持，有时是直接敌视的条件下，他们证明了自己的效率。我们之所以举出白俄罗斯"斯特拉尼察农业"的例子，是为了证明，国家对农业的系统支持对其良性发展的影响是多么大。显然，这样就提高了企业的竞争力，提高了其劳动者的生活水平和社会保障水平。这种扶持的成果不用戴眼镜也看得清清楚楚。合乎规律的是，正是白俄罗斯的一个生产者"捷尔任斯基"农业联合体成为独联体国家中第一个获得瑞士质量标准研究所认证的企业。这已经不是在国内市场，而是在诸如西欧这样巨大的外部市场竞争的直通路。

俄罗斯人民企业的需求已经为实践所证明。一系列在俄共经理领导下的企业在自己所干的领域位居前列。

俄罗斯广为人知的农业生产合作社"兹维尼格夫斯基"，由伊万·伊万诺维奇·卡赞科夫领导。该合作社位于马里艾尔共和国的谢兰格尔村。其主要专门职业是养猪业，它在国内的排名领先。2010年，这个农业生产合作社的生猪超过10万头，而今年这个数字超过16万头，这还不是极限值。

今天"兹维尼格夫斯基"成了庞大的多种经营产业，拥有1700多名工作人员。该合作社包括完整的产品加工业和零售网络。而且最近三年里，销售成品的零售店几乎增加了一倍。同时，该合作社还耕种土地，耕地面积超过2.3万公顷，机械超过350台——从拖拉机和康拜因到各种汽车。

"兹维尼格夫斯基"的发展活力来自于企业本身的内部积累。合作社关心村庄基础设施的发展，一年超过50万卢布的生产性投资的一多半用于建设。企业是集体所有制。

2012年，"兹维尼格夫斯基"的平均工资超过2.8万卢布，几乎超过共和国平均工资一倍。

除了高水平的劳动报酬，工作人员还有生活保障，这由农业生产合作社提供。人民企业事实上在这方面取代了国家，而国家把社会责任不知羞耻地丢给命运支配。工作人员有机会获得贷款来修造房屋。从建设开始之际，共产党员伊利亚·阿列克谢耶维奇·苏马尔科夫领导这个工作。今天，在这个企业养着9万头猪。所有的产品都在自己的综合体加工。"乌索尔斯基养猪综合体"如同"兹维尼格夫斯基"一样，拥有自己的零售网络，通过这个零售网络销售90%的产品。全伊尔库茨克州的23家商店进入这个网络，拥有25台汽车的自己的汽车企业流动销售产品。合作社原则上不与中间商合作，也不要求这样做。结果实现了生产者、消费者双赢，输者则是只会敲捣计价器的中间人。

"乌索尔斯基养猪综合体"计划扩大自己的生产。同时，国家的钱只占企业10%的鼓励性投资。

企业的所有制形式是集体所有制，其成功具体充分地体现在工作人员的生活水平上，这里共计有工作人员900人。其平均工资超过3.2万卢布，这大大超过州里的指标。至于乌索尔斯基区，其居民还在排队以获得在养猪业综合体的工作。

企业中的大部分工作人员都受过高等教育，甚至还有学位。但是，经理作为有经验的经营者，十分明白经济优先领域，不想就此止步。要知道，离他们不远的"乌索利耶—西伯利亚化学制药厂"日子难过，民不聊生，失去了其训练有素的干部。其中许多人在伊万·苏马罗科夫这里找到了工作，但是他依然知道，这些人还是可以给国家带来重大的好处的。他的思维水平和视野达到了我们的首脑和联邦各部部长的水平。要知道，俄罗斯经济各领域需要的就是以国家的这种态度看待事情。

"乌索利斯基养猪业综合体"的工作还有几个特点。企业管理人员的工资根据专门的系数，依据工人的平均工资来计算。这样，管理者直接关心的是，工人可以挣得多一些。整个工作的效率将得到提高。如果与预算领域占统治地位的态度（只维持大家饿不死的状态）相比较，那么，伊利亚·阿列克谢耶维奇·苏马尔科夫实行的方法完全与之相反。

然而，不仅劳动报酬可以保证农业生产合作社工作人员高水平的生活。企业还有许多利润内部分配的机制。例如，其工作人员每月可以免费获得4公斤肉。此外，每月还发给他们1500卢布用于支付物业服务费。

当你看到人民企业工作的这些活生生的事例，你会想起卡尔·马克思的一句话，恩格斯在自己的一封信中引用过："只有当工人是自己的生产资料的掌握者时，他才是自由的；这可以是个体形式或集体形式；经济发展将战胜这种个体占有形式，每天都会更多地战胜，最后剩下的只是集体占有形式。"

今天我们看到，人民企业工作的成就不仅迅速地对其集体的福利产生影响，而且对周边居民的生活也产生了积极影响。居民自己也会看到这种情况。在乌索尔斯基区的选举中，共产党人占据了主导地位，这不是偶然的。

共产党人领导俄罗斯人民企业顺利发展的指标直截了当地指明了我国农业摆脱持续二十多年的危机的出路。要知道，他们的工作实践并不仅仅在农村获得运用。

人民企业的活动合乎规律地成为俄共关注的中心。它得到认真研究、宣传，成为党的立法倡议的基础。人民企业工作的具体经验还在2012年10月国家杜马举行的"圆桌会议"中被我们丰富和发展。其参加者编制了一揽子建议，其中利用了最近积累的经验。这些资料被公布，并被送到俄罗斯的权力机关，包括总统和政府总理。

俄共议会议员团所进行的工作使我们向国家杜马提交了《关于人民企业》法案。一旦获得通过，将为这种经营体系建立立法基础。在这种体系中，劳动集体本身也可以成为企业的所有者。在这种条件下，每个人都致力于整个工作取得成就，国家的经济将获得更大的发展动力。

我们的立法倡议——这是俄共一以贯之的工作的重要部分。发展人民企业的纲要已经列入了党的的反危机纲要。在人民公决中，它获得了广泛的支持。在最近一次选举中，我国数百万公民支持该纲要。俄共提出对国家现行政策的明确的替代政策，同时为保证处于崩溃状态的农村的顺利发展提供了良好的条件。

遗憾的是，工作人员活生生的经验并没有成为现行当局的需要。我国加入世贸组织对国民生产者造成极其沉重的打击，造成其最终破产的危险。由深厚的民间传统所诞生的人民企业不被带有破坏性政策的当局所需要，完全合乎规律。局势向好的方向实现转变只有在权力转移到民族取向的左翼政府和坚决地改变国家的社会经济发展方针的情况下才变得有可能。那时，人民企业将发出自己铿锵有力的声音，并成为俄罗斯的强有力的支柱。

第二章　民族的忍耐已经消失
政府应走开

当代俄罗斯政权的一个最吸引眼球的特点是对专业人士的公开恶感。在各个时代的历史上，就像后苏联时代的俄罗斯这样，如此始终和持续不断地去除有识之士，真是少有。一般来看，他们被那些鲜有思考它为什么这样干的公众人物所取代。所以，近二十年来，十足的浅薄变成了可靠的"通行证"，为他们开辟了走上最高管理阶层的路径。当有人试图批评性地思考，即使甚至在权力利益的严酷环境下，也经常导致仕途嘎然而止。

苏联时期的幻想派流行专家斯特鲁伽茨基兄弟准确而辛辣地为这些平庸的活动家取了个外号，叫"凑合派"，即那些人做任何事情都是垂首帖耳，凑凑合合。

的确，直到现在，公众还常常全身心地投入一件事情，这就是摧毁国家，随之是乐此不疲地偷窃，毫无节制地装满自己的腰包。这样，公众即刻就有发明能力、坚定性和搏斗精神。在这个舞台上，"凑合派"简直是毫不顾惜自己，把一切都毁灭，把它撕成碎片，使其失去战斗力，然后抢走——这样，他们十分顺利地得到了自己所要的东西。

这样，当普京从苏联时代借用了"劳动英雄"的称号时，马上就把诸如近二十年"伟大的奋斗者"这样的称号送给丘拜斯这样的人做纪念。他的劳动成果是众所周知的：他在哪里当家作主，哪里就是死一样的废墟。

他的夙愿每次都获得"最高层"的最崇高赞扬，并再次向毁灭者提供具有最广泛权力和慷慨的财政资助的负责任职务。

那为什么不做英雄呢？

而且，诸如叶利钦、盖达尔，还有布尔布利斯这样的人完全可以与他竞争这类"英雄"称号。

尽管目前最高层中与这支队伍中某些引人注目的活动家的关系开始恶化，首当其冲的是那些试图进行思考，做出分析，为当局的日常生活注入某种智力型的"一缕清风"的人。

可以拿苏尔科夫做例子——他是统一俄罗斯党和公正俄罗斯党的克里姆林宫"教父"，他是一个完全可以成长为富有才华的剧院导演的人，他却专注于把俄罗斯的政治变成令人愤怒的杂耍，在政治空间无穷无尽地游戏，"狡猾"地翻来覆去扯拽着选举规则。试图"在试管里培育"出各种各样的小丑政党，对反对派开展专门行动。顽固地把一部分青年人拉到身边，拼凑成类似德国法西斯冲锋队的组织。还有许许多多其他东西。

显然，对某些东西做出思考的习惯在其仕途中发挥了致命的作用，促使他有时公开说出某些危险的说法，比如，"获胜的不是大党，而是玩弄一个人物，甚至这是个国王般的人物"。结果进行思考的政治家被当局排斥，尽管这个人无限地忠诚于这个政权。随后是来自外界的一系列不显山不露水的打击，结果他被迫辞职。

必然的结论是：现行当局毫不掩饰和难以忍受人们表现出某种职业精神，甚至自己人也不行。沃洛金取代了苏尔科夫，后者爱好的武器是——权力斗争。的确，他显然开始明白，不进行内容丰富的对话，就不能把国家从越陷越深的死胡同中拖出来。

捍卫传统价值

我们生活在一个复杂而急剧变化的世界中，而且这种变化经常带有更加消极、昏暗和反人道的性质。美国式的全球化起了"扳机"作用，使一系列反对人类文明基本价值观的过程启动起来。首先是反对作为东正教的基督教，也反对其所有的其他分支教会。

在大众传媒中，这个问题属于最不值得提及的一个问题，也不属于为数众多的"维护权利"的组织所要维护的部分。国家政权"金盆洗手"，似乎看不到对生活本身的实质和意义不断增长的嘲弄。几千年来滋养和抚育了欧洲、在很大程度上滋养和抚育了全世界文明的基督教的现在和未来对世界的新"主人"　似乎是多余的。

今天最被忽视和隐瞒的是什么？世界上所有被按照宗教特征迫害的教徒中，75%的人是基督教徒。超过五分之四的宗教犯罪也是针对他们实施的。几乎在世界上七十多个国家因为信仰而遭到迫害的人中，达1亿人是基督的追随者。根据欧洲安全合作组织分析家所做的结论，他们在布达佩斯举行的会议上公布的资料显示，世界上每5分钟就有一个基督徒因信仰死亡。一年内，由于宗教间暴力冲突死去的人约10万人是基督教徒。

研究者的结论是，以美国为首的北约的侵略性扩张，包括美国人挑起的各种各样的"颜色革命"在上述悲剧中起了巨大的作用。他们把伊拉克、利比亚、巴勒斯坦、尼日利亚和亚洲与非洲的许多其他国家落入全球化政治碾压的基督教徒叫做"大结局"。这个结局是不可避免的，因为在政治冲突区域内，整个国际关系的体系极其尖锐。这种结局之所以出现，是因为美国侵略者经常被穆斯林居民视为"基督徒"。确实，美国佬以狂热的挑衅者出现，喜欢把自己看做某种"举十字架者"的角色。

"我们同一信仰的兄弟成了在中东和北非国家中'确立民主'政策的

人质"，莫斯科大牧首教会对外关系部负责人伊拉里奥都主教如此强调。

而且，类似的浪潮今天不仅在东方，而且在西方——基督教文明的最"心脏"处兴起。譬如说，在意大利通过了司法判决，禁止在学校出现耶稣受难像的十字架。欧洲法院的干预成为必然，以取消类似的判决。在英国，在自己教堂的院子里放置十字架可以被抓住并处以罚款。在法国，所有破坏行为的84%是针对基督教堂发生的。还是在英国，早就对英国航空公司禁止自己的职员和某些航班上的乘客公开佩戴贴身小十字架的情况进行过司法调查。然而，对于其他宗教的代表者来说，则没有对佩戴宗教象征物的类似禁令。

研究者已经公开表示，现在实际上对有信仰的基督徒从事许多职业都限制得极其严格。譬如说，他非常难成为法官、医生和药剂师等。法国的主教概括了西方的局势说，"由于信仰，基督徒遭到嘲笑，希望有多个孩子的青年家庭遭到排挤，而反对单性婚姻的人们被称为'难以容忍的人'"。所有这些迫害形式有时是显性的，有时是隐性的。

自从欧洲联盟宪法中精心剔除了基督教的任何象征物、思想和仪式之后，这就没有什么大惊小怪的了。

早就让渡了真正民主和国家主权的思想，资本主义西方今天看起来要让渡和出卖最后一个东西——基督徒。所有这些迫使基督教世界敲响警钟。

越来越像在基督教世纪初期迫害那些皈依的信教者所形成的局势，其原因带有意识形态的、历史的和社会经济性。包括东正教在内，吸收了人类数个世纪关于公正、平等和兄弟关系理想的基督教在所发生的事情中发挥着巨大作用。这些理想承载着人文进步力量自古以来就亲近的思想和价值，而形形色色的全球化分子和整个腐朽的资本主义世界最害怕这些力量。

我们可以把基督教的学说，特别是纳戈尔那的基督布道书与奠定了共产党的意识形态基础并为我们所承认的共产主义建设者法典做个比较。

"要尊崇你的父亲和你的母亲"，救世主如是说。"家庭里要相互尊重，关心孩子的培养"，我们的法典如是写道。

"不要杀人，不要通奸，不要偷窃，不要贪婪自己近邻的房屋"，纳戈尔那布道书这样说。"对不公正、不劳而获、不诚实、投机钻营和贪得无厌绝不妥协"，对共产党人提出这样的要求。

"既无希腊人，也无犹大，既无割礼，也无新割礼，既无野蛮人，西徐亚人，自由的奴隶，上帝是全知全能的"，《福音书》通过使徒保罗如此宣扬。"苏联各族人民的友谊和兄弟关系，对民族和种族不睦绝不容忍"，共产主义建设者法典如此宣传。

"如果谁不想劳动，谁就不能吃饭"，《圣经》是如此教导说。"不劳者不得食"，共产党人与圣经发出一致的声音。

这还不是我们与基督教、东正教世界观的所有契合点。这里也有我们与资产阶级世界观——贪婪成性、侵略性、充满谎言、腐败和冷酷无情——难以克服的分界线。

于此产生了今天在俄罗斯对东正教开展的强有力和厚颜无耻的"精神攻击"。冠冕堂皇地杀害东正教牧师，示威性地污毁我们的教堂，在媒体、特别是在电视广播对俄罗斯的东正教会的教阶制度进行赤裸裸的侮辱，那些自封为生活的主人对教徒的圣物进行冷嘲热讽。

可以毫不夸大地说，今天对东正教的攻击与对真正的爱国者，对所有珍视和亲近俄罗斯及其传统、风俗和信仰的攻击没有多少不同。

俄共的选民三分之一来自信教的人。我党在很大程度上是东正教世界在政治领域的代表。党一贯过去捍卫、将来仍将捍卫信徒的利益，准备利用自己的一切影响去捍卫那些遭到诽谤和侮辱的神职人员良好的名声和威望。根据杜马议员间小组中共产党议员的倡议，在最近召开的一次支持传统精神道德价值的会议上，对反东正教挑衅做出尖锐的回击就不是偶然的了。

当然，我们与教会对许多事情的看法是不同的，在许多问题上我们也不同意他们的看法。然而，我们对本质和人类未来看法的契合点对整个地球的文明具有重要意义，无论如何都不能对此漠然置之。当俄罗斯东正教会为捍卫整个基督教提高了自己的威望时，我们不能不宣布与它一致。因为，只有真正的爱国者，具有高度文化和精神素养的人才能够制止那种不断向我们俄罗斯蔓延并覆盖世界的阴霾。

越龌龊　越滋润

俄罗斯当局启动了极其危险的消极筛选机制：非职业的"领导人物"为自己挑选更加缺乏素养的下一级工作人员，甚至变本加厉。那么根据这个标准寻找自己的下属，于是就产生了一知半解的"凑合派"的垂直权力体系。

例如，我们发现，上面提到的那位丘拜斯，在俄罗斯统一电力公司领导人最亲近的经理中，实际上没有对电能有专业看法的人。谢尔久科夫的女友的臭名昭著的"妇女营"与军队这个最复杂的机体没有任何关系，而国家的安全却取决于军队。

后果是众所周知和悲惨的。越提携这样的得宠者，让他们处于权力之侧的后果就越具有破坏性。这些一知半解的人没有给社会提供任何东西——建设，他们无能为力，而且也没有意愿。这样就产生出各级领导人越来越强硬而愚蠢地把赌注押在官僚主义的无法无天、警察作风和暴力之上。

这就是为什么中小企业——培养自己的实业人士的科学院经常处于水深火热之中的一个主要原因。简直把这个领域"驱赶到了遥远的地方"。如果说在发达国家其份额占国内生产总值的一半的话，那么在目前的俄罗斯，它只占不到10%—12%。在所有的装腔作势的关于中产阶级问题的痛苦的呻吟中，国家领导人"忘记"了，其主要营养基——无论过去、现在和将来都是这些中小企业，肤浅的领导人才不需要这些。例如，扶持小企业署目前只在广袤的俄罗斯三十多个城市运作。

同时，正是这个领域变成了形形色色的腐败分子、特别是占统治地位的官僚的禁猎区。根据检察院的资料，甚至在立法领域，在4万个立案中，3.3万个中包含着腐败的成分。结果，我国每年30万—40万（有时更多）个中小企业死掉。许多成千上万本应该形成俄罗斯企业界精英的人与他们一起经受着破产的命运。一份权威的民意调查显示，在目前的俄罗斯，五分之四的企业界已经不再相信国家的任何支持，这是毫不奇怪的。

当局"一窍不通的人"唯一能够做的是假装搞活动，把装腔作势变成工作和活动。在电视屏幕上，我们每天看到国家在装腔作势，管理的装腔作势，经济及其现代化的装腔作势，文化的装腔作势。这一切由亮丽而鲜艳的装饰——各种计划、方案、承诺来补充，很快便弄清楚了，不会有任何结果，接着取而代之的是新承诺、新命令、方案和计划。

比如说，退休金领域。对这个领域再一次进行破坏，用官僚主义的语言来表达，问题是，普通人依然难以明白，甚至受过教育的公民都难以明白发生了什么。向国家提交的退休金公式没有被接受，是因为它没有健康的思维。对于人们来说，只有一点是明确的：就像往年一样，退休的钱又不知去了哪里。这就如同通常所说的那样，你不是去算命。根据审计署的资料，例如，仅仅在2011年，退休基金就给国家造成3898亿卢布的损失。约1000万人因以前的退休纲要破产而受损。"车轱辘话"现在又要从开头说起。

正是国家干部专业上的不适宜成为俄罗斯全面腐败的一个主要原因。外行总是极其害怕他们仇视的事情，因为他不会对这种事情正确地思考。他承担事情或者是出于职务的考虑，或者指望从事情中为自己捞取最大限度的好处。他陷入腐败的漩涡越深，就变得越富有，侵略性愈加赤裸。

这种官员活动的"成果"越大，他们获得的职位就越高。甚至他们在国内引起圣经中所提到的滔天洪水，但是他们都不会被淹死。

大概现在已经有点被忘记，尽管他今天依然处于国家高位，"儿童惊喜剧"——水力运输工程师基里延科，他曾是俄罗斯联邦政府总理，1998年制造了值得大家记住的"债务违约"，"顺利"地摧毁了国家的财政体系。他浮到了高层，成为了"俄罗斯原子能"国家公司的总经理。

他的政治战友、过去花团锦簇的投机者丘拜斯，一开始用私有化证券使整个国家破产，然后把统一的国家电能网撕成碎片，今天的当局都难以把他糊好。现在，他也将"顺利"地埋葬当局的一个广告项目——纳米技术公司。没什么：就像以前一样，只要"在位"，就不会承担任何事情，而年度收入则是几千万卢布。

谢尔久科夫在国防部长的位置上也难以克服自己家俱"小蠹"的本性，在几年时间里，几乎腐蚀了武装力量的所有基础，"顺利地"在军队机构中实行盗窃和滥用职权、明火执仗地偷盗的做法。也没什么，一切都脱手了，成了名为"国防服务公司案"的一出戏，给他安排了一个证人的舒服职位。根据一切情况判断，一些无名小卒将被投入大狱。

而里瓦诺夫先生的活动不值得称道。已经是信息文明的时代，它在社会生活中起着决定性作用。看来，我们不需要科学。或者需要把它消灭，或者交给官僚购买，科学不需要任何善于思考的人。的确，他们还不是那么愚笨，不能明白：俄罗斯科学院拥有巨大的不动产（顺便说说，国防部也拥有巨大的财富），有东西可以去发家致富。所以，许多人对苏联时期留下来的国家主要科研机构的遗产感兴趣——这里有建筑、土地和其他财产。

晚些时候，里瓦诺夫似乎承认，对科学院所有可怕的预言都没有进行认真考虑，因为"我们目前还没有具体计划"。还是一如既往：一开始尝试去破坏和摧毁，然后再看结果如何。只是这次政府进行科学改革的意图没有一般看起来的考虑不周，它更像是在出卖俄罗斯的国家利益。

显然会产生一个问题，以这种态度，怎么可以在俄罗斯15年内创造2500万个工作岗位——准备了最新科技成果的生产岗位？所有这些令人想起糟糕的、非科学的妄想，谁都对此早已不再相信。

科学领域的形成——是一个极其微妙和长久的东西。大家都知道（除了教育与科学部的领导），现在科学院的源头是彼得大帝。用几十年来培养每一个科学家，让他们不仅在科学界获得职业知识，而且获得最广博的智力，明确的世界观基础，使他明显地看到，你要做什么，怎么来做，你的劳动成果来为什么服务。要尽力把学者，特别是青年学者个性的形成纳入这样的轨道，使他们成为大专家和拥有长远传统的科学集体。但是，无论如何不能成为官员的团伙。

然而，里瓦诺夫一开始就要求把祖国科学的一切管理都转交到官员官僚手里，他们许多人与科学没有关系。他对既定局势的解释是很有趣的，在这种状况下，高校的学者和教师的工资有时比超市里的清洁工和收银员还要少。他们说，他们自己有过错，"这只是些水平不高的教师，他们准备为这些钱来工作"。我国其他"国务活动家"的许多说法的荒谬性难以评述。

由于不内行的官僚阶层的努力，科学院形成了悲惨的局势。科学院人员的平均年龄超过60岁。年轻人不进入科学界，如果进入，那么在获得学位后（这个东西对管理界和实业界有用），马上就离开了。在混乱年代，80万科学家离开了国家，我国科学界的中年一代已经失去了，而且每年还有近15%的高校毕业生离开俄罗斯。研究所和实验室的科学设备已经老化了。作为积累起来的问题的后果——最近10年发明的积极性下降了90%。

科学是真正的工业、智力和技术的融合，是从容不迫地进行智慧性谈话，而不是科学院交椅上的官员座位。要帮助动员人力和物资资源来为科学服务，以应有的方式把他们组织起来，既不能搞"平行科学院"，也要接受各部的咨询性建议。而且某个时候建立的科学公众理事会早已证明了自己的软弱无力，基本上就是空洞的清谈。四位院士中的两位，饶·阿尔菲奥洛夫和瓦·佛尔托夫退出了这个理事会，所以抗议里瓦诺夫的试验就不是偶然的了。

"阉割科学部"——真诚地为这种状况担忧的人们为里瓦诺夫的部门起了这个称号不是偶然的。根据不同的信息渠道，坊间还有更尖锐的评价在流行：里瓦诺夫不只是"像普京—梅德韦杰夫内阁大多数部长一样，仇视自己领导的领域，而且并不掩饰自己对该领域的仇视"。遴选进入权力部门的干部的基础原则——根据他即将领导的部门的仇视特征——已经不再是国家秘密。

总体看，目前一切都在按照美国前国务卿基辛格的计划进行，早在2004年，他就阐述了美国对试图实现科技进步中取得突破的国家的政策："在对美国不友好的国家，科学的存在就是战略威胁。"

我们一开始就声明：俄罗斯社会的祖国科学和智力基础的瓦解是反民族活动最危险的形式，它是在为外国谋利。应该坚决制止实施这种活动，并予以严惩。不仅应该捍卫和拯救科学院——这还极其不够。还要求采取特殊政策——国家急剧地增加对科学的资金，明智而认真地解决干部问题，以及智力成长的特殊意识形态。如果各部领导人不采取这样的态度，他们就应该离开舞台。是他们应该离开，而不是科学院离开。

如果一切都像现在这样拖延，依然是不内行和自私自利的"啥也不会做的人""统领"国家。等待俄罗斯的不仅是混日子，而且是退化，以及物质和精神上的灭亡。俄罗斯就像需要空气一样需要新方针和崭新的管理团队，这个团队由来自各领域精心挑选的专家所构成，并为强大的干部基础所滋养。需要新的生活和活动哲学，使所有的人都面向创造。去创造能够保证国家经济增长、社会体系发展、巩固国家的军事实力——我国安全的保证。需要作出一切努力，以积累每个人都可享受的民族智力财富，为每个人开发整个人类和我们俄罗斯文明的巨大的精神宝库。

祖国科学的浩劫

2013年6月28日，俄罗斯政府仓促地向俄联邦国家杜马提交了法案，该法案的起草过程极其私密。其名称是《关于对俄罗斯科学院、国家科学院改组和对某些法规的修改》。就如同出纸牌一样，政府只是早一天从袖子里拖出这个法案，并马上批准，以便让议会去审议。这个文件的出现引起了国家所有爱思考的人们的震惊和愤怒。

根据所抛出的法案看，俄罗斯的所有6家科学院停止其以目前的面目存在。其中两家彻底消失——它们的名称甚至都不再存在。俄罗斯科学院与医学和农业科学院一起注销，把它们合并到某个类似于兴趣俱乐部的"国家社会组织"。俄罗斯科学院不再独立自主，甚至其办公厅也由俄联邦政府来组成。科学院从前的规模只剩下一个招牌，俄罗斯科学院的西伯利亚、乌拉尔和远东分院，作为其区域学术中心，不再作为法人存在。

同时，权威的组织：俄罗斯教育、艺术、设计和建设科学院将被摧毁。"考虑到它们的部门方向"，它们被移交给联邦执行权力机构管辖。

现存的科学院体系似乎将被推土机推平，甚至它们对自己财产的管理权也将被剥夺。所有的财产问题计划交给俄罗斯联邦政府来决定，科学院不再有自己的物质基地。所有三百多年前聚合起来的一切与建立的新官僚机构的利益格格不入，说是可能要建立某个科学研究所署。

在选举了科学院的新院长之后，情况马上急转直下，形成了特别的挑战。刚举行的选举曾喧嚣一时，引起全国的关注。三位大学者提交了自己的科学院发展纲领，学术界出现了新的计划和新的希望。但政府还是厚颜无耻地让人明白，它对所有这一切都不感兴趣。

梅德韦杰夫断然嘲笑说，好像科学院的管理体系形成于20世纪30—40年代，而且还是在"主观因素的影响下"形成的。我们要提醒所有的

"改革者"，俄罗斯科学院已经存在了几乎300年，其成就在很大程度上应该归功于彼得一世、叶卡捷琳娜二世、罗蒙诺索夫、门捷列耶夫、科尔德什、科罗廖夫、库尔恰托夫和亚历山大罗夫以及数百位其他卓越的科学家的"主观"决定。没有任何一位沙皇，甚至离现在并不遥远的沙皇，也没有一位总书记对科学院下过手。而且，由于苏联国家的"主观决定"，苏联科学院成了自治的、民主的和强大的超级机构。在科学院的积极参与下，祖国的科学得到迅速发展，成为世界上最先进的科学院。科学家们的才智帮助苏维埃国家进入了先进国家行列，战胜了法西斯，开始开发太空，使原子能为整个世界的和平服务。

是的，在最近20年来，当国内的"改革家"狂欢的时候，按许多指标衡量，科学院落后了，准确地说，是被抛弃了。所有对其无效的指责多半应该指向官员，而不是科学院的工作人员。只获得国内生产总值的2%来维持生存，科学怎么能够保持领先地位？这比美国、中国或者日本的拨款要少好几倍。20世纪90年代的反苏维埃政变把科学院推到生死存亡的边缘。为了缴纳公共事业费和生存下去，它不得不把自己的部分财产出租。现当局以此指责科学院没有效率，是在扼杀科学。

业已形成的尖锐问题迫使诺贝尔奖获得者、俄罗斯科学院院士饶·阿尔菲奥洛夫向普京总统发出了公开信。

他指出，"最近二十年来，我国的科学院基本上是在搞'生存哲学'。为了转向搞'发展哲学'，不仅需要显著地提高拨款，首先需要的是具有高素养、内行地提出科学和技术的新任务。今天只有科学院拥有当代科学所有领域的真正的高素养的干部，我们经常见证，来自科学部门的官员确定的不是科学研究的真正目标，而是需要解决的任务，完成这些任务需要拨出一定资金，他们考虑的只是分配资金的方式。"

"我们需要的不是对科学院的'改革'，而是它的有效发展，改变分院的地位，建立新的分院取代无效的部门。在选举科学院院长时，我前不久阐述了自己的科学院发展纲要。需要具体的任务，完成这项任务使国家能够在最有前途的方面占据现代科学与技术的最前沿。科学院的学者可以提出这样的任务，而富尔先科和里瓦诺夫及其办公厅不会，因为他们在科学上从来没有做出任何显著的成绩。请取消今天的教育与科学部和您的办公厅里的赫鲁诺夫所领导的科学与教育局——所有中小学教师、高校教师和学术工作者就会缓一口气，国家只是还没有察觉这个问题"。

阿尔菲奥洛夫强调，把俄罗斯科学院和高校的科学进行对比是不允许的。他提醒说，"早在彼得一世时，科学院就建立了自己的实验室、博物馆、勘探队，它有自己的科学院大学和中学。而今天把大学里的科学与科学院的科学相提并论，这是反对国家的科学与教育发展的工作"。

广大社会各界的代表也坚决地起来反对毁灭俄罗斯科学院的行为。附属于教育与科学部的科学理事会声明，认为不经过深入讨论就通过决议是不正确的。里瓦诺夫本人对理事会的一些成员隐瞒了他所想出来的东西，在向国家杜马提交审议之前，要求对法案进行广泛而详细的社会讨论。

俄罗斯科学院工会主席团工作人员就所发生的事表达了坚决的愤怒。它对里瓦诺夫—戈洛杰茨的法案做了应有评价，认为法案令人极其厌恶，将使科学院趋于毁灭，其财产被卖光，基础科学的提高变得不再可能。在工会主席团的声明中说，里瓦诺夫早就失去了学术界的信任。他所承诺的对院士和通讯院士的十万补助直接被称为是企图贿赂。工会领导呼吁立刻召开科学院全体大会。

西伯利亚和远东的院士们向国家领导人发出了一封公开信。他们指出了科技领域现代化尝试的明显失败，"俄罗斯纳米"和"斯科尔科沃"项目事实上已经破产。学者们认为，肇事者就此想逃避新改革的责任。他们呼吁同行们不再保持沉默，不仅要求里瓦诺夫辞职，而且要求整个政府辞职。

俄罗斯联邦共产党坚决反对毁灭俄罗斯科学院、以及它与俄罗斯农业科学院、俄罗斯医学科学院合并的行为。同时，我们抗议急剧地降低另外三个国家科学院的地位。所通过的决议就其盗窃性的形式和毁灭性的内容来看都骇人听闻。封闭起来起草法案，仓促地把它抛给议会审议使人想起了当地俄罗斯历史中最糟糕的事件。也正是用这种耍花招的方式，在盛夏之时，推出了《土地法典》，它把我们先辈所获得的独一无二的广袤的土地变成了商品。在克里姆林宫鼻子底下甚至就把具有传奇色彩的波罗德诺田野抛售了。

俄共原则上不认为所提出的措施是改革。我们把所发生的事情视为犯罪，是对数万亿财产的袭击式掠夺，是攫取国家剩下的国有财产——苏联强大的遗产的特种行动。他们将使俄罗斯的科学陷入同样的毁灭性进程，这个进程已经席卷了工业、农业、能源、社会领域、教育系统、武装力量。对于每个这样的领域来说，臭名昭著的"改革"变成了全面的掠夺和毁灭。

在目前局势下，所谈的根本不是提高科学院的效率，而是控制它们的财政和物质资源。只有科学院拥有作价达500亿卢布的科研设备。它拥有不动产，其总面积约1500万平方米。俄罗斯农业科学院拥有约350万公顷土地，在这里进行着独特的实验和试验。光在一个莫斯科州就建立了27座科学城。科学院机构经营活动的收入就达几百亿卢布。毫无疑问，政府中的极端主义自由派决定"掌握"诱人的这部分。

正是因为竭力夺取这些财富，并在自己人及其亲近者之间静悄悄地瓜分，驱使当局在前所未有的短时期即仅一周时间内，就破天荒地（俄共议员团抗议践踏所有的各种法律，离开了会议大厅）让国家杜马二读强迫通过了这个法案。

以这种态度建立的"科学院财产联邦执行权力管理机构"必然会成为导致一切后果的"俄罗斯国防服务公司"的完全翻版，实质上是试图建立类似的"俄罗斯科学院服务公司"。伴随我们时代邪恶特征的"谢尔久科夫做派"就是"里瓦诺夫做派"。

俄共表达了自己与学者们的一致看法，他们对政府就俄罗斯科学院和其他科学院的毁灭性计划表示愤怒。具有三百多年历史机构的划时代变革不能一朝一夕完成。变革的倡议者无权以骑兵突袭的方式行动，不能让谁都一言不发保持沉默。科学院的命运是整个民族的事情，而不是一小群恣意妄为、发狂的官员的问题。这些先生们还面临着向人民和历史为被取消的高校、学校、医院和产院负责的问题。要为野蛮的国家统一考试负责，这种考试产生的不是才隽，而是神经错乱者和刑事犯罪分子。

国家的问题不是科学家太多，而是"有效率的管理人员"冗余。这些先生们掠夺一切，却不承担任何责任。生活中没有做出任何有益事情的人觊觎科学院的财产。他们用必须"定向扶持科学家"和"有竞争能力的集体"、半数拨款投向科学的奖励体系等日常胡扯来掩饰再一次毁灭的准备，但是这一切全是烟幕弹。谁来做出评价和解决问题？所有的问题答案只有一个：里瓦诺夫，检察院根据他以及周围的人在莫斯科钢铁和钳工学院副院长和院长职位上活动结果进行调查。

与国家对苏联科学院的态度相比，当代"改革家"的卑劣和贫乏是显而易见的。甚至在伟大的卫国战争极其艰难的年代里，国家的科学潜力仍得到发展，并取得巨大成就。1944年11月13日，在斯大林与苏联科学院院长维·科马罗夫的谈话中，提出了千方百计发展基础科学的任务。当时，国家对科学院的拨款就超过了战前水平，从21亿卢布增长到29亿卢布，这可是货真价实的苏联卢布啊。在1943—1945年，在阿塞拜疆、亚美尼亚、哈萨克斯坦、乌兹别克斯坦就建立了科学院。以尼·布坚克为首的医学科学院在战争时期也出现了，联合了25家科研院所。1950年代初，12个加盟共和国已经有了科学院。在新西伯利亚的苏联科学院西西伯利亚分院、在伊尔库茨克的东西伯利亚分院和科学院远东基地成了最大的科研中心。这种态度和典范应该成为改革的基础。

今天所发生的事情明显地表明：对俄罗斯科学院的攻击，并不是那些冒险蛮干的官僚的奇思异想，而是明确的深思熟虑的运动。其目的是消灭祖国的科学和民族的智力实力，以讨好反俄罗斯的势力。它是继续着戈尔巴乔夫、叶利钦、盖达尔、丘拜斯及其他厌恶俄罗斯的人渣背叛国家的又一次行动。

在即将变成国家悲剧的这场不光彩的经历中，有一个积极的成分：我们善于思考的邻国就此作出了必要的结论。白俄罗斯总统亚历山大·卢卡申科在2013年8月初指出，他的国家非常谨慎地对待科学领域的改革，"我们逐步地、静悄悄地、谨慎地按照白俄罗斯的节奏，逐渐地朝着这个方面推进。我们走得非常谨慎，如履薄冰，以免造成破坏"。

白俄罗斯领导人声明说，将不会借鉴俄罗斯改革科学的经验。"你们知道改革俄罗斯科学院的意图，这与我们进行的改革没有任何共同之处。最重要的是，我们不觊觎掌管科学院，操纵科学家，更不是去瓜分目前科研院所向国家租赁的财产"，卢卡申科解释说。

我们共产党人，看到的唯一出路是，不是去破坏，而是能够建设的力量在俄罗斯掌权。我们的立场是：对科学的拨款应该增长到占国内生产总值的7%–8%。必须恢复科学院的自治地位，从物质上增强科研组织。到2016年，其拨款应该加倍增长。极其必要的是，实施复兴部门科学的专项纲要，提高科学家的声望，副博士和博士劳动报酬的最低水平应该达到每月6–8万卢布，对青年科学家应该给予特殊的关照和支持。

政府所宣布的对国家科学院的改革看起来是背信弃义的不宣而战的侵略行为，是国家当局实行反对本国人民及其未来的破坏行动。人民爱国力量对所发生的事情极其愤怒，我们要求政府放弃公然破坏性计划。我们呼吁知识分子和国家的全体公民做出一切努力，使邪恶势力遭到毁灭性失败，被抛进历史的垃圾堆。

这些人应该走开

让社会愤怒的科学院改组法案的出现以及为政府辞职而进行的斗争是近一个时期以来主要的政治事件。正是这个由教育与科学部长里瓦诺夫根据寡头的指令提交的法案成了压断人民忍耐力的最后一根稻草。它让思维健康的人不再有任何怀疑，现行政府的唯一一个使命是消灭伟大的苏联所剩余的最后遗产，这份遗产还在维持着国家的生命力。社会越来越坚决地要求制止这种毁灭性的进程，把对经济和社会领域的管理转到遵循俄罗斯实际利益的真正的专家手里。那些对当局实行的社会经济政策所采取的立场与我党立场接近的公民数量显著增加了。

因此，促使政府辞职，共产党人不仅仅是以自己的名义行动，不仅仅作为不同意现行当局方针的反对派政治力量行动。我们以不再安于这种方针的社会的名义在行动，我们要试试他们的要求。所以，我们的议员团不参加把由议会仓促审议的《俄罗斯科学院改组法案》变成闹剧。

当"政权党"的代表们忙着在国家杜马投票时，我们也在收集对政府投不信任票所需的代表的签名。事情并不限于议员团在最短时间内收集到把我们的要求向议会提交审议的必要的票数。在全国，科学院的地区分院、社会组织、学术界的权威代表、文化活动家都支持这个倡议。俄共议员团收到了数千份呼吁书和电报，呼吁不要通过毁灭科学院的法律，并改变政府的班底。"政府辞职"的口号前所未有地大声响起，并成为目前政治生活的中心。

当局显然没有料到事态如此急速而且朝着它不愿看到的方向发展。它长久以来过分地确信，公民们准备忍受它的任何政策，不管它是否具有建设性。但是，现在克里姆林宫不能不意识到，它试图对改换政府班子的要求置之不理，避免已经成熟的变革的行为难以奏效。2013年7月初，在国家杜马和整个国家发生的那些事情，这不单单是例行的议会会期和例行政治季节的结束，这是社会的不满汇聚成有意识的群众性政治抗议的最重要的一个开端，谁也不能够忽视它。俄罗斯将进入不可避免的变革时代，这种变革将终结持续多年的毁灭性的自由主义试验，在后苏联整个时期，试验消灭了国家。

统一俄罗斯党在政治田野上的优势地位持续了不到15年。在此期间，国家杜马中亲政府的多数顺利地通过了不少法律，这些法律成了摧毁俄罗斯经济的法律基础。统一俄罗斯党人顽固地推行当局消灭苏联时期社会成就的计划，一次又一次侵略性地践踏公民的宪法权利。同时使用的一个手法是，在议会会期的最后日子里，出其不意地推出最反社会、反国家的法律。

同时，当局从来也不试图与社会讨论自己的倡议。它还没来得及意识到，就已经向它宣布，俄罗斯的土地及其矿藏不被允许自由地卖给暴发户，包括卖给外国人。

以同样的仓促，不经社会讨论，通过了《劳动法典》。事实上这个法典使劳动市场的社会奴役原则合法化，并且特别痛苦地打击了青年一代的利益。

这样仓促地通过了《森林法典》，它破坏了管理林业经济的基础。结果，在最近几年里，国家的数百万公顷最好的森林，其中包括原始森林被砍伐。每年夏季，我们都要伴随可怕的火灾。要知道，《森林法典》不仅摧毁了监督体系，而且事实上消除了保护森林——国家的主要财富的某种个人责任。

还以全体动员的方式通过了产生丑闻的第122号法律，根据该法律，数百万公民被剥夺了社会优惠措施。在因这部法律受损害的人中，不少人是战争和劳动老战士，国家有义务向他们提供优惠。

加速推出有害的法律是"政权党"惯用的、屡试不爽的手法，在议会会期末，他们审议改组俄罗斯科学院的法案。但是，这次骗子般的花招没有奏效，期待的政治胜利与当局失之交臂。他们遭到了大规模的抗议，要求内阁辞职。

杜马中亲政权多数对我们的倡议的消极反应是不值得惊奇的。然而我想提醒对手：俄共关于不信任政府的声明不是某种出格行为。我们不止一次在议会讨论伪造的预算方案时说过，而且在通过后也多次纠正过，但最终没有得到执行。当杜马听取其例行的关于经济"成就"和社会政策的报告时，我们一直强调政府无能。在我们抗议公共事业费用增长、抗议俄罗斯加入世贸组织的反国家的决定，抗议毁灭祖国的教育和卫生体系的法律之时，经常提出内阁辞职这一要求。

同时，我们要求的不是机械地对政府内的干部重新配置，而是原则性地改变国内奉行的社会经济方针。在各部和其他权力机构中自由主义者互换的政策不仅导致60%的居民贫困化，它将是俄罗斯国体的完全毁灭，并伴随着深刻的管理危机。

这里有一个不久前的例子，在俄共倡议政府辞职的前几天里，梅德韦杰夫总理解除了经济发展部部长安德烈·别洛乌索夫的职位。就其职能和宗旨看，经济发展部是政府的"马达"。正好其负责人是为数不多的能够相当客观和批评性地评估俄罗斯经济状况的官员。现在，他被第一波破坏性活动的一个"主人公"——阿列克谢伊·乌留卡耶夫所取代，他是叶戈尔·盖达尔的忠实学生。把乌留卡耶夫任命到如此重要的政府职位显示当局力图保留、而且要更加强化国内实行的政策原则。这充分满足了靠近当局的自由主义者，也使掌握俄罗斯财富的寡头达到满意。

20世纪90年代冒险的社会经济脚本越来越积极地被现行内阁所实施，国家面临彻底瓦解的威胁。同时，执行权力及其在国家杜马的走卒批评共产党人的倡议，指责我们说，我们在破坏国家的稳定。从我们的批评者方面看，这是虚假的游戏，是力图继续愚弄公民，把责任从病人身上推到健康人身上。

我再次重复一下：改组俄罗斯科学领域的法案——这只是迫使我们要求政府辞职的众多原因之一。但是，正是在这个法案上，内阁前所未有示威性地越过了允许的界限。梅德韦杰夫内阁在总统的支持下，以二读在杜马强行通过了这个法律，这只能强化我们要求政府辞职的论据。既定局势证明，当局不想倾听科学家的意见，不愿考虑公众的要求。

几年前，当当局大谈现代化的时候，人们产生了希望，认为俄罗斯领导人已经意识到：必须拯救国家。为此首先需要发展科学与教育。但是，当局实行的政策表明，进一步甩卖战略性企业，目前对科学院的攻击不得不做出这样的结论：俄罗斯不仅不值得期待现政府的拯救性措施——需要摆脱这个政府本身及其毁灭性政策来拯救俄罗斯。

把我国绝对视为高度发达国家的原料附庸，当局做出的这一切，使其变成这种附庸的可能性变得不可逆转。俄罗斯走出这种死胡同状态的可能性也被有意识地剥夺了，对我们来说，这是毫无疑问的。所以，我们要求现行内阁辞职，组成新的联合政府，民族利益的政府。我们的任务和我们的责任——制止威胁俄罗斯彻底沦为灾难的盛宴狂欢。

我们是根据在俄共的反危机纲领中阐述的政治、经济和社会要求行动的，其基础是所有制问题。未必有那位思维健康的人会对显而易见的事实持有异议，把国有的全民所有的财产转到寡头手里，导致经济的毁灭，整个生产领域的消失，我国社会基础的破坏。当局曾想把国家科学院变成"社会国家"组织，这事实上意味着把它交给暴发户去掠夺。

我想特别注意的是，在世界所有的主要国家里，科学研发——这绝对是保密的领域。甚至如果这些研究不是社会国家级的，甚至如果研究不带有军事性质，甚至如果这些研究是最平庸的二流研究所的产品。就让我们思考一下：为什么后苏联二十多年来，没有一个国家愿意与俄罗斯分享自己的可以把经济提高到新水平的科学技术发明和研发成果？

同时，俄罗斯自由派经常高谈阔论地说，科学发明似乎是大家的财富。早在改革时期，就开始用这种蛊惑人心的话来滋养我国社会，向人们保证说，国内发生的变革将有可能把西方的技术成就与俄罗斯的劳动力资源结合起来。这种承诺变成了什么，现在是显而易见的。但是，"改革家们"仍继续说着同样的咒语。原因很明白：我国所有进入科学院结构的研究所还没有完全被榨尽，他们的所有思想还没有完全被偷去，还没有完全运到国外。所以，就产生了"社会"科学院的概念，它将脱离国家的控制。"斯科尔科沃"已经以令人怀疑的采购借口成功地把联邦预算中获得的数亿元运到国外。但是暂时还没有完全掌控科学的潜力，它在俄罗斯科学院及其地方分院还保留着。"里瓦诺夫法案"的使命是帮助冒险家们这样做。

负责任的当局怎么会允许暴发户们靠近核物理研究所或无机化学研究所最复杂的设备？这些设备在无意的情况下是极其危险的。在科学院系统里，有独一无二的中心和实验室，那里保存和研究最危险的疾病病毒。勇于自我牺牲的科学家们在那里为了全人类的利益进行研究。这些带有致命内容的中心和实验室一旦落入骗子的控制，想想都觉得可怕。在这种情况下，不能排除它们会落入刑事犯罪集团或狂热的恐怖主义者手里。

关于改组科学院的法案证明，现行当局在国家和人民面前彻底丧失了责任。社会应该明确地意识到这点并采取措施。

所谓的非体制性反对派及其同他们有联系的媒体经常指责俄共，说我们在杜马议员团反对的声音还不够，它似乎在避免强硬地与当局对抗。是时候要问一下：现在这个总是自夸勇敢和不妥协的"非体制性反对派"在哪里？为什么它不提高声音捍卫俄罗斯的科学，为什么不号召自己的拥护者们走上街头，抗议政府厚颜无耻和危险的想法？答案是明显的：所有的事情在于，"非体制性反对派"尽管其利益与国家个别领导人的利益有分歧，整体上他们依然信奉双料的自由主义，他们构成内阁政策的基础。站在这个反对派前列的是那些曾经风云一时的人，他们与俄罗斯没有牢固的利益，但其意识形态却贯穿始终，而且把俄罗斯视为"居留国家"，这个国家之所以对他们有用，是因为可以利用其谋求重商主义的目的。这些活动家保卫的是那些依靠俄罗斯的财富来积聚资本、并把它转移到离岸账户、变成外国的不动产、投资于外国体育队伍和国外商业的人的利益。

实际上，俄罗斯没有任何"体制外反对派"，有的只是自由主义个别帮派——那些目前控制着政权、那些想明天依然控制政权的人之间的对立。他们为了争夺权力相互斗争，但是他们之间在执行什么样的政策问题上没有原则性分歧。他们对这个问题的回答是相同的：同样唯利是图的犯罪政策，导致经济崩溃和国家毁灭。

某些政治分析家评论俄共议员团开始的政府辞职程序时，他们下结论说，人民还顾不上科学院，所以对共产党人的倡议没有做出任何反应。这样的看法使我们想起当代最有名的一个思想家、英国的马克思主义哲学家特里·伊戈尔托的话："当变革将从议事日程上撤下之时，难以支持对变革的信任，甚至如果你们从来没有要求保持这种信任。"

苏联的文明——关于未来的回忆

今天越来越多地回忆起苏联的文明。这个概念本身无论在学术出版物还是在政治辩论中都获得了充分的权利。

不仅社会主义发展道路的拥护者已经面对苏联文明的威望，而且其狂热的反对派似乎也注意到了这点，他们只是没有任何其他历史指针而已。而且，对苏联文明的研究——是一件复杂而艰难的事，而且问题还在前面。今天的文明只是确定了这个科学和政治任务的轮廓而已。

我们发现，几个"文明"的概念是众所周知的，它们描述了相当不同的现象。比如，谈到人类整个文明的优势时，弗里德里希·恩格斯写道，首先要考虑到经济范畴，文明是"社会发展的阶梯，在这个阶梯上，由发展所产生的某些人之间的劳动分工和把这两个进程联合起来的商品生产达到了充分的繁荣，并把整个以前的社会翻转过来"。

在评价这种"翻转"的最重要特点时，美国地理学家艾尔苏奥尔特·韩廷敦确认，"当人们学会从事农业、在固定的公社居住、创造某种国家形式和掌握书写艺术时，文明就开始了"。从这个观点看，文明就意味着整个人类与以前的时代相比走上了更高的发展水平。

同时，在星球某些地区的人类文明发展的某些阶段，也产生了由某些人民和国家的活动诞生的文明，他们起了"进步火车头"的作用。可以回忆起巴比伦文明、希腊罗马文明、拜占庭文明和西欧文明。

考虑到这些，我们有理由提出这个概念的另一个版本：文明——这是稳定的超国家结构，其特点是高度的政治、经济和社会一体化形式，这种一体化体现在该历史阶段生产方式的进步和社会政治关系的性质，体现在本身的有机完整的文化环境。地球文明本身乃是平等作用和相互变化的类似文明的不断接力的结果。

20世纪的某些历史学家正是依据存在这样的人类文明，强调其中每个文明的独特性。同时，德国历史学家奥斯瓦尔德·斯宾格勒认为，这种结构共有8个。英国历史学家阿诺德·汤因比列出了21种文明。然而，强调其独特性之时，这个或那个忽视了所有这些文明的一个共同特点：在每个文明中，都曾有过人对人的剥削。

其实，从1917年起，世界就形成了新型的文明，在这个文明中，劳动阶级获得了胜利，因为它原则上与斯宾格勒和汤因比研究的每个文明都不同。在我国，两卷本研究著作《苏联文明》的作者谢·卡拉－穆尔扎从文明的角度对世界历史进行了分析，审议了苏联历史经验问题。

苏联文明体现了对幸福的未来的许多期待，资产阶级时代的革命家在自己的乌托邦纲要中阐述了这种期待。然而，这些正确地对未来的猜想不同于与错误预测结合起来的乌托邦。新的社会关系的诞生是由卡·马克思和弗·恩格斯在他们所创立的科学共产主义理论中论述的，并在弗·列宁和约·斯大林的著作中得到发展。马克思列宁主义的科学结论的正确性与资产阶级革命家乌托邦纲要中的错误在社会主义制度形成过程中得到证明。

同时，苏联社会形态也是我国固有的罗斯—俄罗斯文明发展的有机阶段。

在世界历史上，靠剥削生存的阶级首次被剥夺了其特权地位。经常依靠掠夺其他人实现对利润追逐的寄生虫和投机者的政权被终结。苏联文明首次使"不劳者不得食"和"劳动将是世界的主宰"的原则获得胜利。从苏维埃政权存在的那一刻起，就采取了保证劳动人民最实质性的社会和政治权利的措施。劳动在社会上被奖励和各种激励措施所尊崇，成为光荣、勇敢和英雄主义的事业。

因为劳动人民构成居民的绝大多数，苏维埃文明第一个不是在口头上而是在实际上实现了社会平等的原则。在世界上首次实现了无论任何人都可以免费接受教育和免费获得医疗服务的可能性。在苏维埃国家，人民对住宅、公共服务、交通的费用是最低的，并且几十年没有改变，人人都能够以出得起的价钱获得营养。

从父权制以来，第一次建立了终结权利不平等和妇女被压迫状况的文明，妇女可以与男子一样平等地从事任何职业。而在资本主义国家，直到现在妇女还在争取自己的这个权利，这些权利在苏维埃政权历史上第一次得到实施。它保证了妇女政治权利的平等，而在许多国家，这种权利遭到令人发指的践踏。

同时，在苏维埃文明中，还充满着对母亲的关怀。妇女在生产孩子前后获得了带薪休假的权利。建立了妇女免费咨询和产院、实际上免费的托儿所和幼儿园的广泛网络。对成为母亲的妇女充满着荣誉和尊重。在伟大的卫国战争还在激烈进行之时，我国在世界上就首次确定了为多子母亲授勋"母亲奖章"、"母亲光荣"和"英雄母亲"的勋章，国际3·8节成为苏维埃国家最喜爱的节日之一。

尽管有国际小资产阶级革命家主张的消灭家庭的乌托邦方案，但在苏维埃文明中采取了保护家庭的措施。关心家庭教育与对儿童的集体培养结合起来，在世界上我国第一次建立了儿童的组织——十月少年——少先队组织。绝大部分青年男女进入了群众性青年组织——共青团。我国的儿童受到保护，免遭腐朽和不良习惯的侵蚀。在家庭、幼儿园、学校、十月革命、少先队和共青团组织，以及诸如亚·马卡连柯这样的苏联最优秀的教师的成果为基础，以学习和劳动活动的最好榜样，用健康的道德来培养成长中的一代。

由于经常对儿童的身体和心理健康状况进行护理，并广泛建立了保健机构和少先队夏令营网络，使儿童的死亡率急剧下降，青年一代健康地成长起来。我国的人均寿命和居民数量在苏联时代翻了一番。

对苏联儿童的健康及其身体发育的关心也体现在苏联体育的成就上。代表苏联各族人民的苏联运动员在奥林匹克运动会和其他国际重大赛事上的成绩总是名列前茅。

苏维埃文明是第一个建立在民族平等基础之上的文明。苏维埃政权初期，多少年来都属于世界上不同国家内部矛盾尖锐冲突的族际关系在权利平等和友好的基础上建立起来。与小资产阶级革命家从民族虚无主义立场出发主张和坚持快速消灭民族的区别在于，苏维埃文明建立了民族文化发展的良好条件。在苏维埃政权之初，还成立了各种各样的爱国主义民族机构，为那些从前没有文字的民族创立了文字。实际上苏联所有民族都出现了民族剧院和民族文化。

小资产阶级革命家，包括那些在共产主义队伍中的小资产阶级革命家，诸如托洛茨基，不相信社会主义在一个国家胜利的可能性，而且不是在诸如当时的俄罗斯这样的不发达国家。由于这个原因，他们试图在西方无产阶级革命胜利之前制止在我国的社会主义建设，屈膝于西方文明，他们删除了俄罗斯革命之前的历史。与他们那种抹杀革命前历史徒劳地挑衅行为不同,列宁和斯大林认为,十月革命是苏维埃文明吸收了俄罗斯和我国各族人民丰富的经验、优秀的成果和品质而发生在俄罗斯社会进程的合乎规律的产物。

珍惜和保护民族传统,苏维埃文明促进了文化的发展,植根于其民族的源头。在苏维埃政权年代里,创造了出色的音乐作品、艺术、绘画、建筑、影剧院,国家的所有公民都可以去欣赏。肖洛霍夫和肖斯塔科维奇、马雅可夫斯基和普罗科菲耶夫、斯维里多夫和穆欣娜、爱森斯坦和哈恰图良以及其他许多苏联经典艺术家进入了世界文化的宝库。

苏联歌曲是表达苏联人民深厚感情的最好载体,它由国家最好的作曲家作曲和最好的歌唱家表演。整个世界都在为音乐家、民间舞和芭蕾舞剧鼓掌,他们在世界不同地方展示了苏联文化的成果。

这是世界上首次建立在科学基础之上的文明。苏维埃文明体现了马克思-列宁主义关于从阶级对抗的社会到阶级友好合作的社会、到社会主义再到无阶级的共产主义社会的不断向上发展的结论。在世界上首次组织了没有危机、破产和失业的计划经济。苏维埃计划体制确立了不断提高、生产水平在质和量方面都越来越高的方针,在几十年的时间里,苏联的工业从起初的占世界总量的不到4%增长到占全球工业生产总量的20%。在苏维埃文明时期,出现了数千家现代企业,数百个新城市,这些都体现了新一代苏联人建立"花园城市"的理想。

建立在科学基础之上的社会保证了人类知识在所有领域的研究和优先发展。第一颗人造地球卫星、人类首次飞入太空、首次在世界上建立了原子能电站和其他成就,都是苏联科学技术成就的光辉典范。

苏维埃文明证明了其捍卫国家防止敌人入侵的能力。在伟大卫国战争年代里,我国展示了在制造最完善的武器方面难以超越的成就:富有传奇色彩的"喀秋莎"火箭炮、T-34坦克、伊尔飞机。希特勒的士兵们对德国军械部长施佩尔通报说，与德国的武器相比，他们更喜欢苏联的自动步枪。这些成就依靠的就是苏联国防工业最高的技术水平。德国的军械专家仿造T-34坦克的企图失败了，因为他们不能锻造这样的合金钢和生产这样的铝制发动机。

战争也证明了苏联朱可夫、罗科索夫斯基、科涅夫、华西列夫斯基和其他由最高统帅斯大林领导的高超的军事统帅艺术水平。战争展示了苏维埃国家前所未有的新的可能性，其中包括他在实施数千家工业企业和数百万人的撤退以及在后方组织国防生产的卓越能力。

一个被破坏殆尽的国家的迅速恢复以及和平建设的开始就是苏维埃文明巨大成就的实证。同时，苏维埃文明可以动员工业生产、科学和技术，以便在屈指可数的几年内克服与美国在建造原子武器方面的差距，保证捍卫国家免遭美帝国主义试图消灭我国数百个城市和数百万苏联人民的企图。

始终不渝地执行发展经济的五年计划成了苏联社会稳定发展的保证。他们深信，"明天比昨天更美好"，这是苏维埃文明的特点，它体现在人际关系中和苏维埃文学作品中。

苏维埃文明的一个主要成就是——形成历史上前所未有的苏联人。培养人们摆脱资产阶级道德的旧残余，伴之以发展他们的诸如善良、不时能够履行自己社会义务的忘我精神、爱国主义精神，不仅能给予自己的近邻、而且也对其他地区和国家的人们给予帮助等品质。人与人是朋友、同志和兄弟的共产主义建设者的《道德法典》的条款体现在生活中。

苏联人变得越来越有文化和全面发展。我国成为世界上最爱读书的国家。对文学艺术、对科普杂志、对科技书籍的兴趣快速增长，人们不再是沉溺于自己的个人兴趣和私人生活的庸人。

在苏维埃文明中，生活和工作着一批出色的劳动、科学与文化代表，他们成为成长中的一代典范。其中有：斯达汉诺夫和加佳诺夫、科罗廖夫和库尔恰托夫、北冰洋和北极的研究者奇卡洛夫和加加林，名声赫赫的生产组织者、工程师和技术员。在伟大卫国战争年代苏联人在人民记忆中难以泯灭的功勋成为英雄行为的榜样。卓雅·柯斯莫杰米扬斯卡娅、亚历山大·马特洛索夫、小青年近卫军的名字永久载入了史册，数百万红军战士和后方以履行自己责任的忘我工作的劳动者作为榜样，苏联人一代接一代地成长起来。

苏维埃文明的顺利发展成了全世界的榜样。在苏联的影响下，资本主义国家的统治阶级被迫确立8小时工作制，或者对劳动群众作出各种社会和政治让步。在苏联榜样的感召下，西方采取措施，消灭对妇女的不平等地位。苏联的榜样促使美国的种族主义者放弃自己的阵地，放弃令人发指的种族和民族歧视的做法。在苏联发射人造地球卫星之后，美国教师代表团竭力研究苏联教育的经验。美国教育体制划分为"卫星发射之前"和"卫星发射之后"两个阶段。

在资本主义国家里，甚至试图规划自己的经济活动。苏联的例子刺激了宇宙研究的发展和一系列其他科技的发展。然而，苏维埃文明对世界的作用并不局限于这些积极的例证。

苏联积极地为全世界的和平而努力斗争，早在1920年代就提出了全面和完全裁军的纲领，主张集体安全和约束侵略者。苏维埃文明成为击溃希特勒德国、军国主义日本及其盟友反对人类行为的主要力量。奴役世界人民和无底线的种族灭绝的威胁首先是由苏维埃文明来消除的。

在取得大规模杀伤性武器的均势后，苏维埃文明也取得了预防发动全球性核灾难、并使文明的星球变成沙漠的可能性。由于苏联的不断努力，新的世界战争被制止了。

就如同任何真正的文明一样，苏联对周围——邻近的和遥远的世界施加了强大的影响。苏联实际上到处都促使形成苏联型的社会体制：在欧洲，形成了诸如民主德国、保加利亚、波兰、南斯拉夫、捷克斯洛伐克这些国家的社会主义大家庭；在亚洲，中国、越南；在美洲——古巴；在非洲——安哥拉和莫桑比克。而且在苏联解体后，苏维埃文明的发源地和萌芽还在一些国家保留下来。例如中国甚至还强大了，它在许多方面都借鉴了苏联的"红色"文明倡议，并把它植入本国数千年文化的根基之中。

苏维埃文明的典范及其对世界改造的积极作用总是引起世界帝国主义难以忍受的仇视。西方列强不停地试图用其各种武器，包括信息心理武器来摧毁它。

20世纪是两个不同文明基础相互对抗的时代：社会主义以苏联为代表，资本主义的化身是美国及其盟友北约。资产阶级的文明抓住一切救命稻草来延长其存在。苏联一步步地向前推进，在人类面前开辟了未来，然而，它在特殊类型的搏斗——争取本国公民的头脑的信息心理战中败下阵来。

而且，苏维埃文明也有其阴暗面。由于陶醉在成就的狂欢中，资本主义不可能复辟和社会主义胜利不可逆转的观点占了上风。形式主义和教条主义地重复社会理论教科书的同样原理悄然取代了密切地研究社会进程、分析苏维埃国家每个历史发展阶段，不考虑时代要求新的解决办法。结果，对在经济、社会发展和民族关系领域出现的破坏性进程的初步表现没有作出应有的评价。

对内部的破坏性进程和外部敌视的活跃性不加关注促使社会主义制度的基础被腐蚀。大胆地利用苏联人对美好新生活的吸引力，跻身于苏维埃国家领导人中的社会主义的敌人以"改革"和"民主"变革为借口，对苏维埃文明的基础实行破坏活动。

伴随着社会主义制度被推翻和苏联的解体是苏维埃文明的毁灭。苏联时期建立了数千家工业企业停产，农村遭到破坏，学术、教育和文化设施被关闭。在苏联五年计划期间建立的城市陷入了凋敝，成了犯罪和社会病的温床。数百万人失去工作和对未来的信心，自杀的数量悲剧性地增加。出生率急剧下降，俄罗斯的人口开始减少。

苏维埃文明被资产阶级的野蛮时代所取代。知识贬值、文化萧条、酗酒和吸毒的疯狂增长，与之伴随的是到处确立的"人对人是狼"的非道德原则。在那些好战的个人主义道德占据上风的国家，靠欺骗性操弄、掠夺人民的财富和盗窃数百万人的投机者成为青年一代的理想人物。

因为人民记得已经失去的苏维埃的生活，而记忆是难以消灭的。俄罗斯犯罪的资产阶级竭力证明苏维埃文明的危害性。亲政府的媒体日复一日地说服俄罗斯居民说，苏维埃文明74年——这是"历史的失败"。他们努力抹黑伟大历史的每一天，抹黑苏维埃生活的每个具有意义的现象，诽谤共产主义学说。然而达到这个目标并不容易。

他们说，苏联，苏维埃文明成为我们的时代神话，20世纪独特的吉特日之城。实质上完全不是这样，它们与其说是神话，不如说是面向未来的理想。

历史事实告诉我们，伟大文明的存在一般都具有周期性。它们有崛起的时候和陨落的时候，有时是如此深奥，会造成一种它已经灭亡的印象。然而，却是力求达到高度的发展，这样的文明开始复兴的时代将会来临。苏联的灭亡是伟大的俄罗斯文明——产生了苏维埃制度、向全世界指明了人类继续进步的康庄大道的发展的文明的断裂。这就发生了向后的反冲力，倒退了许多年。

在向原始资本主义漂移的二十年里，没有任何一项成就：无论是经济跃进，还是社会关系的优化，还是某种形式的新文化发展，更没有能够团结民族的意识形态的突破。全面的瓦解和后退——这就是在苏联社会原地上所产生的自由主义"反文明"的特色。没有为周围世界带来任何建设性的东西，基本上靠西方精神生活的渣滓所抚育，它越来越腐朽和变质，复制着社会病态的现象：没有信仰和崇尚暴力，吸毒和酗酒，淫乱和恣意妄为，消费和极度无聊。所有这一切挑动起自杀浪潮，恐怖主义的爆发和全球性人人自危的战争威胁。

所以，对今天的腐朽和堕落时代的文明替代问题变得前所未有的尖

锐。谈的不是俄罗斯作为独立自主和世界历史的独特现象问题。而且我国
回到苏联，就是说俄罗斯和俄罗斯人的文明轨道的一个主要条件是，这个
进程的"基因"的实际承载者——俄共和俄罗斯人民爱国力量的强大。

需要认真地研究苏维埃文明的经验，要保持对它的记忆，要宣传它，
要确信资产阶级复辟的贪婪成性的制度必然覆灭，要为之斗争。为20多年
斗争的经验所丰富，我们应该把苏维埃文明的成就变成在俄罗斯社会新的
历史发展阶段——21世纪社会主义的真正武器。

我们再次可以目睹一眼就能识破的荒谬局势。那些对国家政治停滞喊
得最凶的评论家们说，国家需要变革，而在爱国主义反对派开始达到变革
时，他们又急剧地改变了调门。他们马上又反过来使人相信，人民不需要
任何变革，它对现行当局的政策表示满意，或者对所发生的事情表现为漠
不关心。实际上，同样属于自由主义阵营的这样的"分析家"和"政治学
家"的立场完全是合乎规律的。左派的，即俄罗斯真正的爱国主义意识形
态胜利的可能性本身将引起这些先生的惊慌失措。他们对政治停滞的所有
抱怨不是为了国家利益希望改变局势，而是力图说服社会，原则性的变革
是不可能的，这些变革已经从议事日程上取消，所以，不要去相信它。

但是，关于人民完全消极、对政治冷漠的说法根本站不住脚。社会上
的群众性的社会政治不满情绪正在增长是显而易见的。政府继续为寡头、
银行家、金融投机者服务，继续纵容已经被揭露出来的腐败分子，简直要
把国家推向社会爆炸的地步。

对文明行为做出正确合理解释的无可辩驳的依据就是对俄罗斯状况的
数字和事实的描述，以及自由主义分子执政20多年来所带来的结果。

例如，7月初，在发展银行体系问题的一次会议上，普京总统声称，
"经济上所形成的局势是，作出决定的时间非常少，我们不能等待，需要
行动，采取措施，刻不容缓地落实深思熟虑的体制性步骤"。

　　无论亲体制的媒体如何说服公民，说在普京的领导下，俄罗斯的状况好像变好，实际局势则是如此严峻，总统已经不能掩饰自己的不安。

　　我们，共产党人也认为，必须紧急地采取体制性措施。自由主义政府辞职和组建联合政府就是这样的决定。不采取这种措施，俄罗斯国家的正常运转是不可能的。

第三章　21世纪共产党人：时代的考验

1993年2月，俄共第二次非常代表大会宣布我党恢复活动。但是，由于失去了祖国——苏联而经历着剧痛，精神萎靡，由于禁止苏共的赤裸裸的运动的创口还没有愈合。猖獗一时的破坏分子践踏了萎靡的思想和象征。但是，对自己正确性的确信，忠实于马克思列宁主义理论和对人类的真正希望，使我们克服萎靡，行动起来。这不，党恢复活动已经二十年了，我们举行了自己的第十五次代表大会。时间使我们有可能对国内和世界所有最重要的进程作出重大和总结性的评价，对长达二十年的历史时段作出分析。

我国历史上的二十年怎么样？在这样的时期，苏维埃俄罗斯从第一次世界大战和国内战争的废墟中恢复，建立了工业强大的和文化发达的强国，它能够摧毁无情的希特勒的机器。在严峻的1941年，红军、我们的父辈和祖辈表现出前所未有的英雄主义和勇敢精神，阻止了法西斯野蛮的攻击。1961年，尤里·加加林已经能够从宇宙高度俯瞰地球。

20世纪70年代初期，苏联达到了核导弹的对等，我们有一切理由信心满怀地宣布，已经形成了新的创造性共同体——苏联人民。然而，过了二十年，经过叛徒和蛊惑者之手，摧毁了承载国家的长城。

二十年来，世界发生了根本性的变化。目前已经证明了这一点。

俄共已经二十年信心满怀地对抗执政当局。捍卫工人、农民、知识分子的权利，为争取社会主义而斗争。从党被禁止到它变成强大的人民力量，走过了披荆斩棘的道路。目前，我们有权利来谈我们工作的具体成果。

俄共向国家提出了唯一替代的政策的建议，使俄罗斯免遭破产和停滞。党有经得起检验的沿着公正和进步、沿着社会主义改造的道路发展祖国的纲领。我党拥有明确的意识形态、牢固的基础、强大的知识和干部潜力。

俄共建立了强大的垂直管理队伍，这是持续和有效工作所必要的。选举运动表明，我党已经牢固地扎根社会。数百万人都支持我们在全国的立法机关中代表他们的利益。

党组建了积极地为争取权利而斗争的人民爱国力量联盟，它代表了大多数人民的利益。俄共的思想将代表国家诚实的公民，即代表基本群众的政治立场。党坚定不移地确立了共产主义思想，形成了对执政当局和金融寡头虚假思想的优势。我党在思想上对当局的揭露，有助于使全部亲当局的政党走向虚无。"民主俄罗斯党"、"俄罗斯选择"、"我们的家园——俄罗斯"、"祖国"、"团结"已被抛到九霄云外，寡头和官员的联盟被迫用一个接一个的面具伪装自己。取代"统一俄罗斯党"的是普京的"人民阵线"。

当代世界的生活是由一整套关键因素所决定的，其中最重要的因素是：

1．全球主义成了当今时代的帝国主义的形式；

2．资本到处对劳动人民的权利展开进攻；

3．帝国主义在世界舞台的侵略性正在增加，新的大战的威胁变得尖锐；

4．世界经济金融危机意味着资本主义腐朽的新阶段；

5．世界一系列发展中国家的快速增长向美国帝国主义的霸权提出挑战；

6．工人和广泛的人民运动在加强，共产主义和左派党的工作活跃起来；

7．社会主义作为资本主义必然和唯一的替代者的作用正在加强；

8．金融寡头资本把赌注押在越来越反动的势力上。

所有这些因素是党总体所关注的中心。党的第十五次代表大会已经对世界局势做了基本评价。

资本主义的结构性危机处于尖锐化阶段。

众所周知，资本主义的总危机已经延续了一百年，它时而弱化，时而尖锐。20世纪末，资本主义摧毁了苏联，保证了自己暂时的稳定。然而，它的体制性矛盾继续在增加。尖锐的金融经济危机使美国和欧盟打摆子已经五年多，俄罗斯被强行嵌入了美国的经济。

俄共与时代的挑战

欧元区的危机暴露了资本主义一体化的特点。在右翼自由主义政策的监管下，欧盟的一体化进行了三十多年，期间大资本越来越靠牺牲人民群众的利益来发财。近年来，通过了一系列《厉行节约》和《金融健康化》的反危机纲领。但是，这些纲领只是促进了大资本对资源的攫取。欧盟的资本支柱和劳动人民的权利的结合越来越复杂。

美国种下了把相当大部分物资生产输出到劳动力廉价的地区和用假钱造成经济洪灾的苦果。当金融投机者的肥皂泡开始破灭时，工业流出地区的居民没有了实际收入来源。劳动岗位问题尖锐地出现。美国的债务几乎达到了17万亿美元，几乎等于国内生产总值的100%。

当代资本主义遇到了最基本的问题。英国首相布朗在危机初期就声明，它将是新型社会的推进剂，在这个社会里，吹高价格和从空气中造钱是不可接受的。2009年，联邦德国总统科勒号召终结不受控制的金融市场。美国总统不止一次谈到深刻变革的必要性，指责那些"肥猫"，其顾问沃尔克指出，"更加注重调节"的资本主义时代已经来临。法国总统奥朗德要求对年收入超过100万欧元的人征收75%的"反危机"的专项税。而联邦德国总理默克尔在去年11月基民盟党代表大会上直言不讳地表示：

"我们不得不屏住呼吸5年或更长时间。那些认为1—2年就可以走出危机的人会迷失方向"。

在所有的关系中，目前的危机带有全球性。科技革命在人类面前开辟了经济增长和社会进步的巨大可能性。然而，现行资本主义将使世界发展进程走样，使矛盾尖锐化。俄共将其评价为帝国主义的形式。全球化变成了全球主义。早在十多年前我们就对全球主义给予了评价，过去的年代证明了这种评价的合理性。

美国作为一系列帝国主义中心的强国，攫取了世界财富最大的那部分。

资本在积聚，其中包括依靠私有化和毁灭国家的社会职能。金融投资的意义急剧增长，失业在增加，金融资本的霸权挥霍了生产力。

帝国主义者把经济和政治权力集中在最大的金融集团手里，大垄断势力的实力及其对国际货币基金组织、世界银行、世贸组织和北约的影响力增加。帝国主义对世界的新殖民化的政策活跃起来。

利润有下跌的倾向，资本主义不惜用任何方式与之斗争：加剧剥削、金融投机、军事冒险，其弱肉强食的本性暴露无遗。

所有这一切证明了马克思列宁主义的分析的精确性。

资本在世界舞台上越来越有侵略性。其战略组成如此：对国家施加压力，挑唆发起冲突和直接武装侵略。欧盟和美国形成了帝国主义列强的联盟，其军事棍棒就是北约。

南斯拉夫、伊拉克、阿富汗、利比亚或者被从世界地图上抹去，或者处于被占领状态。美国加强了太平洋南部的存在，意在对中华人民共和国施加压力。越南的土地至今还保留着美国侵略者骇人听闻的轰炸的创伤。对朝鲜人民民主共和国实施挑衅。

"阿拉伯之春"伴随着帝国主义者对埃及、突尼斯、巴林、也门事务的干涉。利比亚被军阀统治，雇佣军匪帮在叙利亚播撒恐怖与混乱，伊朗的紧张局势还在加剧，北约在塔吉克斯坦和吉尔吉斯的军事基地对俄罗斯、中国和其他国家带来潜在威胁。

帝国主义试图使拉丁美洲的民主进程翻转。反动势力的行动使哥伦比亚、墨西哥、巴拿马和智利的人民经受考验。在洪都拉斯和巴拉圭发生了国家政变。帝国主义者的目标是古巴、委内瑞拉、玻利维亚、厄瓜多尔、尼加拉瓜。对巴西实施"遏制"战略。

帝国主义者对苏丹、刚果、几内亚比绍、科特迪瓦、索马里和非洲其他国家的人民施加压力。地球上的冲突愈演愈烈，民族自决权将崩溃，形成不稳定局面——这是新殖民主义的战略。资本主义的侵略性正在增长，把世界推向更大的军事冲突。

同时，对帝国主义政策的抵抗也在增加。一些国家集团表现出对全球资本的桎梏难以忍受的意愿。中国、古巴、越南、朝鲜和老挝的例子具有特别的意义，他们形成了替代的社会主义发展方案。中国正在增强生产力，成了"世界工厂"，越南也展示了高速发展，拉丁美洲许多国家的主权在加强，兄弟的白俄罗斯稳定地执行独立的方针，这些国家的合作与经济一体化具有最广泛的前景。

时代的特征——国家间组织的形成。在较短时间内，金砖国家、上合组织、南美共同市场、南美国家联盟和其他联合体开始运作。其中一些，首先是玻利瓦尔美洲人民联盟就带有明显的反帝国主义性质。

出现了不允许把联合国变成帝国主义者侵略政策的工具的真正机会。帝国主义者加强了进攻，但是遭到的抵制正在增长。俄共认为，世界力量的平衡将被改变，这对社会主义有利。我们应该为此做好一切准备。

猛兽般的私有化在物资领域消除了公有制，强大的国民经济综合体被毁灭。在"改革"时期，失去了三分之二的工业和一半多的农业。俄罗斯经受了去工业化，变成了西方的原料附庸。

俄罗斯剩下的工业和财政转移到世界资本的控制中。甚至储存着劳动人民的主要积蓄的俄罗斯储蓄银行也越来越被外国所有者控制，其最大的股东来自英国、美国和加拿大。

亟待加强国家在经济中的作用，取而代之的是政府加强在私有化事务的影响。2013年初，在盖达尔论坛上，德·梅德韦杰夫坚持继续出售国家财产，甚至在危机条件下不惜压低股票价格。这些价格被压低，以150亿卢布价格出售瓦尼大港口的国家股票就是证明。

他们公然掠夺俄罗斯。财产的最大部分被输出到国外离岸区。资本流到国外，这是民族悲剧。二十年里，从俄罗斯外流的资本达2万亿美元。债务迅速增长，2012年，外债总共增长了15.4%。政府继续把黄金外汇储备运到国外，这是在国家极其需要实实在在进行现代化的条件下发生的。根据不同的估计，国家主要机械的磨损率达到15%—17%。

俄罗斯被变为全球垄断销售商品的市场。国家进口的食品约60%。在日用技术、电子产品和高科技装备方面，进口产品占90%。从2000年到2010年，进口到俄罗斯的肉类、奶类和奶类制品增长了3倍，航空技术增长了几乎7倍，药品达8倍，水泥为21倍，金属切割车床超过27倍。

在极其不利的条件下，国家加入世贸组织，这恶化了局势。经济发展部承认，俄罗斯经济因此损失2400亿卢布，2013年损失3200亿卢布。对国产农业机械的采购已经减少了2-3倍。加入世贸组织为养殖业、汽车制造业、轻工业和食品工业以及其他领域制造了尖锐的问题，企业面临关闭的问题。令人惊奇的是，只是在加入世贸组织后，普京才建议制定支持那些必不可免的受损领域的纲要。

国家的工业和科技潜力进一步遭受破坏是必然的。执政集团巩固了我国作为原料殖民地、销售市场和跨国公司廉价劳动力的地位。我们绝对不同意这种地位。

如果相信目前的宪法，那么，俄罗斯是社会取向的国家。然而，20多年来，当局破坏苏联时代的成就。国家已经吞食这种苦果。

关键的指标——财富分化。根据一些专家的分析，微不足道的0.2%的先生们掌握着国家70%的财富。瑞士信贷银行的分析家们直接把91%的俄罗斯人归类到欧洲标准的穷人行列。

第二个指标——人口局势和生活质量。居民的增长绝对依靠移民。按照联合国教育指数看，俄罗斯排在第53位。就人均寿命而言，国家下滑到第97位。

第三个指标——国家的支出。石油美元雨已经下了10年，但是科学、教育、卫生和文化被漏掉了。俄罗斯对科学的支出比发达国家低两倍，卫生比发达国家低3倍，对教育的投资占最低消费的一半。医生、学者、教师和文化工作者获得微不足道的工资。

独特的苏联教育体系甚至在苦难的90年代也生存了下来，这在许多方面应该归功于我党所做的努力。现在，教育体系却遭到致命打击。联邦83号法律为预算机构商业化奠定了法律基础。实行国家统一考试向教育植入了病毒，消灭了人对知识的自然渴求。科学与教育部长里瓦诺夫把国家引入速成的"没有效率的高校"名单的恐惧之中。

新《教育法》巩固了被"消费者"认定是培养奴隶的政策。莫斯科大学哲学系学术委员会直接声明，所实行的方针——这是在国内培养可被控制的群众的路线。

在曾经的科学强国，实际上部门科学被毁灭，许多科研设计中心和整个学术流派丧失了。研究人员的数量几乎下降了三倍，其平均年龄急剧增加，每四个学者就有一个出国的。

俄罗斯医学从苏联当局获得了独特的遗产。但是，出色的系统实际上被谢马什科解体了。在国内，全科医生不到一半，超过80%的是风湿病专家、肺病学家和神经学家。学校毕业生（目前，10个中有8个可以毕业）的数量在增长，他们有医学上的不正常现象和长久积累的有害习惯。同时政府到2015年将对医疗的支出减少几乎一半。

当局对保护母亲和儿童的投入少得可怜。在一系列地区，儿童补助每天2.5卢布。180万名儿童排队等着上幼儿园。

政府计划对那些工作不满30年——对妇女30年,对男子35年的人不发退休金。在这种情况下,义务工龄将增加10年,而没有手续的劳动者根本不能证明自己退休的权利。

俄罗斯的文化空间充斥着美国的电影租赁、原始的脱口秀、黑暗时代和通灵玄妙难解的问题。在伟大的戏剧舞台上引进了低俗的表演,它们以前卫为借口,用粗野和公然耍流氓来款待观众。

当局所做的一切就是努力从物质和精神上来剥夺劳动人民。人民面临着每年提高天然气、供暖费和电费的问题,房产税将急剧增加。

当局从立法上强化了极其深刻的社会分裂,资本主义复辟使社会陷入这种状态。对于俄罗斯公民来说,为争取和恢复社会主义给予的权利和保障而斗争。帮助劳动人民、青年、老战士组织起来去斗争,内行地确定任务和目标——这是共产党人最重要和最直接的任务。我们有在抗议运动中积累起来的相当的经验,我们能够胜任!

如果没有"苏联因素",世界帝国主义上层就会变得更加毫无遮掩。国家和世界的未来处于威胁之下。

1991年之后,莫斯科驯顺地沿着华盛顿的政策轨道前行,却没有发觉,正在对俄罗斯进行的战略包围。从这时起,北约联盟扩展了13个国家。在普京—梅德韦杰夫政府的纵容下,"西方的鹰派"继续巩固冷战的胜利果实。

俄罗斯官方可耻地拒绝对联合国安理会投否决票,这为轰炸利比亚开辟了道路。支持对伊朗的封锁。签署削减战略武器条约—3,这无论如何也没有阻止美国开发一系列进攻型武器。为了向北约在阿富汗的占领军提供装备,俄罗斯开放了自己的领空。

世界局势变得复杂,战争越来越接近我国的边境。北约集团在欧洲战区军队人数超过俄罗斯的10—12倍。然而,军事工业综合体遭到肢解和贱卖。俄罗斯的国防能力几乎仅仅保持在战略火箭军领域，但是用不了多久，它们也将面临难以完成战略遏制任务的局面。臭名昭著的武装力量"复兴面貌"变成了消灭苏联伟大军队——法西斯主义的战胜者的残余。

俄共坚持为加强国家的国防能力而斗争。我们目标明确，迫使谢尔久科夫辞职，并将继续做出一切努力，来复兴俄罗斯的武装力量。

对我国安全构成真正威胁的是腐败猖獗。当下的特点是"国防服务公司"丑闻，它暴露了无耻地偷盗军事预算的行为。

俄罗斯腐败的规模——整个社会经济体系的恶性循环就是证明，执法机关不惜任何代价努力维持执政集团的权力。

所有这些年伴随着孜孜不倦地热切地加强其警察机器能力的同时，都在目标明确地破坏国家的国防能力、毁灭军队和"新俄罗斯"主人的舰队。武装力量人数减少了，而镇压机构及其花销却增加了。当局严格地按照"裁减军队，增加警察"的公式来行事。

执法机关被积极地用于镇压政治反对派。镇压也涉及到我们的许多同志，其中包括已经被选为布拉茨克的市长亚历山大·谢罗夫和国家杜马议员弗拉基米尔·别索诺夫。统一俄罗斯党人试图用这种方式来清洗加在他们身上的"骗子和小偷党"的印记。为了摆平一切事情，他们还把民警改头换面成警察。

这说明俄罗斯的对外、国防和对内政策都存在缺陷，腐化正在侵吞整个安全体系。

官员寡头吸血鬼们指望什么呢？我们推测，针对内部威胁，他们计划用特种警察的棍棒来维护。而对外部威胁呢？为了买到西方的好感，俄罗斯的新主人以批发和零售形式把国家卖光。

国家越来越多的企业属于外国主人。但是，大"民族资本"不会匆忙地排挤竞争者。所有问题在于，涉及的不是民族资本，而是作为世界金融精英的奴颜婢膝的分支机构问题。

"采邑制"式的善于盗窃的军事长官扮演的角色就是，完全让一根脐带长在一起的寡头和高级官员感到满意。现在只是全球资本的恩赐——这是暂时的事。米洛舍维奇、侯赛因·萨达姆、卡扎菲和穆巴拉克的实例证明，金融帝国主义只有在火候到了的时候才准备"进行对话"。最终它的行事原则是："赢者通吃"。"马格尼茨基名单"的出现——就是向"俄罗斯精英"们敲响的明确的"小警钟"。

普京不能不明白这点。甚至对个人安全的考量也没有使他重新审议方针，疏远俄罗斯和世界寡头的利益。正是：阶级利益至高无上。

俄罗斯目前的执政阶级是通过1991－1993年反苏维埃政变所产生的。其组成成分是腐败的官僚、投机资本与有组织犯罪的共生体。随着普京执政，官僚最上层压制了其他盟友，与最大的资本形成了统一的寡头。

官僚利用资产阶级社会主要阶级的相互削弱，获得了特别的权力，马克思主义把这种制度称为波拿巴专政。这种制度在不同的社会集团的利益之间左右逢源，确立起了自己的"垂直权力"。它不希望改变游戏规则，为的是可以保证执政帮派前所未有的发财致富。现行当局越来越成为国家生产力和精神力量的巨大掣肘。内部危机尖锐化无可避免地成为必然。

社会上变革的要求成熟了。2011年国家杜马选举骇人听闻地伪造选票，引起群众性的抗议。俄共不承认这些选举的结果。

甚至一般的市民也明白：执政集团既没有显著的成就，也没有明确的行动计划。居民把普京与梅德韦杰夫的王车易位视为没有良知的密谋。当局的帮派—寡头性越来愈明显。

最近的地区选举表明：统一俄罗斯党变成了"活着"选民不多的政党。该党的支柱——行政上有所依赖的选民，他们根据命令投票，出于恐惧或由于物质好处而投票。该党的希望——选区低投票率，在家里"投票"或者按照补充名单投票。其资源——流动的队员，多次投票和在"旋转木马"里活动的人。

我们共产党人十分明白目前选举体系的虚伪。约·斯大林在苏共第十九次代表大会上就对这种现象做出了有分量的评价："资产阶级民主自由的旗帜已经被抛到九霄云外了。我认为，你们，共产党人和民主党的代表们，不得不把这个旗帜举起来，扛着它向前，如果想把大多数人民团结在自己周围的话。因为别的人不会举起它。"

斯大林的结论充分证明是正确的。"垂直权力"甚至阉割了装饰门面的民主。举行群众性行动变成为惩罚性措施。为了打散反对派，实行了坍塌性的多党制。挂起了网络监控器，但是从选区驱逐了观察员。安装了选票加工综合体，但是没有检查和重新计票的权利。他们谈论政治竞争，但是禁止正常的辩论。他们声称地方行政长官的"选举性"，但是绝对从市政议员的名单中进行"过滤"。实行统一投票日，但是要在9月上旬举行，当时国内还是休假季节。

俄罗斯的资产阶级"民主"处于深刻的危机之中。资产阶级自由主义价值观正在瓦解。现行当局绝对不适于进行建设性活动，国家越来越演化为个人权力的强硬体制。

21世纪证明了一个真理：大资产阶级的进步倾向已经成为过去。爱国主义和民主、自由与公正、独立与平等——所有这些都绝对成为劳动人民、人民大众的价值观。我们的任务在于，用这些价值观来唤醒人们，积极去行动。

"不是人们的力量不足，而是他们的意志不足"——维克多·雨果这样说过。当充满这种思想的劳动人民构成了人民的大多数，他们就可以建设另一个世界——美丽、善良和公正的世界。

俄罗斯左翼和人民爱国主义力量正在为恢复社会保障而斗争，为经济发展而斗争，为保障国家安全而斗争。党声明：为了最快速和和平地更换执政当局，我们将为完成这项任务而做出一切努力。为了建设人民信任的政府，还要实施新的政策。

斗争不是最后的，但是坚决的

去年冬天，席卷俄罗斯的抗议运动成为现行当局不安的信号。这是从2004-2005年公民发动起来捍卫自己的社会权利之后的第一次抗议运动。抗议运动的特点是，其政治取向和聚集于最大的城市。在"争取诚实的选举"口号下的行动席卷了莫斯科、圣彼得堡和其他城市，抗议队伍中的大多数人远不是来自最底层。难怪人们把沼泽广场的示威活动冠之以"貂皮大衣革命"。利用抗议者没有纲领，寡头资本的全权代表——鲍里斯·涅姆佐夫、米·卡西亚诺夫和弗·雷日科夫试图引领他们。在萨哈罗夫大街"闪亮登场"的阿列克谢伊·库德林公开承认，他把自己视为抗议者与克里姆林宫之间的中介。

远不是所有的参与者都准备发展抗议运动。示威的大多数参与者很快意识到，以后需要的斗争不是"反对"而是"支持"，支持具体目标和思想。但是，那些漫无目的的人们没能够制定出统一的可以替代的纲领。

除了自由主义复仇派集团外，人们带着社会要求，走上街头，继续表现出抗议的活跃性。在这样的口号数量增长的同时，然而，示威本身的群众性却没有增长，"百万人行军"远没有达到百万人。有上千抗议者，按照列宁的话说，抗议从百万群众开始，严肃的政治却看不到。

共产党人面前越来越尖锐地面临着革命阶级的问题，这个阶级可以把产生的群众性抗议达到全民族的规模。实施俄共——拯救人民和恢复国家的行动计划的阶级的纲领。

难道强大的有组织的工人阶级不会把群众性的对"肮脏"选举的不满变成争取改变所有政治和社会经济体系的斗争吗？这是否意味着，作为重大的社会力量的俄罗斯工人阶级消失了呢？不是。但是这意味着，它暂时还没有理由为自己的团结性和组织性而自豪。工人阶级越来越成为"自在的阶级"，而不是"自为的阶级"。这就是为什么他没有表现出坚决行动的准备。在资产阶级的"新"俄罗斯，其政治勇敢和成熟的道路还很漫长，充满荆棘。

资产阶级对付工人的拿手方式是，否认阶级的存在，否认其资产阶级掘墓人的使命。这种对阶级斗争必然性的否定对那些准备向右转的"左派"发生了不错的作用。但是工人阶级不会消失——尽管自由主义的意识形态专家在空喊。关于工人阶级消失的谎言证明了其传播者的历史命运，证明了这些人知识的贫乏。如果工人阶级没有了，那么谁来创造物质价值？谁来创造资产阶级不道德地攫取的财富？

甚至在俄罗斯，没有工人阶级，资本都不能破坏其工业潜力。根据俄罗斯联邦国家统计局的数字，1999年前，在"经济中就业的国家居民"为"蓝领工人"，或者说体力劳动为主的雇佣工人。在2006年前，其份额不仅没有减少，甚至提高到了56.9%。以绝对数字来衡量，这意味着：经济中有7000万人就业，超过3900万是从事体力劳动的雇佣工人。

这就是当代俄罗斯的工人阶级。其人数的增加主要来自重体力工人队伍的扩大。从1999年到2005年，工业和建筑业中的这个队伍增加了两倍。而在交通领域，则增加了5倍。产业雇佣劳动者构成了俄罗斯无产阶级的大部分，其人数超过2400万。产业工人本身也是无产阶级，根据马克思的话，他们命中注定要推翻资本家政权。但是全部问题在于，它在多大程度上准备好履行自己的历史使命。

无论多么痛苦都得承认这一点，当代俄罗斯无产阶级是分散的，其阶级意识还没有成熟，还不是革命的。为什么？还在不久前是大国的工人阶级，其量和质方面的损失是众所周知的。在私有化和去工业化时代，俄罗斯的社会生产减少达2倍。这意味着，劳动大军至少减少了两倍。更加悲惨的是，在叶利钦—盖达尔改革时代，1000多万技术高度熟练的工人被拒之门外。工人阶级失去了其最有文化和自觉的部分，它失去了自己的核心。

资本主义复辟也制造了另一件黑暗的事情。大规模的失业使工人阶级失去组织性和道德性，他们产生了不完整的综合征：丢失了工作的工人——这是潜在的工人。

也必须考虑到苏联工人的心理，他们仅凭学校的历史教科书懂得了阶级斗争，但是还没有准备好去斗争。工人难以相信，昨天的企业经理或者车间的工长突然成了他们的劳动雇佣者和生产的所有者。难以明白的原因还有："生活的主人"起初与工人交往时，还保持着苏联的文化和心理，那些人还有不少的共同之处——共同的历史、共同的记忆。这就不会使许多人（现在已经成为被剥削者，就如同民间所讲的那样，"彻头彻尾"的被剥削者）把新出现的资本家视为阶级敌人。而"剥夺者"依靠苏联雇佣工人的质量来投机，越来越多地用失业的恐惧来向他们施压。

工人们已经被剥夺了有组织抵抗的可能性。党组织在劳动集体的活动被禁止，这种禁止直到今天依然有效。至于工会，其曾经的领导人除了罕见的例外，都成了其所有者忠实的下属。

没有任何理由指责俄罗斯工人阶级在资本主义复辟初期失去道德的状态。要唤醒俄罗斯无产者的阶级意识需要时间。现在时间已经到了，尽管它还处在形成的初期阶段。来接替老一代工人阶级的中青年一代要比过去更加积极，正是从他们中间涌现出了今天独立工会的领导人。这些工会的建立与对当局驯顺的什马科夫的联邦独立工会对立，说明了俄罗斯无产阶级的阶级成熟性。

还有一些说明无产阶级中间发生积极变化的证据。俄罗斯科学院社会学所的学者研究了俄罗斯矿山冶金工人工会的观点。研究显示，那些致力于相当积极地捍卫自己的社会经济权利的人的比重不断增长。2003年，其比例为19%，2007年为27%，2011年就达到30%。

根据这些社会学资料可以断言：俄罗斯工人阶级积极性的潜力正在提高。如果说10年前罢工斗争的反对者达78%，那么现在其比例已经几乎下降到20%。同时，与资本家进行罢工斗争的拥护者在增加。在20-21世纪交替之际，其拥护者人数在25%-28%之间摇摆，那么在2011年已经达到了40%。

不仅仅是工人阶级的情绪，而且其争取自己权利的斗争都说明无产阶级正在成熟。反抗资本的极端形式——罢工——与其他形式的劳动抗议相比，还没有占据优势，但是它不再是罕见的事情。根据社会劳动权利中心的监查数据，2011年，俄罗斯发生了90多起罢工。这年抗议行动的总量达到263起，几乎比2010年多30%。值得关注的是，40%的抗议发生在工业生产领域。机械制造业的工人最积极。交通领域的行动也在加强。去年，几乎四分之一的交通业工人参与了行动。

正如我们所看到的，工人阶级不仅存在，而且还在斗争。当局采取一切行动，试图掩盖工人运动复苏的征兆，官方媒体罕见和吝啬地报道了无产阶级斗争的事实，自由主义权利捍卫者对此则绕着避开。

《真理报》和《苏维埃俄罗斯报》的行事非常正确，越来越多地关注工人阶级的状况以及他们进行抗议活动的进程。正确的是，他们没有脱离恩格斯称之为"脑力劳动无产者"的劳动知识分子。在《真理报》上开辟了"工人阵线"专栏，那些关注并跟踪该专栏的资料的人们就会确信：俄罗斯无产阶级的长久沉默的时代结束了。它从"自在的阶级" 缓慢地变成"自为的阶级"。普京谈到工人贵族不是偶然的。贿买一小撮有特权的无产阶级代表，当局试图把自己与俄罗斯无产阶级的不满隔离，阻止它转变为政治抗议。

俄共是工人阶级的政党，是无产阶级政党，是全体劳动人民的政党。这不是偶然的概念堆砌，在这些概念后面可以看到我们组织的社会基础。

在马克思主义文献中，有广义和狭义的工人阶级概念。他们体现了所形成的社会现实。在广义上，工人阶级就是无产阶级。恩格斯把其描述为"绝对通过出卖自己的劳动力来取得生活资料的社会阶级，而不是靠某些资本生活的阶级，这个阶级的幸福和痛苦、生活与死亡、其所有生存取决于对劳动的需求，即取决于状况的好坏改变，取决于不受任何制约的竞争"。

根据这个定义，有理由把在生产中工作的工程师和学者或者与他们有联系的高校和中学为资本家阶级培养高素质劳动力的教师、为"所有资本家""修理"的医生和为资本家所购买的"劳动力"商品归入无产阶级范畴。总而言之，所有那些被雇佣劳动而且不参与剥削的人都是无产阶级。

如果把农业无产者和"交易所无产者"也补充到上述社会范畴，马克思把他们归入小职员和服务业人员，那么，我们数百万无产阶级大军，他们构成俄罗斯居民的80%，他们也是俄共的社会基础。但是，这支军队只是潜在的无产阶级，他们是没有经过锻造的无产阶级大军，还没有做好随时做坚决斗争的准备。这支大军的队列还不太整齐，步调还不一致。身处其中的无产者还没有理解阶级利益的一致性。所以，抗议行动带有局部性：其中没有一场抗议行动转变为政治行动或者全俄罗斯规模的罢工。

狭义的工人阶级——这是在大的机器工业领域就业的物质财富的直接生产者。产业工人的生产劳动决定其社会主要生产力的角色。值得记住的是，科学只有当科学思想在工业无产阶级的劳动中物化时才会变成生产力。无论"白领"在社会生产中的意义怎样增长，其总是带有明确的"蓝领"的性质和角色。

合乎规律的是，正是产业工人在俄罗斯的劳动抗议中占有最高的比例。在危机的2009年，工业企业几乎占了所有抗议行动的60%。产业工人阶级集中了俄罗斯无产阶级的最有觉悟的部分，它是社会运动的核心。正应该在产业工人中寻找而且也能够找到工人知识分子——诚实、善于思考、有文化并准备行动的人。在20世纪之初，构成了布尔什维克党的精华的巴布什金和加里宁、邵特曼和叶梅利扬诺夫就是这样，他们应该成为这样的人。

在工人中寻找和找到我党的潜在积极党员，不与工会，首先是不与独立工会合作是不可能的。独立工会团体的巨大功绩在于，他们将恢复阶级斗争的传统。年轻工人构成其核心，他们与"无阶级"心理没有关系。在有组织的抗议运动中，应该更坚决地与他们站在一起。俄共与诸如民用航空工程航空服务工作者工会、航空工人工会、俄罗斯飞行员工会、俄罗斯无线定位、无线导航和通讯航空工作者工会、莫斯科州纺织和轻工业工作者工会、莫斯科航空工业劳动者工会城市组织签署了专门合作协议。

吸收工人，首先是产业工人加入俄共——这不单单是加强党在工人中的影响手段，这也是在巩固我党本身的无产阶级性。

转述斯大林的话，可以说：没有工人，党就要灭亡。一个早就众所周知的真理是：共产党——无产阶级与资本斗争中的最高组织形式。自发的工人运动只会产生工团主义意识。不仅仅是我们共产党人明白这点。这就是为什么在资产阶级和小资产阶级社会主义——"人道的"、"民主的"以及"国家社会主义"和与无产阶级的利益没有任何共同之处的工人中间进行宣传的必要性的原因。在俄罗斯仓促形成的超级多党制瞄准的正是这些人。

我们——俄共的使命是把什么样的社会主义形象植入无产阶级的意识中？这应该是苏联现实社会主义成就中成长出来的理想，而其发展被强行打断。否则，我们就会陷入无谓的思辨，我们关于苏联文明伟大的论断就会成为空话。

是的，当然啦，我们要承担起责任，未来的社会主义要摆脱过去妨碍其发展的东西。它将自我净化，清洗官僚主义的歪曲，摆脱对国家所有制的绝对化，摆脱执政党意识形态的颐指气使，来进行思想培养和自由辩论。必须谈及这一点。对没有在苏维埃政权下生活过的新一代工人，要向他们展示成为世界历史发明的新的生活形式，它向人们证明自己的吸引力，未来就在前面。

首先，这是劳动集体组织，为在大科学生产联合体的劳动集体的全面生产活动创造条件。这些集体与科学组织的生产有发达的社会文化基础设施：自己的医院和诊所、幼儿园和托儿所、图书馆与文化室、少先队夏令营。副业保证了工厂食堂的新鲜食品。为自己的员工启动了住宅建设体系，也对他们实施教育和再培训。

未来社会主义生产的理想就是如此，苏联时期已经把它变为现实，体现在构成城市的企业和科学城。在最发达的资本主义国家，类似的东西过去不会有，将来也不会出现。

苏联社会主义——这不仅是俄罗斯的过去，也是俄罗斯的未来。俄共面临的任务是，充分从理论上研究其伟大价值，其遗产、其未得到利用但丰富的多样化潜力。现实社会主义的成就、其积极方面应该成为我们穿越风暴和暗礁所建立和承载的未来方式的基础。

苏联社会主义的成就与失败、其独特的无价经验越来越明白无误地对现行的秩序提供了一种不同的选择。实现如此社会理想的国家和人民的成就也将成为这种不同选择的组成部分。中国、越南、白俄罗斯表明，社会取向的国家、可以调节的经济生活和独立的政治方针——是比帝国主义强大的更好的模式。在当代条件下，这种国家能最佳地应对危机、贫困和恣意妄为。

思想战

在危机加剧的条件下，对俄共的信息心理战看来是越来越疯狂。当局比任何时候都绝望，而我党的反危机纲领是当局毁灭者方针的另一个现实选择。当局不惜用任何手段来诋毁俄共，进行的令人心寒的"惩罚行为"在全国各城市和各个角落蔓延。那些新出现的"左派"此时也有了出人头地的机会，他们在所形成的多党制条件下被仓促地制造出来。

思想理论工作是抵制我党信息战的关键环节。我们共产党人有责任帮助劳动人民弄清楚当代俄罗斯与世界的矛盾。我们的使命是，一次又一次地对当局对国家和人民实施的任何危险花招进行揭露。我们应该加强对俄共的反危机纲领的宣传，把其置于社会对话的中心。我们有责任拥有训练有素的集体，这个集体立足于深厚的知识和牢固的方法论基础之上，能够进行广泛的工作。

所有这一切意味着必须不间断地进行理论探索，党对周围已经成熟的问题作出思考。列宁的辩证法和斯大林的实践、为社会主义思想理论而斗争的经验教训，在这方面为我们提供了不可估量的帮助。

国际工人和共产主义运动的历史决定了为推翻资本政权而斗争的三种形式：经济的、政治的和理论的形式。俄共的思想理论和实践活动的方法论基础过去是、现在仍是将来还是马克思列宁主义理论。这个理论没有为生活的所有方面提供现成的药方，但是它提供了在每个具体历史局势下做出决策的方法。

马克思列宁主义经典作家已经对理论斗争的极端重要性做了详细阐述。放弃这样的斗争理论对我们称之为积极分子的共产党先锋队进行培养是不可思议的。俄共的所有领导人——从党的基层组织的书记到中央委员，我们政治斗争的实际成就直接取决于他们理论素养的程度。

早在布尔什维克党成立之前，1902年，列宁就断言，"没有革命的理论，就不会有革命的运动"。在当时那个思想迷茫的时代，我党的奠基人就特别关注所谓的对马克思的批评自由，一些积极主张对马克思主义进行批评的人只是以反对禁止"创造思想自由"的大话来掩饰其理论的无力罢了。列宁指出，"自由思考"的空谈家们，"臭名昭著的批评自由，并不是用一种理论代替另一种理论，而是自由地抛弃任何完整的和周密的理论，是折中主义和无原则性"。他还提及了马克思对无产阶级政党领导人所提的要求："决不能拿原则做交易，决不要作理论上的'让步'。"

目前，我们还生活在理论迷茫的时代，就如同20世纪初一样，我们遇到了对马克思列宁主义理论进行的"自由批评"。首当其冲的就是对马克思主义——认识和改造世界的唯物辩证法的实质进行恶毒的攻击。如果谈的是科学，而不是唯心论者的招摇撞骗，那么，方法的问题不允许做任何让步，方法的让步——就意味着放弃所有的科学理论。

针对社会生活，唯物辩证法的方法体现了对社会现象进行评价和分析的阶级态度。毫不惊奇的是，这种态度也成了那些企图克服譬如说马克思和列宁主义的"局限性"的人的主要批评对象。一些人从欧洲共产主义的立场出发搞这些活动，醉心于与资产阶级政权进行妥协。另一些人从捍卫民族文化的立场出发，按照他们的看法，这好像与阶级斗争没有任何关系。有时候类似批评的片言只语也会在我党中有所表露。

那些企图在21世纪"深化"马克思列宁主义的人，他们为什么要对它采取浮浅庸俗态度呢？这里主要不是——俄共在戈尔巴乔夫改革时代的意识形态的失败，这不是科学共产主义的意识形态遭到失败，而是其仿冒品遭到失败。把马克思列宁主义教条化后的那种仿冒，就是背离它，然后进行资产阶级的歪曲，这种叛卖性造就了一个混乱的时代。所有这一切都是斯大林去世后党终止理论活动所付出的代价。要知道，正是他说过，"没有理论我们就会灭亡"，预言了苏共后来的悲剧。

理论停滞翻松了争取为马克思主义而斗争的良好土壤。这场斗争在戈尔巴乔夫改革时代就展开了，使之教条主义和死记硬背的就是雅科夫列夫的折中主义和无原则性。只要"进程启动"到叛徒们所需要的方向，就把掩饰他们的"革命在继续"的口号立即抛到九霄云外。

起初强行推出"全人类的价值"，随后，苏联社会的阶级价值——对资本、对私人占有制绝不妥协的心理和道德就被抛弃了。新总书记的"新思维"不仅在国内，而且在国际政策上取代了辩证思维。宣布为了拯救世界免于核威胁，对阶级敌人进行"历史性妥协"的时代开始了，"我们坐在同一条船上"，需要建立"全人类的家园"。当科学的社会阶级术语被激情四射的"人道面孔的社会主义"、"人道的社会主义"概念所取代时，蛊惑人心和民粹主义的时代到来了。

以意识形态战线的突破为幌子，反革命开始了进攻。起初它似乎打着创造性的马克思列宁主义的旗帜来与斯大林主义对抗。他们断言，在苏联建设的社会主义——不是所需要的社会主义，苏联的70年是没有出路的70年。媒体充斥着反斯大林的歇斯底里，其目的是把苏联历史置于耻辱柱上，宣布共产主义意识形态是犯罪。随之而来的就是反列宁主义的歇斯底里，马克思列宁主义理论遭到侮辱和诋毁，它被宣布为是现代俄罗斯一切罪恶的原因。

所有这一切在俄罗斯社会对马克思主义理论的态度上体现出来了吗？毫无疑问体现出来了。特别是在知识分子中间。正是知识分子中滋长了所谓的马克思主义的小资产阶级变种——没有列宁的马克思主义，更不要说斯大林了。可以说——"这是适合于资产阶级民主的文明的马克思主义"。其承载者和宣传者经常自命为进步主义者，宣布俄共是保守分子的总汇。这个"知识分子"的马克思主义在很大程度上与欧洲马克思主义相似，并从它那里借鉴了不少东西，首先是醉心于议会主义，放弃阶级斗争。

在西欧，欧洲共产主义已经成为历史，演化成了自由主义社会民主党。进步主义呼吁俄共也走上同样的道路，他们许多人在公正俄罗斯党中找到了自己的位置。但是有人竭力靠近俄共，指望沾上其"进步的东西"，实际上则是换了一副社会民主党的面貌而已。

我们还要说一说左派力量为什么对马克思列宁主义理论采取不负责任的态度。许多人，包括一部分共产党人陷入绝望之中，因为人民生活没有出路，构成俄罗斯国家的人民被侮辱。这是可以理解的：复辟匪帮一样的资本主义，给人民带来了许多痛苦和灾难——这就是绝望的原因。根据马克思和列宁的理论，对劳动人民令人发指的剥削似乎应该引起他们的反抗，对极其严重的社会不平等——应该进行殊死的阶级斗争，但是这一切还没有发生。工人阶级对此发出的声音还罕见：我已经说过，随着社会生产的崩溃，工人阶级人数急剧减少，其相当大部分人员流氓化。农民在社会上和道德上被腐蚀——农村变得萧条，农民变成酒鬼。知识分子或者驯顺于当局，或者双手插兜，喃喃抱怨。它并没有准备进行积极的斗争，其中的一部分公然卖身求荣，希望当局总是给他们提供一碗豆汤。

这就产生了一个问题：马克思列宁主义政党的社会基础消失了吗？也许那些断言马克思列宁主义只是在20世纪展示了其成果性的人是对的？现在，21世纪——美国式全球化的世纪已经到来了。这种全球化坚决压制一切人民和民族的东西：民族国家、文化和自我意识。西方与俄罗斯及俄罗斯文明之间的矛盾已经不是阶级性而是民族性的，并且已经退居次要地位？在该历史时刻，文明的态度不是变得更有意义了吗？在俄共中也可以遇到这种观点。对此该如何回答？

文明——是具体的历史现象。俄罗斯的文明，起初是罗斯的文明在苏维埃时代获得了其新生，变成了苏维埃社会主义文明。它形成于社会主义所有制基础之上。在这点上，它与扎根于私人所有制占统治地位的西方文明不同。文明具有阶级性，尽管它有体现形式和宗教色彩。其命运取决于它在哪个阶级手里——在进步阶级还是反动阶级手里。

当资产阶级还在历史上起着进步作用时，西方文明呈现上升式发展。在宗教改革、文艺复兴和启蒙时代都是如此，直到资本主义过渡到帝国主义阶段。斯托雷平的农业改革就是这种趋势的表现之一。精神性和集体主义作为俄罗斯文化的主要特征，只是由于伟大的十月革命，得到保持和新的发展。

目前，我们的文明可能被再度拯救，如果它能摆脱买办和犯罪的资产阶级的话。换句话说，如果苏维埃的形式得到复兴，就是说要恢复社会主义所有制和苏维埃政权，不讲阶级斗争，是不可能达到这个目的的。把所有的希望都寄托于民族资本是徒劳和幻想。的确，在西方，也已经不是那个在跨国公司统治之前的民族资本了。没有阶级态度，就不可能制定出与世界资本斗争的战略。就是说，就不会捍卫俄罗斯未来的权利。

俄罗斯共产党人需要十分明白：把自己与全球主义的斗争固步自封于民族框架内——注定要失败。眼下就有伊拉克，更远的有南斯拉夫的例子。我们的责任不仅仅是寻找盟友，而是要找到它，应该在所有劳动人民和所有被压迫者团结的阶级和国际主义基础上找到。俄共的国际接触活跃起来说明：反全球化力量的阵线将扩大，其努力加倍放大的条件正在形成。对这个运动袖手旁观，不赋予其民族色彩，不利用它来帮助解放俄罗斯人民，即便不是犯罪，也是极其愚蠢的。

政治史决定了阶级态度的两种类型。第一种是——列宁的，辩证的。在向社会主义过渡时，他责成要"研究"、"抓住"、"触摸"每个具体国家的民族独特性，考虑其社会经济生活的特点、其文化和风俗、其历史道路。第二种类型——托洛茨基的，推翻所有的民族性，而在俄罗斯首先是推翻罗斯的一切。基于形式逻辑，这种态度排除了阶级和民族意识的辩证法的统一。

俄共满怀信心地遵循辩证的阶级态度。正因如此，使它制定了阶级和民族解放斗争的团结战略，争取在俄罗斯确立真正的人民政权。在这场斗争中，我们的口号始终不渝："政权和所有制——属于人民"，"争取政权——就是争取苏维埃政权"，"争取所有制就是社会主义所有制"。

幻想把马克思列宁主义贬值，我们的意识形态的敌人表现出惊人的发明能力。为了寻找证据，他们宣布我们的理论已经不管用了。无论感觉这是多么奇怪，他们还是根据自己的意志，狂热地锁定俄共背离马克思和列宁主义的事实。所有这一切都是为了恶意地宣布，"共产党人自己都漠然视之的理论都是什么呀"。

例如，俄共把俄罗斯人问题，捍卫俄罗斯文化的问题列入议事日程。资产阶级批评家以毫不掩饰的胜利者口吻声明说，"这既不符合马克思主义，也不符合列宁主义。背离了国际主义而转到俄罗斯民族主义"。俄罗斯人问题——对于俄罗斯来说就是国际主义问题，我国的所有民族的命运取决于这个问题的解决——关于这点他们就是不愿意听。

他们怎么能够明白呢？为此必须要善于进行辩证的思考。这样就能够认识到社会生产体系中构成国家的俄罗斯人民的历史作用与他们目前状况之间的矛盾。要知道，正是俄罗斯人构成了高素质工作者、科技工作者、高校和与当代生产有关系的科研所工作者的绝大多数。当这些领域在遭到致命的去工业化的打击时，也正是相当多的俄罗斯人在寡头的俄罗斯处于失败的境地。

其他的矛盾也是难以回避的。一方面，一个事实是：在多民族的俄罗斯精神统一的形成上，从历史上看，俄罗斯文化形成了中心地位。但是，目前也有另一个方面：在当代教育领域、历史科学、文学与艺术和媒体上，他们遭到迫害。

对俄罗斯生活的矛盾进行分析，促使俄共提出了俄罗斯人问题。它使党得出纲领性的结论：该问题的解决与俄罗斯社会主义改造——首先是生活生产的复兴任务的解决密不可分。

实际上，所谓的俄共背离马克思主义是在具体历史条件下运用它的主要方法的结果。列宁喜欢说，"具体问题具体分析是马克思主义的活的灵魂"。我党正在寻求真理，它总是竭力遵循辩证法这个黄金规则。我们所做的这一切是在我们谁都没有料到，谁都不熟悉和没有研究的状况下进行的：在资本主义复辟的条件下。在不熟悉的道路上寻找真理，过去和将来都是困难的，出现错误是必然的。辩证唯物主义分析和综合的方法不可能一蹴而就就能学会，它需要终身学习。这需要我们每个人坚定地遵循，特别是年轻的共产党员应该明白，远离走马观花和政治上的冒险主义。

在理论方面，我党二十年做了不少工作。我们制定的对全球主义作为帝国主义新阶段的描述在过去10年完全证明了其紧迫性。此外，还推出一系列其他的理论，成为时代的新论断。诸如，党已经声明：

关于执政当局的反人民和反动本质，其与俄罗斯民族利益的排斥性；

关于社会主义与爱国主义的辩证统一；

关于自由主义的社会经济方针对国家的致命性和当局实行这种方针破产的必然性；

关于作为在俄罗斯反共产主义和反苏维埃主义的厌俄情绪；

关于人民爱国主义理论联盟的必然性；

关于在保持多民族的俄罗斯精神统一的条件下捍卫苏维埃文化；

关于捍卫苏联历史——俄罗斯历史的顶峰的必要性——保持社会生活时代连续性的必然条件。

从1993年2月——我党重建之时起，我们就在集体寻找祖国和世界历史向我们提出的问题的答案。我们记得，辩论时，我们得出重要的理论结论和概括：就俄罗斯人问题，就政治斗争中阶级和民族基础的相互关系问题，就爱国主义与国际主义的统一问题，就俄罗斯的民族历史特点。这些辩论经常带有组织性，证据就是——2006年举行的"共产党人与俄罗斯人问题"的学术实践会议。

在《真理报》和《苏维埃俄罗斯报》上，出色的学者、文化代表、苏联的党和国家的活动家、著名的党员和苏联的拥护者就祖国的命运和社会主义的前景定期分享自己的思考，他们所表达的思想积极地促进了我们的理论探索。

就让我们的敌人喋喋不休地谈论臆想出来的俄共的危机吧。不是他们，而是对生活所提出的问题进行科学思考的必要性责成我们关注思想理论工作。其中我们面临的首要任务就是党对工人阶级产生真正的影响。

关于我们和我们的力量

我党既有在地下条件下与沙皇专制制度的搏杀、管理过星球上最大国家的历史，也有作为反对派时斗争的历史。但是，对于我们来说，列宁关于"组织问题与政治是不能分开的"原理总是非常迫切的。

在本阶段，在俄共的结构中，运行着81个地区组织，2278个地方组织和13793个基层组织。在做这个报告时期，俄共党员增长到15.8万。列宁和斯大林的号召对俄共具有重要意义。在举行会议期间，有3万人左右站到了我党旗帜下。

40个地区组织保证每年都能接受新党员，他们构成党员的10%以上。在这方面，北奥塞梯、印古什、雅罗斯拉夫和车里雅宾斯克州和乌德穆特的同志们的工作特别活跃。

客观条件是，俄罗斯无产阶级的阶级成熟是必然的。我们知道，在党的队伍中，工人阶级代表的比重明显不够。在国内，有7300万雇员劳动者，4000万人在工业、建筑、交通和农业等各个领域就业。为了巩固党在工人中的影响，在生产集体中工作的共产党员人数应该增长数倍。

俄共中不到30岁的党员人数增加了，它几乎达到党员总数的10%。克拉斯诺亚尔斯克边疆区、莫斯科州、新西伯利亚州、奥廖尔州、图拉州、斯维尔德罗夫州的党的分部在大学生和学校青年中积极开展了工作。

总体来看，我们成功地解决了重要问题——保持党员人数的稳定。但是，说这个趋势已经得到稳固还为时太早——为此，还面临着艰苦的劳动。

弗·列宁写道，"没有统一的领导中心，党的真正统一就不可能"。在党的中央机关中，共有180名中央委员和116名候补委员、45名中央纪律监察委员。中央委员会全会审议一整套最重要的问题。经常举行全俄罗斯和地区间会议和研讨会。

我们的许多组织成体系地运作，坚定而有创造性地就巩固党的垂直体系，进行经常性的工作，定期分享经验和自己的想法，并考虑怎么来提高党的工作的质量和效率。

在罗斯托夫州，积极实践宣传汽车赛。弗拉基米尔州和莫斯科州的共产党人负责对儿童寄宿学校、老年人和残疾人家园进行辅导工作。俄共的别尔哥拉特、伊尔库茨克、库尔干、奥廖尔、滨海、萨马拉和其他分部为儿童和青年举行夏令营活动。

近年来，党对党组织人员机构的形成倾注了大量的心血。超过1.1万名我们的同志们在运作这种机构，我们努力根除对这种活动的形式主义态度和表现，哪怕是最小的表现。

我党的基础——基层组织。2012年7月，中央全会审议了完善党的基层组织和地方分部工作的一系列问题，拟定了加强的具体措施，我们的注意力集中于绝对地完成这项措施。

俄共中央委员会不得不在生活迫使我们经常寻找创新性态度、批判性地评价所取得的东西的条件下工作。党的工作在很多方面取决于干部政策——要知道，为了达到我们的目标，要求有精力充沛的人，有新鲜和突破性思想的人。难怪斯大林说，"正确地选择干部，这意味着，及时和勇敢地推出青年干部，不让他们原地踏步，不让他们萎靡不振"。

俄共对青年敞开了大门，在领导机关扩大了其代表人数。一步步解决了青年男女在选举时期的责任问题，包括在党的媒体的工作。"共青团之夏"纲要更加有效地运作。然而，俄联邦共青团组织对青年的影响依然不足。面临着扩大与大学生工会、青年爱国主义、文化和体育团体的互动的任务。俄共体育俱乐部的活动成为很好的典范。

加强妇女在党的工作中的作用，也是我党干部政策的最重要方面。

最近的选举结果证明：执政集团为维持政权不会客气。这意味着，在人们积极参与街头活动的情况下，国内发生变革是必然的。要求更多的力量去与在选区违反选举法的破坏者进行斗争。党面临新的考验是必然的，俄共应该对此做好准备。

提高党的威望的必然条件是——严格和严厉地对待我们自己的内部问题。我们不能对局势模棱两可。高估自己的能力是有害的，就如同对敌人低估一样。我们有义务在任何时刻精确地知道，我们可以依靠哪些力量，哪些资源可以运用，哪些人将向前进。

最近以来，我们面临着保护保护党的组织不受外界的影响——哪怕是权力和商业的影响的任务。任何一级党的领导应该知道——与当局勾结，出卖原则、为了个人的好处而漠视选民的利益的人，都不能进入党内。

坚决制止任何旨在消除党的组织政治和思想的影响肆意蔓延。

俄共中央收到不少关于在入党时实行预备期的建议。日前就此问题尚有不同看法。但是，无论如何俄共的拥护者队伍要帮助捍卫我们的组织，免遭图谋不轨和与俄共格格不入分子对党渗透。

加强议员的垂直管理在一些地方引起功名主义的增长。对议员资格的争夺经常妨碍党的组织协调工作，导致团伙行为。领导干部不负责任的行为严重地体现在莫斯科和圣彼得堡市、克拉斯诺亚尔斯克边疆区、车里雅宾斯克州组织中。为了纠正这种局面，要求中央主席团和中央监察委员会积极参与。

其中的一个问题——在党的许多分部，缺乏大批党的后备干部。在一些情况下，公开阻碍推出青年共产党人，根据对个人忠诚的原则，把人安排到位置上。而当因战斗力和渴望"唤醒"沉睡的组织把青年从党内推出去，这完全难以容忍。

这种不健康的表现不应该有容身之地。地区委员会的第一书记有义务为把天才和有能力的年轻共产党员纳入干部后备队伍和与他们互动承担个人责任。我们将经常加强中央的责任、其主席团和书记处与党的后备干部工作的责任。

另外的内容——提高对书记处和中央办公厅的要求，提高对干部组织和干部工作部的要求，使他们与地区组织互动。只有当在某个党的组织要"突然着火"时，才对地方工作给予认真关注，这是不允许的。

也有另一种病：我们通过了正确的决议，但是没有把它执行到底。未来面临提高执行纪律的问题，加强对党所选出的机构执行决议的监督力度。

党的组织和政治独立的保证是其财政能力。众所周知，苏共在长期执政年代，形成了庞大的财产综合体。但是，当时靠党费和企业资金建设和确立下来的一切，都被通过抢劫的方式没收。我们被迫从零起步，重新建立了物质技术基础。例如，2012年，俄共所收集的党费超过8300万卢布。

党的资金用来全面加强我们的基层组织。中央委员会为地区和地方党的委员会购置办公室。在普斯科夫、鄂木斯克和萨拉托夫，有属于俄共的印刷厂运作。中央支付《真理报》特刊的费用，给予分支机构其他资金帮助，尤其是，使其中分支机构可以自由地扩大自己的工作人员人数。这种做法将会继续。

唉，不是所有党的分支机构都能以应有的方式进行收集党费和捐献的工作。许多组织对《真理报》和《苏维埃俄罗斯报》的订购量不高。

我之所以谈这些问题，是因为归根结底它们都体现了在党组织中的组织和思想政治工作的总体状况、其目标性和战斗力。

目前，作为党的活动支轴的宣传工作的成就直接取决于对当代技术的运用，这些很费钱。俄共一步步地从事建设自己的电视的工作。我们可以保证在互联网上广泛地传播，我们还在讨论通过卫星和有线网络建立自己的频道。

我们以后将增加党的财政能力，加强自己的物质基础。俄共不允许由于财政困难而对其纲领性任务造成威胁。

尽管当局耍花招，过去的选举还是再次确立了俄共作为主要反对派力量的地位。在最近的联邦选举中，党得到了数百万新拥护者的支持。我们在国家杜马的议员团人数几乎翻倍。在许多地区，我们与政权党在平等基础上斗争，尽管条件并不平等。俄共在地方自治机构选举的积极性提高了。

然而，没有理由沾沾自喜。当局明目张胆地改变了游戏规则，实际上最近的所有选举不能认为是民主和自由的。排除程序性结果，"垂直权力"还大量实行卑鄙和欺诈性行为，向官员们下达了选举"结果"的控制性数字。"执法机关"对造成的违法行为却视而不见。

为了抵制这种咄咄逼人的攻势，需要完善我们的整个选举机器。在选举活动期间，每个党委员会成为最重要的总部。这里重点是把注意力集中于地方、地区问题上，集中于竞选期间俄共中央所制定和建议的全联邦议事日程上。例如，最近，我们得到了公民的大量支持，提出了自然资源国有化的必要性、加强对国家财政系统的监督、改变社会政策、扩大教育保障、坚决打击腐败等问题。我们的建议成为社会的财富，新政策的种子已经播下，它必定会结出丰硕的果实。

抵抗越强烈，效果越明显：目前，正是俄共成为抵制谎言、独裁和欺诈机器的主要一极。执政当局十分明白，统一俄罗斯党的支持率下跌已经成为事实。在这种局势下，它们运用自己喜欢的策略——改变面孔。当局为自己建立新"政治楼阁"，在楼阁的门楣上挂的招牌是："人民阵线"。

俄共团结人民爱国力量，对当局的行动进行了目标明确的抵制工作。在全球主义阶段，斯大林的话越来越具有现实意义，"以前资产阶级被认为是民族的头领，它们捍卫民族的权利和独立，把它置于'至高无上的地位'。现在，'民族原则'已经没有踪影。现在，资产阶级为几个美元出卖民族权利和独立"。

俄罗斯是多民族国家。人民及其文化的多样性——是我们祖国的真正财富。只有我们的政策能够使俄罗斯成为所有民族和部族的统一的家庭。我们通过了题为《俄共就民族问题的立场》的文件已经十多个年头。俄共的坚定信念是：解决俄罗斯的民族任务，其摆脱内部和外来势力的主导，直接取决于劳动人民争取自由劳动、公正社会和真正的人民权力——为社会主义而斗争的积极性。

这个工作的重要中心是全俄罗斯抗议行动总部。在伏尔加格勒、沃罗涅日、伊尔库茨克、基洛夫、莫斯科州、新西伯利亚、鄂木斯克、普斯科夫、罗斯托夫、斯维尔德罗夫斯克、北奥塞梯、雅罗斯拉夫、楚瓦什的党的分部，其总部和快速反应小组的工作特别出色。

党做了许多工作，以使劳动人民的抗议带有组织性，把经济和政治要求结合起来，进行旨在反对伪造选举、低工资、微不足道的退休金和补助、反对生活必需品价格和公共事业费用上涨、反对北约在乌里扬诺夫斯克部署基地、反对俄罗斯加入世贸组织等活动，捍卫教育和科学的抗议行动有助于这个目的的达成。

举行第一和第二次劳动集体代表大会。俄罗斯共产党承担了建立自己的工会团体和增强抗议运动实力的方针。我们的任务——毫无例外地吸引所有共产党人加入这个最重要的工作。

组织斗争将对劳动人民的意识产生巨大的作用。它是为恢复劳动人民的权利而斗争、为改变政权而斗争的主要武器。

当局政治操弄的空间在收窄，它与反对派进行诚实竞争的资源已经所剩无几。所以，它以后还将乔装打扮，戴上各种面具，吓唬反对派并盗取选举中的投票。

痛斥这种无耻的政策是俄共捍卫真正的民主准则。我们反对政治检查，要求打破选举中全面伪造的体系，使信息操弄、钱袋子和警察棍棒一去不复返。

为俄共的胜利而斗争——就是为大多数人的纲领的胜利而斗争，就是为争取为广大人民群众的利益而实行的政策的胜利而斗争。我们将坚决要取得这个胜利！

俄罗斯体制危机的出路可能有所不同。我们既不能排除国家的去一体化，也不能确立寡头资本公开专政的制度。

我党尽一切全力以阻止这样的脚本发生。依靠人民群众运动，我们将促使俄罗斯向左转。最近的任务是——组成人民信任的政府，实施拯救国家的纲领，建立社会主义改造的基础。

最近，俄共议员团在地区立法机构的工作相当地活跃起来了。目前，它们在俄罗斯联邦的79个主体活动，在8年内，人数增长了3倍。其中最大的（从12人到16人）在新西伯利亚、奥廖尔、莫斯科和下诺夫哥罗德州活动。

我们的同志们提供了不少有效工作的例子。斯塔夫罗波尔的共产党议员通过了地区的《老战士法》。

经过沃罗涅日州杜马的努力，通过了对已经退休的农村文化工作者支付公共服务费用优惠的法律。

我们在库班的议员坚持对儿童疗养和康复通行证的价值规定对其父母的补偿不少于支出的一半。

在莫斯科市、莫斯科州和列宁格勒州，俄共议员就对节日期间用胜利旗帜及其复制品和必须美化城市有关的倡议取得了成功。

这样的经验将得到更广泛的传播。正是依据这些目标并根据地方倡议，我们举行了俄共各级议员全俄罗斯论坛。

共产党人在国家杜马：每一步都在斗争

党的中央委员会全会、俄共第十四和第十五次代表大会确定了我们在争取掌握国家权力杠杆斗争中的战略与策略。其中对议会和议会外的活动、协调人民爱国力量、为兄弟人民的新联盟而斗争赋予重要地位。确定了组成人民所信任政府的途径。提出修改选举体制，进行宪法与司法改革。我们的工作成果最终应该是改变社会经济方针，使国家转向建设更新的社会主义的道路。

我们明白，尽管有民主的外在特征，但资产阶级议会主义总是为有产阶级的利益服务。资本的权力想使自己永恒，把对国家的管理从一个资产阶级集团的手里转到另一个集团的手里。现在的多党制就是要完成这样的问题。对此占明显优势的是俄罗斯自民党、公正俄罗斯党与统一俄罗斯党，它们能够对在杜马讨论的最重要问题进行封杀。

总体来看，在总统专制体制下，国家杜马多半起着装饰作用。他变成了为总统办公厅和政府办公厅产生的法律盖章的机构。现行寡头的主要总部就坐落在那里，根据那里的指示，破坏俄共议员提出的触及资本家、官员和犯罪分子联盟的利益的倡议。

在我党的文件中，对于国家杜马、联邦委员会和其他立法机关在目前的政治体系中的地位和作用做了清晰的评价。然而，我们认为，联邦议会、地区立法会议、地方自治机关应该最大限度地用于捍卫劳动人民、老战士和青年的利益，最终目的是夺取政权和建设新的社会主义的俄罗斯。

共产党人和我们的拥护者给自己提出了这样的目标：

第一，积极地利用党的讲坛来阐述俄共纲领的目标和任务，来揭露现行体制的弊端。

第二，议员应该经常与居民见面，向选民报告自己的工作和他们的嘱托的完成情况。这不单单是向公民通报的重点。因为执政当局利用强大的宣传工具，宣传虚假信息，腐蚀和驯化劳动人民，在人民中散布各种各样的幻想，所以，我们也要加入对人民群众的启蒙、突破信息封锁——这是我们议员们的日常任务。

第三，代表资格——这是促进劳动人民群众性运动起来争取新的社会经济方针的另一种可能性。这就是俄共中央为什么向自己的议员团提出任务的原因：把议会斗争方式与街头的活跃性有机结合起来。在人群中的工作可贵之处在于，它吸引劳动人民加入群众性活动，把活动直接引导到对当局发起进逼。弗·列宁写道，人民的革命力量在非议会舞台上无可比拟地大。为了协调爱国力量，建立了全俄罗斯抗议活动总部，地方上类似的机构在积极运作。

第四，在议会的工作主要是拟定法案，听取执行权力机关的报告，举行"政府时刻"会议即听证会和"圆桌会议"，准备议员咨询和其他文件。这样的活动促使我们去研究统计数字，准备各种各样的事实性资料。这促使党有了以议员团为代表的分析中心。这些中心帮助我们全面地研究所发生的事情的进展，培养管理干部。没有这样的培养过程，一切关于夺取政权的言论都是空谈。

当然，议会活动也隐藏着各种各样的威胁和陷阱。善于避开这些陷阱要求有政治艺术，也要求有公民的责任感。俄共中央和中央监察委员会经常关心的问题是，代表党的议员不要沾染资产阶级的议会病，要负责任和开创性地帮助党成为劳动人民的先锋队。

俄共的议员应该为人民的利益服务。他无权脱离党的分支机构的工作，应该与人民群众保持经常性的密切联系。党的委员会及其各局对党的议员团的领导原则应该得到不折不扣的执行。

党的文件武装了我们的议员，明确了他们就关键问题的行为路线。特别是，俄共中央通过了文件，文件指出，对不执行破坏性方针的政权党的代表给予支持。

对资产阶级国家的预算同样制定了明确的立场。统一俄罗斯党在联邦和地区议会中拥有多数，它一贯实施反人民的政策，组建了损害公民根本利益和破坏国家潜力的立法机构。这就是为什么俄共议员团不被允许支持政府预算的原因，我们的议员们总是投票反对其通过。

党能够建立牢固的议员垂直机构。在大多数地区，形成了协会或议员团协调委员会。这些委员会帮助党的委员会保证各级议员互动，丰富了他们工作的内容、形式和方法。

在新西伯利亚，每年举行人民代表和选举出的官员的代表大会。举行了五次州级论坛。这里还召开了四次全西伯利亚共产党议员的代表大会，远东代表还参加了其中最近举行的一次。这种会面成为交流经验的最重要形式。会议产生了改善俄共在权力机构和地方自治机关中工作的有意义的建议。它们为举行选举活动、户籍地的工作和培养后备干部定调。

俄共议员团无论对选民还是对党的委员会，都积累了有意义的报告工作的经验。在地方，共产党议员举行研讨会已经成为惯例。俄共领导人的代表、国家杜马议员、中央委员会分支机构的专家被定期派到那里参加会议。

极其重要的是，我们有可能对俄共各级议员团联合工作做出总结。其共同活动的领域是为新的社会经济政策斗争，为具体的法案斗争，其中包括人民教育法案、战争时期所生儿童、返还公民储蓄和许多其他法案。

总结这一工作的经验、支持每个党组织、为俄共的共产党员议员团及其拥护者的活动注入动力的时代即将来临。

2011年12月议会选举的重要政治成果就是俄共在国家杜马的立场实质性地得到加强。我们的议员团人数从57人增长到92人。

现在俄共议员在杜马领导层的代表性得到相当广泛的扩展。伊万·梅利尼科夫成为国家杜马的第一副主席，我们的6位同志担任杜马委员会的主席，这些人是Ｂ.卡申（自然资源、自然利用和生态委员会）、尼·哈里顿诺夫（地区政策与北方和远东委员会）、谢·加夫里洛夫（所有制问题委员会）、谢·索布科（工业委员会）、阿·鲁斯基赫（土地关系和建设委员会）、弗·科莫耶多夫（国防委员会）。

议员团中，10名议员被选为委员会第一副主席，22个人成为副主席。两个人成为专门委员会的第一副主席。议员团的代表协调与国外议会联系的11个议员小组的活动。

我们有权为议员团联邦议会的活动而骄傲。在俄共议员团中，有18位博士和30位副博士，其中包括：科学院副院长、诺贝尔奖金获得者饶·阿尔菲奥罗德、科学院院士Б.С.卡申、俄罗斯农业科学院院士Ｂ.И.卡申、俄罗斯教育科学院院士Ｍ.Ｈ.别鲁拉娃及这个科学院的通讯院士Ｏ.Ｈ.斯莫林、大学者Ｃ.И.瓦西里佐夫。

在议员团的有：苏联宇航员、两次苏联英雄获得者Ｃ.Ｅ.萨维茨卡娅、社会主义劳动英雄Π.Ｂ.罗曼诺夫、天才的导演、俄罗斯人民演员

В.В.博尔特科、В.В.切尔科索夫将军。21名代表有领导大的生产、科研和高校集体和媒体的经验。

议员团对具体问题的立场是由其定期会议决定的。协调其活动的巨大工作是由С.Н.连舒里斯基、А.Е.罗克吉、Н.В.科罗梅伊采夫等来做。

给予地方议员团工作的日常帮助是由我们有经验的同志实施的：В.С.罗曼诺夫、А.А.波诺马廖夫、В.Ф.拉什金、Д.Г.诺维科夫、Ю.В.阿佛宁、С.П.奥布霍夫、Л.И.卡拉什尼科夫、Н.В.阿列弗耶夫、В.Г.索罗维耶夫、А.В.阿帕丽娜、Т.В.布列特尼奥娃、К.К.塔伊萨耶夫、А.Е.克雷奇科夫、С.Г.列夫琴科、В.Н.费多特金、А.А.克拉维茨、Н.И.萨博什尼科夫。

那些在以前的国家杜马中获得议员经验的共产党人继续积极地参加党的生活，其中包括Ю.П.别洛夫、Н.Н.古宾科、Л.Н.什维茨、Н.Г.宾丘克夫、М.Г.马赫穆多夫、Е.И.加杰耶夫、Г.Н.谢宁。

目前，不能不回忆起那些不能跟我们在一起的人。回忆起那些把自己光辉的名字载入我国和我党史册的人。我们怀着难以改变的温情和深厚的尊敬谈到Ю.Д.马斯柳科夫、В.А.斯塔罗杜布采夫、В.И.依柳辛、В.И.克维钦斯基、Ю.А.谢瓦斯基扬诺夫，他们的生活是真正忘我地为本国人民服务的榜样。

俄共在国家杜马的议员团积累了议会较量以及其他工作的大量各种各样的经验，并进行着积极的立法活动。在2008—2012年，我们的议员提交了500多个联邦法案。尽管议员团的大部分倡议被政权党封杀，但58个法律被通过并生效。由于这些法律，各个类别的公民获得了新的社会保障措施。其中包括去世或死去的残疾人和伟大卫国战争的参加者和军事行动的老战士的家庭失去劳动能力的成员。民航飞行机组人员也获得了额外的物质保障措施。新的立法保障了极北地区及其毗邻地区的公民获得住宅补助。

提出对联邦法律进行重要修改，支持工业和农业、教育、卫生和文化体系。议员团一贯投票赞成旨在提高劳动人民的收入、巩固国家国防能力、加强国家在经济和社会领域的作用的法律。

在国家杜马各委员会中，俄共议员团提出的102个法案迄今为止没有得到审议，其中有提议为"战争期间所生儿童"确定另外的优惠、对铀矿工作者提供社会保障以及其他许多法案。

议员团与腐败进行不妥协的斗争，不止一次提出扩大议会和审计署的监督职能，提出了建议批准《联合国反腐败公约》第20条的规则的法案。为表示对我们的法案的支持，我党收集了12.5万多个签名。为了坚持通过这个法案，议员团向俄罗斯联邦宪法法院提出申诉。

还有一些问题与执政当局的策略有关，它经常改变国家政治领域的游戏规则，定期删除法律。现行当局把选举变成了其统治的工具，借助于操纵选举制度，它形成了对自己有利的选举结果。为了对抗伪造行为，俄共议员团向国家杜马提交了一整套法案。特别建议确定：

有决定权的选举委员会成员，不能被排斥于参加解决该委员会的工作之外；

在投票场所设置由透明材料制作的投票箱；

没有在居住地登记的选民，在不晚于投票日的三天内，仅在提交个人申请的情况下，纳入选民名单。

杜马以大多数否决了这个和其他法案。由于众所周知的原因，这些法案挨了执政党的"刀子"。斯大林早就清楚地解释了选举制度的特点："我们，个人的代表，需要使人民不仅成为投票者，而且成为执政者。占统治地位的不是谁在选举和投票，而是谁在统计"。

在上届和本届国家杜马，俄共议员团的100多件法案被统一俄罗斯党否决。其中包括规定提高富人的收入税、修改森林和水法典以保护国家的自然和资源、国家调节自然垄断产品的价格、实行参加国家统一考试自愿原则、为拥有科学副博士和博士学位的教师和学者提高报酬、实行人民教育上得起学和免费的原则。

我们反对批准加入世贸组织条约，反对批准与美国的进一步削减和限制战略进攻武器的条约，反对美国在乌里扬诺夫斯克部署基地，反对《住宅法典》中房屋大修时向居民收钱的条款。

俄共议员团绝对反对部分取消我们议员团的议员 Б.И.别索诺夫的议员豁免权，反对剥夺 Г.В.古德科夫的议员资格和旨在吓唬议员团的其他措施。

我们反对强化联邦《集会法》的规定，反对因"违反组织大规模活动程序" 实行巨额行政罚款。

我们每个人都应该明白，争取通过对国家及其公民最重要的联邦法律的斗争——是全部党的积极分子的共同任务。我们应该一起向人们解释清楚其意义，应该一起在抗议活动、在媒体、在与选民会面中要求通过这些法。地方议会议员的使命是坚决地通过地方立法倡议来巩固这项工作。

我们各级议员团的联合努力最近获得了有意义的成果。以俄共中央主席和党的国家杜马议员团领导人的名义，尝试进行议员统一接待日活动。可以说，目前这种工作形式证明了其有效性。

俄共议员团在各委员会和选区工作，在全体会议上表现出高度的积极性。议员们生龙活虎地参与议会外的活动，支持劳动人民的积极行动。他们是这样行动的：反对卖光土地和通过吃人的第122号法律，反对北约国家在俄罗斯土地上演习和部署基地，反对加入世贸组织和通过许多损坏公民权利的法律。

最近的议会选举结果，议员超过90名，我们的议员团获得了活动的重要杠杆——就通过的联邦法律的合宪性进行检查，向宪法法院提出质询。我们积极利用这种议会斗争的形式，2012年，向宪法法院发出4次质询。这些质询涉及到俄罗斯加入世贸组织、在选举行政长官时实行所谓的"代表过滤"，强化举行聚集、集会、示威、游行和巡游的程序。

俄共议员团也积极地利用诸如向审计署发出质询的工作方式。其中最有意义的质询是与俄罗斯加入世贸组织、国防部花费资金购买新式武器和装备、提出检查"俄罗斯纳米"开放有限公司使用预算资金的效率问题有关的质询。

共产党人领导的国家杜马的议员团和各委员会的力量，实行了50多次议会听证会和"圆桌会议"。把会上通过的对策提交给俄罗斯政府，刊登在媒体上，在日常立法中得到运用。由于这些工作，与社会、与国内的顶级专家的接触获得了实质性扩大。

2009—2012年，仅以国家杜马俄共议员团领导人的名义收到4万多份公民的呼吁书。根据这些呼吁书，进行了法律磋商，并向官员发出质询，以采取相应的措施。

议员团的议员参加欧洲议会大会和俄罗斯与白俄罗斯联盟议会的会议，参加独联体、欧安组织、欧亚经济共同体框架下的活动。在欧洲议会大会的联合左翼小组中积极进行工作。

议员团在参加活动时，组建了国际观察员机制，观察员被派往白俄罗斯、吉尔吉斯、哈萨克斯坦、摩尔多瓦、乌克兰、阿塞拜疆、亚美尼亚、阿布哈兹和南奥塞梯去观察选举。

我们的议员团定期把自己的工作通过互联网、《真理报》（Б.О.科莫茨基负责）和《苏维埃俄罗斯报》（В.В.奇金）的日刊和专刊、通过地区委员会的出版物向公民通报。

我们的议员在联邦级活动的经验被积极地运用于地方。目前，俄共在79个地区议会中活动。值得指出的是，近年来，人数增长了三倍，越来越具有代表性。目前，议员总数达到455人（2004年281人，2009年397人）。最大的共产党议员团是在新西伯利亚（16名）、奥廖尔（14名）、下诺夫哥罗德（12名）、（莫斯科11名）、鄂木斯克和图拉（分别为10名）。乌德穆特的共产党人在最近的共和国的国务委员会选举中获得了11席。

这里是代表俄共在地区立法机关中活动的议员的若干成果：

沃罗涅日州杜马确定了对工作10年以上和退休的农村文化工作者的公共服务的优惠。

在斯塔夫罗波尔边疆区，通过了地区性的《老战士法》，为他们确定了获得和建筑房屋的补助；对《儿童月度补助法》做出修改，根据该法律，补助的幅度依据每年的指数。

在斯维尔德洛夫州，通过了地区性的《收养孩子一次性支付法》。

实质性地改善了伊万诺夫州的《监护补助指数法》。

在克拉斯纳达尔边疆区，从私有化纲要中排除了12家公民汽车运输企业、安杰利吊车、阿纳普"转弯"道路修理建设管理局、"库班新电视机"国有企业、阿纳普的两家儿童修养基地和其他设施。

在莫斯科市、莫斯科州和列宁格勒州，在一些地区，通过了《胜利旗帜复制件法》，责成在胜利日要用红色的旗帜来装饰城市街道。

我们的议员在地方一级积极工作的具体例证还可以继续列举。

同时，一个事实是，俄共在图瓦共和国、车臣共和国、克麦罗沃州和楚科奇自治区没有一名代表，这是我们的严重缺陷。

全党的任务——是集中力量、富有成果地参加所有的选举运动。俄共的共产党员和拥护者应该扩大自己在地方自治机关的代表权。整个俄罗斯议员总数达到22.1万名，其中由俄共选出的不到8000名，这极其不够。

我们人数最多的议员是在卡尔梅克共和国、莫斯科和萨哈林州（占13%—14%），在克拉斯诺亚尔斯克和彼尔姆边疆区、伏尔加格勒和伊万诺夫、莫斯科和奥廖尔州（占9%—10%）。

在车臣共和国、摩尔达维亚共和国、马达加州和亚马尔—涅涅茨自治区，俄共在这些地方的立法机关中没有代表。

在实行直接选举市政机关长官的俄罗斯联邦各主体，保证有283人代表俄共：在伏尔加格勒州——53名长官，在伊尔库茨克州——30名，在奥伦堡州——17名，在莫斯科州和达吉斯坦共和国——各16名，在新西伯利亚州——13名，在阿尔泰和斯塔夫罗波尔边疆区相应是12和11名。在其余的大多数地区，俄共的代表性相当低。

我们的许多同志，坚定而有力地在地方自治机关中工作，在老乡们中赢得了崇高的威望。例如，根据弗拉基米尔州拉金市人民代表委员会俄共议员团议员的倡议，建立了"拉金手工厂"，保留了独特的自然生态区，推倒了硬化的日常垃圾露天预制场建筑。俄共议员对"天然气热能"股份公司的领导施加影响，保证取暖费从每千卡2120卢布降低到1660卢布。

"我们的主要任务——履行对选民的承诺"，托姆斯基州谢加尔村的议员И.И.雷托夫的信条就是如此。由于伊万·伊万诺维奇·雷托夫的坚持，为劳动老战士安东尼娜·拜古洛娃修建了房屋。青少年俱乐部区的居民对新的儿童广场不满意，而是支持沿苏维埃街修建道路，于是他们不再需要穿着沼泽鞋走路。

在萨拉托夫州的巴拉科夫市，共产党议员在市和区的会议上形成了良好的互动。他们不仅坚决反对对区里的财产和土地私有化，而且建议用经济上有利的替代方案来为市和区谋利益。

2010年10月，在斯摩棱斯克州瓦西科夫村代表的选举中，共产党的代表获得了令人信服的优势。在10个议席中，7人获胜。由于新领导的努力，俄共在斯摩棱斯克州杜马议员团议员В.В.库茨涅佐夫和Н.М.库茨涅佐夫的支持下，给予该地区以很好的财政援助。这种援助使这个镇的所有农村实施天然气供应项目。

我们给自己提出的任务——这不仅仅是增加我们的代表和市政机关长官选出的同志的人数，他们的代表性必须达到有效地对地方状况施加影响的水平。

取得选举中的转折点——这是极其重要的事情。在市政机关的工作提供了直接接触人民、了解他们的问题和他们的疾苦的机会。党的分支机构和在"前线"以及"草根"的共产党议员的忘我活动保证了人民爱国力量威望的提高，不管遭到寡头当局的各种"诽谤"和"订货"。

2013年夏，布尔什维克主义已满110周年。从列宁的党形成的最初年代起，就确立了其全权代表在议会工作的原则。只有明白这种工作的实质，我们才可以真正代表我们议员团的任务，才能够对每个议员确定具体的要求，客观地评价他们的活动。

首先，我们要求我们的议员坚决而一贯地捍卫人民群众的利益，捍卫劳动人民的利益。政权党的代表们千方百计地力图把共产党议员拉入损害公民权利的决定中去。这里必须要坚持我们的特殊性、警惕性和原则性。为了有系统地在地方工作，俄共代表应该与选区绑定。他的使命是定期报告工作，报告对选民的嘱托的实施情况。

在为劳动人民的利益斗争中，必须广泛运用所有合法的方式，向寡头资本的政权发起进攻。具有议员资格的某些同志回避参与抗议运动，回避日常的党的思想政治工作，这不是秘密。组织议员团的活动，必须避免空谈，不允许捞仕途和利用议员地位来谋私利。摆脱这种活动的一个方法——党对议员团体的日常领导。

议员的责任、其主要义务就是不折不扣地遵守人民所选者的九条训诫：

1．走向人们，积极向我国的公民通报我们的立场和建议。坚持不懈地解释俄共的纲领性文件，其社会经济和政治倡议。

2．全面地利用议员的可能性，加强党在群众中的影响，特别是在青年中的影响。帮助他们工作，在全国建立和巩固自己的分支机构的网络。

3．促进增强非议会政治的进攻方式。增强党在所有的大的群众性活动中的声音，保护其参与者免遭官员的暴行和警察的蛮横。

4．运用立法倡议权，保护和恢复国民的社会保障和政治自由，包括人民全民公决的权利。

5．参加俄共"议员垂直管理"工作，对各级议员的活动给予帮助，加强与国家人民爱国力量的联系。

6．帮助党的委员会筹备选举，遴选公布和推出权利机构和地方自治机关的候选人。经常对有天赋的青年进行教育。

7．积极为诚实的选举而斗争。促使形成可靠的对投票和计票监督的系统。对培训大量的俄共选举委员会委员和业务熟练的观察员给予帮助。

8．运用接近媒体的机会，向公民解释所发生的事情的实质、危机的原因和摆脱危机的措施。支持《真理报》和《苏维埃俄罗斯报》、《红线》网络电视以及其他党和左翼爱国力量的媒体，加强党在各种信息平台的存在。

9．帮助党的各委员会的工作，巩固我们的分支机构的物质技术基础。帮助其办公场地、交通工具、组织技术和通讯工具得以保障。

需要记住的是，早在1908年底，在沙皇俄国第三届国家杜马，在第五届全俄罗斯社会民主工党的议员会议上，首次实行"党的最高收入"，来调整收入和议员的党费。在当代条件下，俄共再次拿起了这个武器。整体来看，在履行党的最高限度的决议方面的情况得到了相当程度的改善。这是我们工作的重要物质支柱。

运用党的威望和资源及议员资格，获得了1.1万名俄共的拥护者。他们有义务积极地参与党的生活。

履行俄共党的第15次代表大会的决议，在6月召开的中央全会上，我们讨论了粮食和生态安全问题，10月我们将审议民族政策问题。将继续进行俄共积极分子的一系列的地区间研讨会。最近，这些会议将在切博克萨拉——为沿伏尔加河联邦区举办，在皮亚季戈尔斯克——为南北高加索区的共产党人举办，在布里亚特——为西伯利亚人举办。2013年8月，在奥廖尔举行了俄罗斯联邦中部联邦区立法和代表权力机构的党的积极分子和共产党议员会议。其参会者参加了伟大的卫国战争纪念事件——奥廖尔—库尔干弧形地带战役和奥廖尔从德国法西斯占领者手里解放出来70周年而举办的游行活动。

除了在奥廖尔的活动外，俄共还在别尔格拉德和库尔斯克举行了大型活动。这也是我们的神圣职责，也是对战争和劳动英雄的纪念礼，也是反对伪造苏联历史的斗争的重要部分。

前不久，我们还举办了例行的俄语日。这已经是党与"俄罗斯拉德"运动联合组织举办该活动的第二年。这个活动的意义在皮亚季戈尔斯克和热列兹诺沃茨科举办的普希金日所通过的决议中得到很好的展示。这里引用这个文件的几句话："每一次，当我们通过混乱的年代，我们通过自己历史上悲惨的里程碑，我们多灾多难的罗斯都能够应对崩溃，浴火重生。在动荡的日子里，强大的俄语，伟大的俄罗斯词语成为我们人民的耀眼的明灯。"

"在多难的年头，它就像我们古代市民大会的钟声一样在人们的头脑和心灵响起，激发起祖国的英勇无畏的保卫者去抗击敌人。它在库利科夫田野上回响，它被缝到俄罗斯勇士的神圣战旗上，它在博罗迪诺田野响起，它像黄金一样在敢死的'创造奇迹的壮士'的旗帜上闪耀。这个词，俄罗斯的词语，就像斯大林的'一步也不后退'的命令一样，就像坚不可摧的宝剑，在伏尔加河岸阻挡住法西斯匪帮。正是它第一次在高高的宇宙空间回荡。"

"固有的俄罗斯词语帮助我们实现独特的创造性思想，它在祖国文学和诗词的天才们不休的作品中得到体现。它是创造生命的源泉，从这个源泉里我们吸收力量和信念，一代代地优秀的战士为善良、公正和自由的理想而斗争。"

对于我们大家来说，主要的依然是为国家的经济和精神复兴而斗争。我们的党坚决地提出了俄罗斯发展的另外一种方针。我们有权利直接说：

俄共——这是国内唯一一个有明确的反危机纲领以及实施这个纲领的干部储备力量。只有依靠这样的纲领，国家才能走出死胡同，回到可持续发展的道路。

这个纲领的中心是——对自然资源、银行和关键经济部门进行国有化。最近二十年来，俄罗斯商业失去了希望。这就令人信服地证明了我们要求关键的经济部门回到国家所有制的公正性。我们以后还将抵制对有利可图的企业，包括天然气工业、俄罗斯石油、储蓄银行和其他企业的私有化。唉，正在拟定对这样的企业进行第一期私有化。

除了对矿山资源基地国有化以外，还要求建立类似于苏联国家计委的统一的经济管理中心。我们准备这样做。

必须改造信贷体系，使它用于发展经济和建立现代社会基础。

国家需要恢复财政监督中心。这些中心应该把自己的活动扩展到私人公司。没有这些就无法解决生死攸关的任务——制止资本毫无阻碍地流到国外。

我们的纲领的中心是——支持国内的农业生产者。国家有义务面向农村。首先是降低能源资料和燃料润滑物资的费用和价格。

不给予科学、教育和文化全面的支持，国家注定将走向荒芜。我们要求加强国家对科学的帮助。首先必须发展和巩固分布在全国不同地区各中心的俄罗斯科学院。我们坚持在经典的俄罗斯与苏联学派的成就的基础上，恢复免费教育。

最重要的社会任务是——卫生的质量和可承受的价格。它也是我们的纲领的中心。我们继续为保证每个俄罗斯公民货真价实和免费的医疗服务而斗争。

我们的原则是：教师应该好好地教学，医生应该救死扶伤，而不是搞商业活动。同时国家有义务保证他们体面的工资。

保证国家的安全、打击腐败，坚决地限制社会公共事业费用的上涨，增加工资和提高居民的购买力——为这些和其他问题而斗争依然将是我们整个议员团被赋予的重托。

我们也将继续坚定不移地为公民的权利而斗争。正如列宁所说的那样，"没有政治自由，无论是生产力的全面发展，还是自由的阶级斗争，还是对无产阶级群众的启蒙、培养和团结都是不可想象的"。

在俄罗斯，毕竟还有巨大的资源来解决所积累起来的问题，解决科学和工业崛起的问题。断言说俄罗斯永远都不会取得技术突破，其目的就是使我国人民失去信心，证明其毁灭性的政策的正确。

问题是——不是缺乏发展的可能性，而是在于如何实现国家管理，奉献什么样的方针。宣布要现代化，但是现行当局甚至没有试图着手实施。但是，国内有创造性和智慧性力量，他们能够认真地致力于恢复和复兴经济、拯救教育和科学、拯救工业和农业。

我们党制定了一整套国家新立法的文件。其中包括的法案有：关于国有化、关于累进所得税、关于国家战略规划、关于支持农业、关于创新活动的基础、关于人民教育、关于卫生、关于改组公共事业、关于对"战争期间所生儿童"的生活支持、关于打击腐败、关于非法致富的责任及其他。制定了不同于现行的劳动、土地、森林和水的法典。

俄共准备为国家承担起责任，它清楚认识到：俄罗斯牢固的储备即将枯竭，为了不降低到最低层，它应该开始复兴。我们确信：我们的反危机纲领——是对依然竖立在地平线上的野蛮和混乱、专制者专横的唯一屏障。

俄共提议从经济下滑转向快速发展，从"油井经济"转向增长经济。我们的纲领的本质就在于此。

我们将实行经济基础领域国有化，把巨大的财政资源集中于国家手里，可以调节费用和价格。这将成为我们的新经济政策的基础。

我们将实行工业化，实施"不停顿的现代化"的原则。农业将得到特别的关注，俄共保证俄罗斯农村的复兴和恢复国家的粮食安全。国有银行将构成俄罗斯银行体系的基础。改变纳税体系，将对公民实行累进收入税，将降低对实体经济的税收。

国家将保证俄罗斯科学与生产领域的有效互动。我们将对科学的拨款倍增。国家将保证学者体面的薪水和活动所需的一切技术装备，国家将恢复航空制造业，所有的交通领域将获得全面发展。

人民信任的政府将终结把石油天然气收入运到国外的行为。这些资金应该为经济现代化服务，为企业和基础设施服务，这些资金将用于解决生活领域的问题。

俄共的纲领将保证战胜贫困和社会萧条，战胜"犯罪的丛林原则"。刻不容缓地将实行建设公正和崇高的精神的社会方针。

国家将保证公民的居住权，将恢复政权为公共事业所承担的责任。国家的住宅建设将扩大。公共缴费的数额将限定在家庭收入总数的10%。

国家的公民们将恢复自己体面的工资和劳动条件，休息和保健、提高教育和文化水平将得到保证。俄共的纲领提出可靠地保护妇女和儿童，保证体面的老年人，关怀残疾人。

我们最重要的原则是："对所有人的优质教育"，对高校和中小学的关闭将终止。高校和中小学教师的劳动将获得体面的报酬，其威信将得到加强。国家积极地支持有创造能力的才华横溢的儿童和青年。

民族的健康将成为国家的优先方向。优质的医疗服务，包括复杂的手术，将全部实行免费。《民族的健康纲要》将为从事体育和旅游业提供广泛的可能性，复建儿童青年体育学校、俱乐部和分组体系。

我们将保证国家的文化繁荣，在三年内对文化的预算支出将倍增。大规模的保护语言和俄罗斯的俄罗斯族和所有人民的传统的纲要将会启动，保护历史纪念碑，宣传苏联文化的卓越作品。电视和电影将重新成为培养基本道德价值观、爱国主义和公民责任感的源泉。

俄罗斯国家的安全将得到巩固。国家将获得新的对外政策和国防政策。

要综合性地看待国家安全问题。我们将采取一切措施，制止国家的衰亡。将启动战胜贫困的纲领，将确立国内责任比国外优先的原则。

※　※　※

国家越来越深地陷入社会经济危机之中，我们，共产党人，应该越来越明确地意识到自己在人民面前的责任。我们不单单是有义务承担起我们所珍爱的俄罗斯复兴的责任。

在世界历史的最巨大纪念日到来前夕，我们有特别的责任表明：伟大的十月社会主义革命纪念日离我们还有四年。我们要采取各种努力，不让曾为了争取在我国确立人类最光辉的理想的老一辈战士传到我们手里的红旗蒙羞。

结束语：
俄罗斯生存的五个公式

把自己的目光投向历史经验，这是各种各样不同的政治力量所固有的。一些势力为了操纵和颠倒是非，运用过去的事实。一些势力向后看，则是为了帮助人民从迷雾的俘虏中摆脱出来，在人道主义和公正、团结和进步原则上开始建设新社会。

第一次世界大战很快将满一百周年。人类付出大量的流血，由此获得了残酷的教训：资本主义是毁灭性的。当初是它制造了极其尖锐的经济危机，然后就以战争的途径寻找摆脱危机的出路。

在20世纪初，沙皇宫廷奸党把俄罗斯卷入了世界屠杀场。俄罗斯工人和农民"全副武装"被送往战场，为与他们的利益格格不入的外国列强和靠本国军需供应发财的国库盗窃者而战。当时已经清楚，当局无力奉行独立自主的政策，国家和人民将付出高昂的代价。

资本主义经历了12次大危机。目前的危机再次向俄罗斯敲响警钟。就如同一百年前一样，国家做出了有利于西方资本的决定，国防再次被窃国贼所盗窃，新的拉斯普廷—谢尔久科夫之类的人靠军需供应发财。

是的，目前在世界危机的条件下，许多国家都经历着复杂的局面，其中也包括美国。但是，美国是全球经济和金融中心，这就意味着，它可以靠牺牲别人来解决资金的问题。是的，中国正经历着产能过剩，但是它启动了巨大的发展机制，成为了超级大国，并满怀信心地克服困难。由于统治者实行的政策，俄罗斯再次成为牺牲品。

唉，我们的国家似乎在重复着过去的错误。在这种条件下，极其重要的是要思考历史上的经验，并依靠历史经验向前迈进。认真地分析俄罗斯所走过的千年道路，使我们找出其历史生存的五个公式。

1．20世纪明显地表明：俄罗斯思想与依靠劳动、教育和科学与技术上的集体主义和进步的社会主义理想的结合，决定了整个历史上俄罗斯最高的起飞。

值得记住的是：我们的国家是极其虚弱地进入过去的世纪的。西方资本越来越把自己的游戏规则强加于当初的沙皇政府，然后是临时政府。至于高尔察克和邓尼金的军队，则完全变成了武装干涉军的先头部队。他们与外国占领者被红军从俄罗斯的土地上击退。我们的人民之所以能够取得胜利，是因为已经向新世界打开了窗户。

多亏1917年伟大的十月革命，社会摆脱了划分为被压迫者和先生的状态。公正的理想得到落实。保证了人民群众对科学和文化成就的切实运用。激发了广大人民群众的爱国主义热情。这一切都使人民的力量获得解放，去劳动和战斗，去建功立业。

劳动从剥削中解放出来，产生了建设新世界的真正的伟大胜利。最普遍的高质量的教育保证了我国经济发展的辉煌成就。不是地主资本，而是本国能够提供取得达到社会承认的高度的可能性的时代已经来临。

避免社会阶级的分裂保证了社会前所未有的团结。这种团结使我国的力量无数地倍增。只有苏联能够战胜那个肆意的法西斯野兽，而欧洲自傲的资产阶级国家在屈指可数的几天里竟然屈服于这个野兽。

2. 公式："1＝8"，或者人作为国家在当代世界生存的条件的质量。

俄罗斯不仅居民在减少，而且正病快快地走向老龄化，其每8个公民中就有一个超过65岁。这个数字已经跨过了占全体居民13%的生命线。要知道，根据国际标准，如果这样年龄的人口结构超过7%，那么，这个国家已经被认为是老龄社会。目前，俄罗斯退休者比成长的一代——年龄不满16岁者要多。没有青年人来补充。在国内，由于年龄的缘故，能够劳动的公民人数越来越少。

为了打破这种可怕的局面，每个俄罗斯家庭应该至少养育不少于三个孩子。就是说，话题谈的就是确认的公式：1＝8。要知道，与三个孩子一起，每个工作的人要承担4位父母的责任——自己孩子的爷爷奶奶、姥爷和姥姥的责任。为了履行这种使命，一个人需要做什么？他必须有良好的健康状况，接受高质量的教育，热爱自己的事业，不断地提高技能和普及文化水平。动态的变化的世界不可避免地要求所有这一切。

是的，处于最好年华的男人应该养活8个人。但是，国家只有在它本身能够履行自己的职责时才有权利对他说"你应该"。这使它——当局——的任务就是这样，使家庭的建立者能够遵循1＝1＋3＋4＝8的公式，这使它——当局——应该保障获得当代教育和职业的成长，这使它应该保证建立工作岗位，这使它有义务保护自己公民的健康，这使它能够立即放弃培植毁灭大多数家庭的公共事业的改革，这使它应该支持"产院"纲要。众所周知，俄罗斯当局却正好是反其道而行之。

掌握国家的舵手沉默不语，不在意寡头资本主义的胜利，它将消灭几个世纪以来的制度和最优秀的民间传统，这些传统就像不平的马路一样正在被全球化的滚滚车轮荡然辗平。俄罗斯的临时主人们没有准备承认的事实是，资本主义精神本身与斯拉夫风俗的根本传统是不相容的。深厚的民间价值观、崇高的文化和真正的精神价值要求在另外的选择下改造社会。使社会不落入倒退的唯一处方是——建设更新的社会主义。从马克思时代起，就没有人提出过其他的社会模式。

3．新地缘政治公式：恢复苏联——21世纪兄弟的人民生存的条件。

在俄罗斯的土地上，只剩下全球2%的人口。拥有世界自然资源30%的国家，只生产0.3%的有竞争力的产品。在苏联时代，我们不仅有超强的经济潜力，我们还有3.1亿的人口。事实上，这是可以在当代世界上顺利竞争的最大限度的人口指数，可现在我们只有1.43亿人。

再加上人口潜力的质量。在国内，有两百万无人照看的孩子——他们还没有进入生活就被生活抛弃。我们有600万名吸毒者——他们的命运线在这里急转直下。我们有500-700万名失业者和3800万名退休者——一般来说，他们没有能力参与创造物质和文化福祉。只有2500万名我们的同胞在实际生产中就业。

只有根本改变方针才能改变状况。只有新政策才能保证俄罗斯与白俄罗斯、乌克兰、哈萨克斯坦和苏联——共同的祖国和其他共和国应有的一体化。人的潜力倍增——这是保持我国所有人民在世界地图和世界历史上享有体面地位的条件。

4．战胜危机的公式：新政权—新政策—新社会。

当今世界的问题证明：资本主义的本性没有改变。没有危机的发展对它来说是不可能的。为了弱化尖锐起来的问题和保证自己自私的利益，世界资本怀着数个世纪的理想，就是把俄罗斯完全殖民地化，以便攫取它的自然资源。任何一个真正为我国未来考虑的人，都不得不考虑到这个威胁。

其实，历史有三种摆脱危机的方式——革命、战争或独裁。俄罗斯执政当局转型为公开的专制意味着政策的封闭，是为寡头谋利益的政策，这尤其意味着加剧了俄罗斯与其他国家对比中的落后。

至于战争，世界资本已经运用它来加强自己的阵地。但是，对于俄罗斯来说，以任何面目加入军事冒险都是致命的。俄共坚决反对我国与北约一体化的可能性的一切暗示。

因此，对俄罗斯比较好的选择是——和平形式的社会革命，在社会公正和科学技术进步全面发展原则上，自信地把社会现代化纲领掌握在自己手里，夺取政权。

5. 夺取政权公式：真正可行的纲领、群众可以与持久的议会斗争结合、以扩大信息形成的可能性和培育干部潜力为支柱。按照这个公式工作能够保障俄共作为左翼爱国力量的核心得到应有的承认。

在"反苏联"时代，实质上，俄罗斯只有两个总统——叶利钦和普京，梅德韦杰夫多半起了皇位看护者的作用。在过去的22年里，任命了12位总理来领导政府。而只有一届政府内阁的工作不单单是顺利，而且它在债务违约之后拯救了国家，免遭完全崩溃。这个政府就是普里马科夫—马斯柳科夫—格拉先科政府。

结论是显而易见的：中左翼的政策被实践证明是有成果的。国家需要满怀信心地沿着这条道路走下去。如果在这方面它一以贯之地行动，那么，拯救祖国的人民解放斗争的任务和重新改变社会生活的任务就将顺利地完成。

俄罗斯历史生存的公式被许多代人、他们的悲剧性和英雄般、悲惨和胜利经验的命运所"记载"。在新的命运攸关的阶段，这个公式将如何破解直接取决于人民群众的积极性。

劳动人民的阶级意识将缓慢、非常缓慢地成熟起来。但是社会可以表现得越来越激烈。劳动知识分子集中的地方——科学界、卫生界、教育和文化界，这种声音将会响起来。唤醒脑力和创造性劳动者的意识还没有成为稳定的趋势，但是，这个事实本身对俄共具有原则性意义：没有经过启蒙的、善于思考和诚实的人，不可能把社会主义意识带到群众中。

还远不是所有的劳动人民都意识到了自己的无产阶级状况。他们不是所有的人都明白，资本家在资产阶级国家和权利的帮助下，依靠强化对雇佣劳动者的剥削来攫取最大限度的利润。许多人目前还觉得，只是需要通过公正的法律，一切都将变好。目前只有相对人数不多的工人明白了一个真相：在资产阶级社会，法律和权利体现的是占统治地位的所有者阶级的意志。

在这个进程中，为了确信坚决斗争的必要性，被剥削者应该意识到利益的共同性，他们与资本家利益的对立性。漫长、复杂而烦人。难怪马克思说过，"最难攻占的堡垒就是人的脑袋"。人的心理的变化要比其社会地位的变化慢得多，不仅工厂的工人，而且曾经在苏联时期在学校或者医院工作的事业单位人员，并不能轻易地认识到自己就是被剥削的无产者。

广泛的抗议运动还不是俄罗斯大小城市的典型事件，它也没有成为农村的特征。然而，正是这些显示了其对抗资产阶级制度的特殊形式。这里谈的是在农村组织实质上是社会主义类型的经济，它们尽管是个别单元，但是也已经有了。尽管农村普遍变得荒芜，但这些单元却顺利地运作。

这些社会主义的小岛——是劳动农民抗议的最高形式。这种集体的领头人是具有共产主义信仰的人就不是偶然的了。我们已经讲过，在马里艾尔，强大的"兹维尼格夫斯基"农业企业在运作，其领航人就是自信的И.И.卡赞科夫。我们还说过，在斯塔夫罗波尔边疆区，"特尔诺夫斯基"集体农庄展示了很好的成果，其领导者是И.А.博加乔夫，而在伊尔库茨克州，乌索利斯基养猪综合体顺利地发展，其负责人是И.А.苏马洛夫斯基。对此还可以补充许多其他令人印象深刻的例子。例如，在莫斯科郊区名为列宁的国营农场，工作人员的平均工资达到6万卢布，领导这个独特的经济体的是П.Н.格鲁济宁。

甚至在野蛮的市场条件下，这些新经济的小岛展示出集体经济的有效性，将吹散农场优越性的谎言。其活动表明，只有恢复大的劳动集体，才能保证农场基础设施的恢复和对生产增长十足的信心。只有它才能提高俄罗斯农场的社会和文化水平，安排好其日常生活。兄弟的白俄罗斯在发展农村工业方面取得令人信服的成就不是偶然的。机器制造业和大的农业企业在这里成为以卢卡申科为首的国家特别关注的对象。

人民企业可以成为俄罗斯复兴的支撑点。从它们的创造性潜力和社会主义性质看，未来就在于它们。这就是为什么我们要积极宣传这些同志们的独特经验和有责任继续这样做下去的原因。这些企业的经验将是新的人民政权——劳动人民的政权的经济政策所必需的。

顺便说说，围绕着生产组织的集体形式的斗争已经形成了历史。完成社会主义革命后，布尔什维克的成就是如此令人印象深刻，促使西方资产阶级发生转变。它不仅变得"更加乐意"与无产者分享自己的利润，而且还启动了其他机制。例如，在20世纪中期，美国通过了一系列法律，规定企业所有者向工人出让部分股份。当然，谈的不是社会公正的成就，而是减少社会紧张程度，谈的是关于破坏罢工运动。资本把这个视为在工人中间播撒成为私有者幻想的种子的最佳方式。其中一部分人决定用新地位和"参股者"响亮的名头把自己"捆绑"起来。形式上，工人进入了企业共同掌管者之列，但是，控股权依然掌握在一个小集团手里。这与真正的人民企业没有任何共同之处。

在当代俄罗斯，存在着形成社会阶级可以运动的客观基础。关键在于，如果主观因素能发生作用。这是我们的任务——作为群众性、全民性和全民族性的运动把它组织起来。这就是为什么近年来我们举行了第一和第二届劳动集体代表者大会、提出活跃工会工作的任务的原因。继续行动，面临着发现工人政治成熟起来的过程、揭破"中产阶级"的神话、解释清楚归入阶级的不是由收入水平决定而是由社会生产体系中的地位所决定的事实。

俄共的责任——就是赋予抗议社会阶级以人民爱国主义的性质。换句话说，把阶级和民族解放斗争结合起来。俄罗斯的资本具有买办性，它与世界资本有着千丝万缕的联系，形成了对跨国资本的完全依赖。我国被抛到全球主义的车轮下，俄罗斯将完全变成带着装饰性主权和玩偶民主假面具的殖民地的现实威胁。

目前，当局一步步地实施着阻碍我们民族独立的政策。国家被强迫性地加入了世贸组织，在2016年前计划的私有化使外国资本加倍地加强了其在俄罗斯内部的地位。卫生、教育和文化的商业化使得公民越来越力不从心。放纵的反苏维埃活动还没有停止，这成为人们厌俄情绪的毒瘤。

在既定条件下，我们号召："俄罗斯的无产者和爱国者，联合起来！"无产阶级的国际主义和人民爱国主义成为目前的共同事业。它们一道去抵抗资产阶级的世界主义的侵略，捍卫自己的事业免遭资产阶级民族主义的侵略。人们爱国力量的联盟——这是无产阶级与非无产阶级劳动人民群众的联合方式。列宁曾把小的劳动所有者和小业主归入后者，目前，他们在小商业领域工作。不少于1000万人从事这种家庭类型的商业。

我们人民爱国力量联盟的榜样就是人民阵线，它在20世纪30年代中期的法国、西班牙的议会大选中获胜。它们是由共产党人与其他左翼力量为了面对法西斯的威胁而联合起来的民族主义的力量。它们的社会基础首先是工人阶级。在共产国际第七次会议上，它被定性为民族的先进阶级。关于这一点必须经常提及，当谈到制订与买办制度斗争的战略与策略之时。只有具有明确的思想理论指针，俄共才可以捍卫人民免遭资产阶级政客的诱惑，不允许把人民群众拉到"人民资产阶级"的虚假道路上去，并准备把之称为以普京为首的"卢布阵线"。

我党的任务是——经常对我们生活和工作的社会做出分析。这就促使我们必须把理论作为行动的指南，寻找当代亟待解决的问题的非标准答案。同时，在意识形态斗争中，绝不允许理论上的让步。需要记住的是，苏共的悲剧首先发生于部分领导人对马克思列宁主义方法论的无原则背离，从思想退却开始了政治上的叛卖，最后以卖国而告终。

俄共的活动不折不扣地遵循辩证唯物主义的认识方法，运用阶级态度来分析和评价社会事实和现象。捍卫马克思列宁主义的遗产要求保持意识形态的警惕性，不允许在党内传播任何形式的唯心主义观点。俄共中的良心自由并不意味着宣传与辩证唯物主义格格不入的思想的自由。在我党，只有宣传马克思列宁主义思想并创造性地发展它才是可能的。同时，我们毫无疑问地积极准备与信仰其他世界观、赞同我们的反危机纲领、不接受反苏维埃主义和反共产主义的力量互动。

俄共中央促使党去努力提高共产党员的思想政治水平，为此通过了培训干部的决议。附属于俄共中央委员会的政治学习中心开始运行，制订了培训纲要，遴选了高水平的教师干部，第一批学员已经毕业。为了调整分支的培训系统，面临着继续这项工作、编订教学参考书、扩大教学文献出版的任务。

谈到群众性学习，应该记住：在苏联时期，关于共产主义理论的知识尽管有时显得浮皮潦草，但几乎每个人都知道。目前，对马克思列宁主义毫无概念的一代进入党内，我们的理论内容对大多数青年学员来说就像是新发明。我们只是不能忘记，没有研究马克思著作的小组，就不会有列宁的党。

每个共产党员都将面临履行重要的使命——坚定不移地揭开执政当局政策的阶级实质和反民族的性质。正是这种阶级态度也使我们能以最佳的方式揭露寡头当局的利益及其反俄罗斯人的内外方针。为了对抗这种方针，社会阶级斗争与民族解放斗争要联合起来。

我们应该像爱护自己的眼睛一样珍视马克思列宁主义经典作家的理论遗产。我们没有权利歪曲它和庸俗化它。只有遵循马克思列宁主义理论，俄共才能在俄罗斯社会扮演先锋队的角色。

目前，我党面临着一系列复杂的任务。为了解决这些任务，有必要解决干部、资源和智力潜力的问题。我们不会付诸空想，而是绝对要脚踏实地。甚至在最严重的考验面前，我们都学会了不去绝望。我们永远不会改变历史乐观主义情感，不会改变对我们的思想正确性的自信感。

生活的真理就在我们一边。我深信，我的同志们的劳动不会徒劳付出。俄罗斯可以勇敢地向前迈出我们提出的那一步，这一步就是去拯救和走向体面的未来！

第 二 部 分

需要立即对能源体系进行国有化[*]

体制性危机正在蔓延

尊敬的同行们，切尔诺贝利核电站的爆炸震惊了整个星球，大家都还记得。列加索夫院士在事故发生地待得时间最长，他研究了事故发生的原因，并向国家领导人做了报告，做出了最主要的结论。在他看来，切尔诺贝利核电站事故的原因首先在于，运行这座电站的人们依赖的不是托尔斯泰和陀思妥耶夫斯基，而是那些技术官僚，是他们自己的道德文化水平与运行的设施的复杂性不相符合。

现在，萨扬-舒申斯基水电站被毁了。它是最好的水电站，曾经出色地运行着，由于领导和管理它的那些人完全不懂行和不负责任，首先是那些破坏了国家统一能源系统的人完全不懂行和不负责任，结果发生了爆炸。

在这个悲催的事件之前，已经有过两次可怕的警告声。2000年，远东的能源系统完全被切断了，原因很简单：没有向地区国营发电站送煤，煤当时堆放在20—30公里以外的地方。而在2005年5月，恰金次级水电站发生爆炸：俄罗斯中部的600万名居民没有电可用，首都瘫痪，在通往莫斯科

---

　　* 2009年12月25日在国家杜马会议上就2009年8月17日萨扬-舒申斯基水电站事故的技术性问题讨论议会调查委员会的总结报告草稿时的发言

的路上滞留了600个车队。

我当时向普京建议，紧急召开国家安全会议闭门会议，做出相应的结论。然而，普京却强制在杜马通过了肢解统一的电力系统的法律。我们今天就在吞食这个平庸的、罪恶的和令人厌恶的决定的苦果。如果我们不能诚实地相互说明，事故将会继续，国家10座水电站就有8座处于萨扬-舒申斯基水电站的这种状况。其旁边就是伊尔库茨克水电站，那里设备的磨损率已经达77%，布拉茨基水电站的设备磨损率为50%，如果看伏尔加河上所有水电站的级联，那里所有水闸都处于半事故状态。但是我们没有听到任何类似的话，现在这里只是解释某些技术性的东西，总体来说，这些东西完全是其他服务部门的活动，而不是立法者的活动。

至于体系性危机，请看一下最近的灾难：萨扬-舒申斯基水电站、"涅夫斯基快车"、乌里扬诺夫斯克仓库巨大的爆炸、彼尔姆惊心动魄的火葬场式的火灾，到处都是完全相同的因果关系！如果2007年恐怖事件之后采取几个措施：对速度间隔进行技术监督，相应的规避，"涅夫斯基快车"就不会爆炸。那里有30个村庄，位于荒郊野外，旁边就是铁路。哪怕花3000-5000卢布，雇个老头，由他来通报片警或者是村委会那里出现了人，那么就不会发生这种事故。

首要的不是安全，而是利润

在萨扬-舒申斯基水电站，5个人挽救了局面。他们不得不在黑灯瞎火中爬200米楼梯，以便手工关闭最高处的阀门。如果没有这些人，有上万名村民的村庄就会飘走了。叶尼塞河上有阿巴坎电站，那里的人们由于担心逃跑了。在发生事故的日子里，饮用水的价格上涨了5倍。国家杜马事故原因调查委员会对此保持沉默。

能源在我国的生活保障系统中占有特殊地位。要知道，俄罗斯三分之二的疆域位于永久冻土带。在危机之前，2007年的发电能力（对于报告人别赫金先生来说，他自己就是内行的能源专家）为220万千瓦时，是1959年的水平。主要设备的磨损率几乎是60%，这是1947年的水平，当时战争以后，我们在年内难以投入资金来更新基本设备。网内的电能损耗率为14%，这是1946年的水平。你要重新修电站，国产设备只占35%的份额，这是1940年的水平。为什么你们对这一点不谈？以这样的能源供应，我们明天该怎么生活？

最近十年世界做了什么事？你们也没有对我们讲。在美国，事故之后，第一件事是提出可靠性问题——而在俄罗斯，可靠性这样的指标从所有章程中剔除了，放在第一位的是利润。在欧洲，建立了如同苏联时代一样的东西——统一的强大的能源体系，它将可靠地运行。中国怎么做？它拿了我们的方案和计划，最近一年，投产的电能是我们的30倍。

需不需要另外的政策？绝对需要，首先需要预算政策。如果以后还是这个会计师库德林来决定，给谁多少，那么，任何一个大型建筑，他对任何一个设施都不会从预算中拨付一分钱！甚至对事故处理部，10个月内拨款不超过35%-40%。那么，国家怎么生存，怎么保证自己起码的安全？

至于技术政策，那里的情形同样如此。我曾被迫去了列宁格勒，拯救"能源力量"工厂，之后一帮匪帮夺取了这个工厂。工人集体对我们表示支持：上千人站出来，把这个匪帮经理拉到了街头。我们现在这种情况比比皆是，从把马里埃尔最好的领导人伊万·卡赞科夫弄到心梗的"兹维尼哥夫斯基"国营农场开始，到彼尔姆的火药工厂为止。我国有11家类似的工厂，剩下了一半。如果再把彼尔姆工厂封闭，那么，没有人去做固体燃料来装备火箭！

又是扳道工的过错？

如果不肢解统一的能源系统，事故就不会发生了。其直接原因是，在布拉茨卡亚水电站发生了小火灾，当时电网的频率开始下降，以便予以补足，在萨扬－舒申斯基水电站历史上，第一次砍掉了10个机组中的9个，关闭了第二个机组，它根本上已经不能启动。

应该对所有环节进行调查。因此，我向总统提出如下建议：立即发布能源系统国有化的命令。否则，我们大家将坐在火药桶上。必须举行安全会议闭门会议，以盘点与这个方向有关的一切。

我将请求政府、总理调查能源部的权限，这个部能不能管理最复杂的设施，同时也对国内的所有电站做出盘点。责成检察院调查"俄罗斯统一电力公司"，因为它是事故发生的主要原因。请想象一下：在一个村里有75具遗体，所有值班的人被淹死了，而所有当头的逃跑了。根据专家的预先评估，要恢复电站需要4-5年，花费不少于400亿卢布，也许，要1400亿卢布。

2005年在齐吉诺的莫斯科事故之后，我觉得，所有类似的情况都应该写入操作规程，演练并修正。但是，在萨扬－舒申斯基电站没有任何与救人和电站有关的正常计划。而现在，又在摊开双手，寻找肇事者。也许，他们是有过错的，就让法院对他们的过错进行调查。但是，这其中应包括那些做出决定的人，那些负责能源政策的人，负责安全的人。

在委员会成员签署了调查报告之后，在国家杜马的电子资料库出现了对报告的补充修正版，有一份列有19位肇事者姓名的名单，他们被点名与事故有关。这些主要是萨扬－舒申斯基电站的领导人和专家。在这份名单上，我们没有发现丘拜斯的名字，是他批准了对萨扬－舒申斯基水能综合体中央验收委员会的文件，这个综合体有巨大的瑕疵，其中相当大部分瑕疵最后都没有消除。顺便说一下，委员会也没有能够听取他的报告。我们在这份名单上没有看到官员和代表的名字，他们帮助丘拜斯迫使国家杜马通过了《电能改革法》，即破坏统一能源体系的法律。

绍伊古成了俄罗斯地理学会的主席——最好把他称为"灾难学会"主席，因为他与地理没有任何关系，他每天在处理小狗崽和尸体。但是毕竟他的任务原则上是不同的——预防灾难。

　　我现在正在调查彼尔姆的悲剧，简直被震惊了：在步行只有三米距离的地方，就是消防部门，他们坐着观望，这个俱乐部怎么就成了杀人的地方。在五分钟之内，就应该有长官出现，他有义务来检查。还是没有被告承担责任。

　　如果事情继续这样发展，我们将面临最糟糕的时光。所以，我们应该紧急采取细致的措施！

或者你们倾听人民的声音，或者你们的政府注定灭亡[*]

　　尊敬的代表们，尊敬的总理！所提交的关于政府一年活动结果的报告没有能够从整体上评价国家的局势，尤其是动态的局势。您，普京先生，决定国家的内外政策已经有九个年头。这个年头不短啊。在苏联政权时期，十年内，我国战胜了法西斯，根治了最严重的战争创伤，在十年里，它建立了一整套最现代化的工业生产体系，十年内，建立了太空火箭综合体，与西方达到了核对等。这是当代国家历史上的十年啊！今天的俄罗斯发生了什么？

　　在这段时间内，我们彻底退回到了历史之初。在世界市场上，我们提供的创新产品不到1%，没有建立一座大型的现代高科技企业。我们出售了大量的石油，而且是原油，廉价的原油，我们甚至不对原油进行高质量的加工，我们没有建立一座可观的石油加工厂，因此，高丙烷汽油要从国外进口。在这段时间内，道路建设缩减了三倍。1500万人几乎消失，1800万孩子不能出生。这样的例子不胜枚举，而且还在增加。这难道不是民族的

---

* 2010年4月20日在国家杜马会议上讨论俄罗斯联邦政府2009年工作报告时的发言

耻辱？

产生了一个问题：我们要到哪里去？目前，危机席卷了整个世界，危机给许多人擦了眼睛，掏了耳朵。那些想和能够看见和听到的人，开始明白了，强加给国家的方针，是无路可走的方针，这不是建设的方针，而是毁灭的方针。前不久举行的奥林匹克运动会上的失利，对我们的民族自尊心造成特别沉重的打击，在这次运动会上，我们是第11名。

在20个最发达的国家中，我们处于最后一位，危机对我们的打击最为沉重。根据人类潜力发展水平，我们位于第71名，即使在虚弱的90年代，我们还处于第34名。就人均寿命而言，我们整体落到了非洲国家的行列——位居第124位。

如果说在今天，在吉尔吉斯斯坦，俄罗斯人都被毒打和侮辱，人们会有怎样的自尊心？而当局对此沉默不语，无所作为。如果说围绕着戈培尔式的伪造——卡廷案件——所有的反俄罗斯力量、厌俄罗斯的力量团结起来，而政府只对他们点头哈腰，这不是对民族自尊心的侮辱？

任何政治的质量都是由公民的福祉和自我感觉、他们的寿命和教育、对国家和人民的尊重所决定的。

国家走入了死胡同——甚至梅德韦杰夫总统都被迫承认这一点。他直言不讳地声明，原料模式不合适，需要紧急实施现代化，坚决打击腐败，形成新的干部团队。我同意这些说法，但是该怎么做？分析我们对现代化的准备程度，需要记得，在今年，美国人为自己的现代化花费了4000亿美元，联合起来的欧洲花了2700亿美元，日本和中国分别是各1400亿美元，而您呢？您继续夸大数字，尽管这些数字在不到10年内增长了7-8倍，然而，整个实体经济瘫痪了——国家在这种情况下怎么生存，建设什么，生产什么？但是，您这还不够，例如，发展到了金属价格不久前再次急剧涨价的地步，结果，苟延残喘的机械制造企业注定要死亡。在国外购买化肥要比在本国购买都便宜。

试问，你们把钱捅咕到哪里了？要知道，钱确实是可观的。请看一下，去年的预算是怎么花费的：几乎5000亿没有定向使用，这几乎等于俄罗斯联邦10个大型项目的预算数额。这些资金也没有用于农村，也没有用于工业，也没有消费于地区政策。您甚至拒绝购买自己的飞机，去年购买了11架自己的飞机，而购买了119架外国飞机。

您几乎从储备基金中花费2000亿美元，还是没有把这些钱用于工业，没有用于农村，没有用于科学，而是用于支持银行家，尽管不难计算：2000亿美元，这是每月平均工资2万卢布的1000万个劳动者的工作岗位。相反，为了创造劳动岗位，您只是使亿万富翁的收入成倍增加，而穷人增加了三分之一。

在近一年非常突出，最近这十年不断的极其严重的失误、错误和事故之后，我们的政府得出结论了吗？事实上没有。甚至曾经喧嚣一时的国内生产总值倍增以及收入达到葡萄牙的水平，您已经不再说了。是的，如果机器和机械的磨损率超过了二十年，还谈什么国内生产总值倍增？所有机械制造将停顿——难道这不是明显的事实？

您，总理先生，曾经到过萨扬-舒申斯基水电站，也看到了，那里发生事故，是由于摧毁了统一的能源系统。这种毁灭的结果将导致新的灾难。看起来，政府可以也应该纠正局面。您制定了不错的计划：在2009年，发电能力增加12.4万兆瓦。但是要知道，事实上比2008年增加得都要少，即政府的计划失败了6次，难道这不是国家的责任？

以实行国家统一考试为借口摧毁教育体系，它将产生灰色地带。甚至在主要高校——莫斯科大学和俄联邦政府所属的财政学院中，一百个人中，有60-70个人考不过最简单的作业和听写。富尔先科在培养什么人——是新的带有技术基因灾难的新肇事者吗？

我已经不想谈军队了，你们的被庇护人简直是在无情地嘲弄军队，把它彻底毁灭了。

我们已经提出警告，并将继续警告政策的危险性，但是，你们倾听反对派的意见了吗？没有，尽管我们向你们提出了反危机纲要，今天我们将把现代化的替代方案提交给你们。在你们的桌子上早就有发展太空导弹领域和发展祖国的机械制造、农业生产的建议，但是我们没有得到任何一个大项目和问题的答复。实质上，明显的是，我们创造性的建议与你们政府所实施的不匹配。我提请注意的是，您的副手库德林是这样评价90年代的：这是个没有奠定新经济基础的时期。他事实上承认，二十年这是无路可走的二十年。在4月初的第11届学术会议上，就经济和社会问题进行发言时，库德林甚至声明，缩减或者缺乏预算支出的增长——这对经济来说是非常严峻的风险。结果是，财政部长用自己的双手为国家制造了严峻的风险，然后说这些风险似乎是旁人所计划的。

库德林副总理提出了什么建议？继续循着盖达尔和丘拜斯的足迹，即从人们那里拿走一切，却不给任何东西！打算赶紧从预算上切一块，把所有的科学、文化、教育和体育转为自收自支的范畴，它们将不得不依靠自己的有偿服务来生存，这是什么，难道不是新的私有化和货币化叠加吗？而且就其社会后果来看，这将是更加可怕的行动：它将完全毁灭每个俄罗斯人、俄罗斯国家公民生活的民族文化基础，而库德林先生对此并不担忧。他显然在偷换概念，当他谈到俄罗斯福利的增长时，当然，如果指的不是寡头的话。还是在那次会议上，财政部长声称，过去的十年是居民生活水平提高的十年，他引用的数字是：从2000年到2010年，公民的实际收入提高了6倍，实际工资提高了3.3倍，贫困水平降低了1倍。试问，如果这个时期电费增长了7倍，取暖费增长了9.1倍，热水供应增长了11.6倍，天然气涨价7.8倍，肉价上涨了4-5倍，蔬菜价格增长5-7倍，药品价格几乎以同样的速度增长，怎么能说近10年的贫困水平会降低呢？要知道，公共事业服务、食品和药品——这些全是基本消费品啊！以这样的速度涨价，甚至工资增长3倍都不能保证实际福利的提高。库德林是否需要衡量一下他的幻想，但是，根据一切判断，让他不安的是：如何来做事情，他个人支配的庞大的预算资金，以使它甚至不受国家杜马的监督。况且，库德林先生与以俄罗斯工业家企业家联盟名义发言的普罗霍洛夫先生不久前还忧伤地说，俄罗斯积累了大量的富余劳动力。我想提醒的是，在国内，目前活跃的居民人数为3650万，从事小企业的人有1500万，600万人没有完全就业或者失业。这样一来，我们来算一下，国内1700万人无事可干。在这个背景下，库德林先生和普罗霍洛夫先生建议进行大规模的解雇行动。如果他们想产生吉尔吉斯斯坦那样的后果，我就请他们立即这样做——就让他们看看这种庸人的政策会产生什么样的后果。

大家都在谈论和争论：钱从哪里来？要知道，这里没有问题：我们建议对矿物资源基地进行国有化——这就是钱，还要什么钱！然而，你们甚至拒绝审议这个问题，尽管可以就此进行全民公决，俄罗斯95%的公民会投票支持这个想法，我们就可以有巨额资金来使国家现代化。这还不是全部：在你们的国库里，还有4350亿卢布，这是一笔巨大的资金，可以把它投入到科学、教育、文化和真正的现代化。还有一个来源：可以紧急实行累进税。你们不是喜欢西方吗？他们有什么经验？在德国，累进收入税的上限是45%，法国是40%，美国是35%。而我国亿万富翁与穷人缴纳同样的税，13%，这真是不成体统到令人发指！你们不喜欢西方这样的经验，那就拿我们自己的，苏联的甚至是沙皇时期的经验。当时光酒类工业就提供国家预算的25%-30%，今天，这个行业只提供预算的0.7%，所有其余的资金不是进入预算，而是流向控制伏特加的黑手党。当局没有控制酒精的消费，要知道，国内超高死亡率的主要原因是伏特加和烟草，而且它们在我国是最便宜的。

还可以从木材加工获得大笔收入。在苏联时期，这是在石油天然气综合体之后的第二大笔收入——年收入800亿美元而您只搜刮40亿-50亿美元，而且条件是，原木的价格比一瓶可乐的价格都要低。几乎砍光了道路和村庄旁边的树林，而且不进行正常的林业生产。直言不讳地说，你们在掠夺国家，把下一代剥夺！

实施国家项目是个不错的主意，但是不是去实施，而是又提出新主意。甚至在教师年，按照教育"国家项目"，教师也没有得到最大限度的补助。至于卫生，这个领域的平均工资比全国低三分之一，尽管国家继续在萧条。在农村，您拒绝按照正常的价格购买粮食——试问，那么农民要靠什么样的奇迹来向你们购买农机具和复兴农村呢？至于公共事业，则完全不像话：最近十年的费用膨胀了8-10倍。这还是发生在为企业服务的自然垄断费用同时增长，结果，我们大家都要被费用绞索窒息。

当局简直是在为刑事犯罪提供庇护。目前，在国内有十二万被骗的债主，但是，一个肇事者都没有受到惩罚，这些人集资以后，就把它用于建设，原来他们是个打破的筛子。政府也没有关注和建立隶属总理的委员会来调查这种犯罪局面。

总体来说，我们认为：今天组成政府的干部不能实施国家摆脱危机所必须的纲要和进行真正的现代化。取代干部的是，建立了帮派，对政权的超级垄断。老笑话的新内容：以前是彼得之前的时代，彼得时代，然后是第聂伯彼得时代，现在是彼得时代，悲催，但是是事实。精品住宅的两个单元的住户组成的团队不能体现整个国家的利益。他们体现的是帮派的利益，而不是民族国家的利益。

为了实现全民族的利益，必须有另外的目标，另外的思维方式，另外的社会政治文化。必须为全体人民共同的事业而斗争，为国家和政权的创造性和诚实的政治局势而斗争。必须坚决地在后苏联的空间上创造兄弟人民的联盟，没有这个联盟，我们将没有竞争力，特别是在今天这个并不简单的世界里。必须举行诚实的选举，为富有才华和精力充沛的国家干部提供出路。

现行政府没有给自己布置任何一个这样的任务，所以就没有给俄罗斯提供摆脱危机的出路，要知道，在地平线上，新一轮危机正在酝酿——这轮危机更加危险。怎么办——您不会提出办法，那就由劳动人民来决定。大规模的抗议正在增强，在这些行动过程中，越来越大声地呼吁不信任这种方针，不信任这个政府，这些呼吁首先对着的就是你们。因此，局势是如此：或者你们倾听人民的声音，或者你们的政府注定灭亡！

针对无知标准的发展纲要[*]

俄罗斯教育的命运的内容都挂在大家的嘴边。哎，在目前这个历史节点，这同其发展的出色成就无关。国家教育体系的"改革"使其越来越面临崩溃的威胁，这将直接涉及庞大数量家庭的利益。国家最高官员口头上发出的国家现代化号召在这个背景下变成了空洞的声音。十分明显，丢失了教育的地位，俄罗斯同时将失去自己的科学潜力。

在俄共例行全会召开前夕，就这个问题与党的领导人根·安·久加诺夫进行了交流。

背叛国家的迹象

问：根纳季·安德烈耶维奇·久加诺夫，前不久您把俄罗斯教育改革评价为背叛国家。这个评价是不是太过尖刻了呢？

答：用真实的语言来表达，这有什么尖刻呢？就让我们来健康地讨论一下。如果国家渴望科技领域位居前列，那么就应该关心其公民的教育水平，它有义务认为这是明显的优先方向。如果不这样做，部长们可以想怎

---

* 2011年3月22—23日第28期（29658）接受《真理报》的采访

么说就怎么说，但是，实际上他们把国家的科技进步引到边缘。如果最高官员让出先辈们争取来的阵地，那么为什么就不能把这种行为称为背叛国家？要知道，这是显而易见的。当局势已经明了，评价就应该极其准确，我们不能对世界上最好的教育体系遭到毁灭漠然置之。

请看看普通教育的问题——要知道它为那些在科学、生产和管理中自我实现的男孩女孩提供了脱颖而出的可能性，国家就应该极其关注它们的顺利形成和发展。苏维埃政权从一开始就提出了这样的任务，出色地解决了这个任务：今天简直是难以想象，消除文盲运动成了如此规模巨大的事业。现在，这几乎被人忘记，但是要知道这是我国历史上极其卓越的事实。

请翻一下我国的历史，您就会看到：第一个苏维埃政权接手的是个已经崩溃的国家，破产的经济和沉沦于没有光明的底层的贫困居民。斯大林头几个五年计划的伟大之处不仅仅在于建立了数千个当时最现代的工厂，而且在于到处开设学校，几乎建立了上百个师范学校和学院。在社会主义建设年代里，我国不仅建立了独一无二的社会保障体系。苏联的成就对全世界的社会和文化气候产生了巨大影响，这些成就也充分地体现在教育领域。

研究纽伦堡审判的资料，我再次被第三帝国的个别头目的证词所震惊：他们指出，军队输掉了战争，但是其战士却接受了卓越的教育和爱国主义的培养，这就是说，他们输给了那些十多年来胜任了独一无二的历史任务——教育和培养新一代苏联公民的教师。

今年正好是尤里·加加林完成世界上第一次进入太空50周年，这次飞行不仅是苏联科学的功绩，而且也是我们教育的功绩。当苏联发射了第一个人造地球卫星之时，震惊不已的美国人向我们派出了专门使团，其工作总结体现在他们的内容丰富的报告中，其中一节就冠以《伊万知道什么，简不知道什么》的标题，结论是值得思考的：华盛顿在小学教育和大学学生中输掉了航天竞争。在这之后，美国对教育的拨款成倍增加。

问：您的对手可能会抓住这个想法：既然美国不羞于借鉴苏联的经

验，那么为什么俄罗斯今天就不应该借鉴西方教育的最好成就？

答：那就让我们借鉴。如果谈的是真正的西方在组织教育过程及其内容的最好经验，我们对此并不反对，而且我们知道：这个最好的经验正好符合苏联学校——基础教育的主要原则。但是，富尔先科信奉和鼓励这类"改革"吗？

今天俄罗斯普通教育体系的不幸之处在于，它不再是统一的国家体系，而是被分为三个层次：一部分服从联邦权力，一部分是地区的，一部分是地方自治机关的。按照这种模式，拨款将有三个来源。这样一来，俄罗斯教育将不再有一个统一的主人。这将毫无例外地恶化并不简单的教育机构的状况，其物资技术基础将变得极其虚弱和破落。学校、幼儿园和寄宿学校严重不足，资金明显不够，难以维持其目前的支出。

问：当孩子们达到学前教育的年龄时，家长就会开始感觉到问题了。

答：消灭学前教育与破坏苏联教育体系的最初步骤同步开始。在"改革"年代，俄罗斯的儿童学前教育机构不到42.4万家，这就意味着，其数量减少了一倍，从1990年到2000年期间，官方统计数字就是如此。学前教育机构的教师减少了一半。

由于"改革家们"奉行的政策，不仅儿童机构减少，而且儿童本身的数量也减少了，俄罗斯经受着巨大的人口下降：我国8岁的孩子目前比18岁的青年少一倍。生育率刚刚有所提高，儿童设施的不足问题马上出现：许多家庭等待上幼儿园要排队等2-3年，数千个父母不得不靠腐败方法来解决这个问题。其实，由于盗窃般的私有化，成百上千个幼儿园建筑今天不是物尽其用，其中不少被税务机关、司法执行机关和其他国家单位所征用，要把他们还给孩子是何其困难。可以把落到商业机构的那些设施还回来，要知道，这些是被他们通过欺骗手段私有化的。但权力机构不去解决这个问题。

问：您首先要指出的学校教育还有那些溃烂之处？

答："改革"之初，俄罗斯共有67570家普通教育机构，目前其数量已经减少到19000家。曾经有2030万学生，现在只剩下1340万，教师的数量也显著减少。然而，教育与科学部长富尔先科认为，中等教育体系中有20万多余的教师，必须把他们减掉，而学校要合并。政府不担心因这样的合并学校的满员率增加，而教学的质量下降。在好学校，一个班级的学生任何时候都不会超过一般学校的一半，难怪现在的私立学校也确定了这样的人数。是的，在苏联时期，几乎三分之一的学校两班倒，今天其数量已经减少到四分之一。但是不是靠合并学校来解决问题，理想的方案是，使孩子们压根就是一般情况下一班倒，这让学校进入最佳作息时间，提高学生的成绩，为校外工作腾出位置和时间。为此，为什么要合并和关闭学校呢？

此外，政府不止一次声明，要改善人口局势。如果真是这样，那么，不应该关闭学校，而是准备接收大量的孩子。这样的客观前提也具备：那些在苏联最后时期出生的孩子已经到了进小学的年龄，这是我国历史上人数最多的一代。这些家庭的孩子的出生减缓了俄罗斯人口的数量下降速度，尽管是暂时的，但是我们有充分的理由把它称为苏联给目前的俄罗斯提供的最后礼物。但是，政府连这样的礼物也不愿意有尊严地支配。

俄共捍卫教育

问：俄共批评对手的教育政策，这是容易理解的：批评对于政治斗争来说是一种规律。但是，共产党与当局对抗取得明显的成就了吗？

答：俄共与教育中的大溃败斗争已经有二十多年，顺便说说，我们取得了许多成功。要知道，富尔先科实质上没有比他的前任提供任何新东西，90年代，已经试图靠教育来节约，但是，我们当时在议会有相当分量的投票权，我们不允许倒霉的改革家恣意妄为。

再说一下：在伊万·梅里尼科夫、奥·斯莫林、塔·布连特尼奥娃和我们在国家杜马的俄共议员团其他同志的积极参与下，保证了1996年通过的对《教育法》的重要修改。这个法律的优点是什么？首先它保证了对学校的拨款。同时它还提供了独立自主挣钱和这些钱用于教育需要的可能性，在国家拨款极其不足和不稳定的条件下，这挽救了许多高校和中等职业学校免于破产。特别重要的是，这部法律绝对禁止对教育机构进行私有化。最后，这部法律规定相当高的社会保障率，甚至欧洲议会大会的专家们都承认俄罗斯的《教育法》具有进步性，把它推荐给其他国家作为榜样。

现在，我国公民不幸的是，国家杜马中的力量对比发生了变化：统一俄罗斯党获得了排他性的有害的绝对多数铁票，所以，"改革家们"可以大展拳脚——以普京的"稳定性"为口实，议会将通过"逐渐蚕食"的方式落实这些破坏性的想法。

2004年通过的优惠措施货币化的法律又一次特别突出地体现了通过绝对有害的决定对国家所承担的义务造成严重打击：保证教育优先地位的条款从法律中消失了，禁止减少高校中国家提供学费的名额的规定以及其他许多规定被取消了。当时学校还被限制挣钱和自收自支的可能性，重要的社会保障也被没收了。

然后迈出了重要的一步——出台了《自治机关法》，教育机构面临选择：或者有保障，包括财政拨款，或者自由。对这个法，我们不止一次不得不关注社会舆论，尽管我们没有能够迫使政府放弃通过这个法律，但我们使"自治"转向自愿的目的达到了。

正如我们已经预测的那样，很少有教育机构愿意成为自治机关，在这部分，正如人们所言，这个自治机关法失败了。那时，当局从自愿原则转到强制方案，新出炉了关于改变预算机关地位的法律。这个法律厚颜无耻地宣布完善社会领域机构的法律状况，实质上涉及大中小学，还有博物馆、图书馆、学术机构、体育机构等同于杂货铺，要知道，在这种情况下，"杂货铺"不像政府认为的那样，是高校、剧院、诊所的同义词，而是如同杂货铺一样，应该有一个"高贵"的目的——去挣钱，这实际上是对居民权利的剥夺。

当带有所有优点的1996年版《教育法》被大家彻底消除之时，时机即将来临，决定把这个被修改得千疮百孔的文件扔进垃圾堆——出现了新的法案，它由教育与科学部起草，政府已经把它提交到了国家杜马。

问：您认为政府的行为中有节约的想法，这是唯一的动机吗？

答：不是的，不是我们这样认为，政府本身和统一俄罗斯党总是用节约的想法来做出解释。我们不止一次指责它，他们不是想节约，而是想把预算撒胡椒面，而且不止是撒胡椒面，而是帮助俄罗斯竞争者的加强。库德林就是这样做的，他把数量巨大的稳定资金弄到美国以避免通货膨胀。但是想得多么美：美国一点也不担忧通货膨胀，他们利用我们的资金达到自己的目的。这样，在我看来，这等于支持我们的竞争者。要知道，我们现在不会证明显而易见的东西——当代世界存在着竞争，而且是非常残酷的竞争，我们将不会重复戈尔巴乔夫时期的愚蠢行为，断言我们周围全是只想着把我们带到"全人类价值"水平的朋友。

尽管普京、库德林和富尔先科以后还将解释，改革是必要的。必要的是降低国家的支出。但是所发生事情的真正原因是不去关注国家的预算状况。

第一，俄罗斯的寡头有经济利益。90年代第一阶段私有化之后，资本积累了庞大的资金，现在，资本在寻找这些资金投资的可能性，以便赚更多的利润。纵容寡头的胃口，官员们把剩下的一切，包括公共事业、社会领域作为吸取收入的来源，这样，资本有可能获得新的财产，教育和卫生领域将落入他们贪婪的魔掌，因为教育和医疗将为他们盘剥人们开辟最大的可能性。

第二，国家推卸自己的责任，它也摆脱了自己的义务。执政当局希望，当立法创新开始运作，当局已经不会为教育政策的失败负责：根据法律，这将不是他们的责任范围。

第三，也有社会文化方面的因素。当局想建立西方模式的俄罗斯教育体系，其根本不是因为这些模式最好，而是因为俄罗斯居民开始变成如清水一样的商品和服务的消费者——而这恰恰是资本所需要的：消费者就是为了购买。货真价实的优质教育只有小范围的政治经济精英才可以获得。

总而言之，资本和高级官员的利益与俄罗斯官方的方针等各方面都吻合。

问：在新一轮的争取优质教育的斗争中，俄共准备好对抗寡头和官员的图谋了吗？

答：我们已经起草了自己的教育法案。如果说当局提出这样的法律是为市场牟利，那么，我们的法案是为人建立的：当当局实施"教育是为了选举者"的原则时，我们在自己的旗帜上写上"人人享有的教育"。同时，我们的法案还是一个可以操作的文件，它可以在现行条件下运行，有助于国家前进。法案吸收了苏联经验中的精华，西方经验中的有益之处和1996年版的法律中必要的东西。我们的教育法案是根据俄共的反危机纲要——战胜俄罗斯的衰退并使其转变到渐进发展纲要所制定的。今天，两个教育法案的斗争——我们的和政府的法案的斗争，这是一块试金石，可以检验出各种政治力量对国家现代化的实际准备程度。

富尔先科反比法哥尔、高尔基和科洛廖夫

问：的确，在按照西方模板改革俄罗斯的学校方面，当局表现出令人嫉妒的执着，富尔先科在这件事上超过了自己的前任们，以前的部长们尽管没有建议从学校大纲中排除天文学课，而现在的部长已经这样做了。

答：这是在尤里·加加林飞入太空50周年之际对俄罗斯学校送上的"尊贵的礼物"。但是，如果仅仅是天文学受苦也就罢了。就让我们回忆一下"微型教育"的新标准吧：在义务教育阶段，因此也是免费的课程中，教育与科学部只留下体育、生活课、"俄罗斯在世界"（顺便说说，最新的教科书谁也没有见到），学校大纲的其他课程成为了选修课，根据教学标准，学生可以对其中一部分免费学习。

您觉不觉得这一切都超过了理性的界限？例如，如果不懂生物和物理，可以不可以学好化学——这不是胡说八道吗？我已经不会说，我们早已进入21世纪，现在所有主要的发明都是交叉学科所完成的。请回忆一下，苏联的学校以多么细致的态度确立了课程间的联系——人们明白，这是如此重要，而现在部长的将毁灭硕果仅存的货真价实的教育。

而俄语、历史和文学课的情况——没有这些课程还需要学校干什么？如果连基本的文化都不提供，放弃对爱国者的培养，对自己国家国民的培养，还要学校干什么？就请您深入思考一下：已经有两百万俄罗斯的小伙子不会阅读！文化程度的降低成为普遍现象，语言趋于贫瘠和庸俗化，语言已经受到污染。要知道，皮法戈尔早就精确地说过："要辨别某个民族的道德水平，首先要努力学习其语言"。的确，俄语的问题完全符合俄罗斯道德水平下滑的程度，电视节目充斥着下流和味同嚼蜡的东西，然而电视频道装作没有发现皮亚特尼科夫合唱、这个独特的集体已经有一个世纪。深厚的民族文化、世界古典作品、伟大的苏联艺术的成就——所有这些现在都是声名狼藉的不入流的东西。

马克西姆·高尔基说，"人——这是发出高贵的声音"。但是那些现在在俄罗斯掌权的人，好像不同意这句话，要不他们为什么要破坏教育和文化的基础呢？就让我们看一下中国：根据去年的统计，这个国家已经是世界第二大经济体，难道中国的成就仅仅体现在上海的摩天大楼和高速铁路干线吗？当然不是，例如，它们取得了举世瞩目的奥运会的胜利，今天还有3000多万人学习钢琴。要知道的情况是，在需要社会主义价值观的地方，就意味着真正的文化的价值观。

然而，政权党当局的推土机还在继续铲平我国的教育。俄罗斯文学被从课程名单中排除，而这门课应该进行国家统一考试，现在，中学毕业生们对这门课进行自愿考试。教育政策中研究普希金、陀思妥耶夫斯基、托尔斯泰和契诃夫、叶赛宁和肖洛霍夫的非义务教育意味着整个俄罗斯文化的非义务教育，这个决定完全符合俄罗斯的去俄罗斯化的国家路线。我们应该团结一切力量，同这种罪恶进行斗争，我们在国家杜马的议员团倡议把伟大的普希金的生日——6月6日设立为俄语节。我们确信，纪念俄语的节日将有助于巩固其作为族际交流工具的作用，将有助于提高公民的文化程度，对利用文化来联合俄罗斯各族人民给予新的推动力。

问：顺便说说，前不久，出现了文化界活动家写给国家领导人的一封信。他们对艺术领域的教育体系脱节忧心忡忡。人们不要求任何别的，只要求不要动、不要破坏已经存在的东西。

答：总体来看，这不是唯一的一封信，整个创作界都提出了这样的要求：芭蕾舞大师和导演、音乐家和演奏家——他们都呼吁不要让艺术教育体系被富尔先科蚕食。他们提出许多公正的问题：怎么能够不看天赋就根据国家统一考试的成绩录取到艺术院校？为什么要破坏高校中已经行之有效的艺术教育体系而实行巴隆体系——例如，在演员专业中应该出现学士和硕士学位？现在，的确，为了避免这种完全荒谬的现象，政府决定对18个创作专业实行例外，不对它们划分学士学位和硕士学位。但是这毕竟看起来大概是这样：起初把整个院子里的木材完全劈烂，然后仅在楼梯旁把它们收集起来。

合乎规律的问题是：为什么需要把国家整到文化活动家都害怕把创作学校转交教育与科学部管理的地步？随之又会问另一个问题：为什么要如此不尊重人民，让这样的人占着部长交椅？

问：新教育标准引起社会不满情绪的爆发。然而，普京在与富尔先科会见时，没有要求他放弃这些措施，只是要求他不要匆忙，应该认真地研究问题，这看起来绝不是放弃反人民的想法——这样的态度多半会让人认为是拖延。

答：现行当局的路线——这是延后实施的反民族措施的路线。请看一下库德林及其帮手的行为：他们已经多次声明，必须提高退休年龄，然后退后一步，说他们认为只是建议讨论这个问题。富尔先科后来也是带着这个想法，"以讨论的方式"解雇了20万名教师。谢尔久科夫从军队中开除军官和士官，拒绝整合军事院校，断言这是临时措施。前不久，德维尔科维奇也加入了这个合唱，提议不再支付大学生的助学金，重新弹起了著名的老调：起初采取不得人心的措施，然后宣布不是这样，而是"以社会讨论的方式"进行。但是，谈到高级官员的建议，就是说，他们不是简单说说。已经有过拖延解决居民切身问题的方法，这个方法选出来是为了使公民逐渐学会接受糟糕的事件，而这些事迟早都会发生。他们指望当这种"必然的东西"来临，抗议已经不太激烈。无论如何，当时实行优惠措施货币化就没有媒体的"准备艺术"，这种抗议是非常强大的。

现在，当俄罗斯没有举行国家杜马选举和总统选举之时，事情必然会限于这种"准备艺术"，但是，只要后面面临着投票，所有拖延都会结束，计划将会开始实施。当然，可以阻碍这样做，最好在选举中直接这样做：如果大多数人支持俄共的另外一个纲要，并将捍卫自己的选择，那么，任何伪造都不会改变人民的意志。那时，下一年，国家将得到另一个政策——为人民利益的政策。否则，公民们不得不用另外的方式改变局势，仔细地关注一下今天席卷整个阿拉伯世界的事件就够了。

问：当实行国家统一考试的想法一产生，谈的是实行之前要进行大规模的试验。舆论很快就确信，国家统一考试的试验会失败，然而，教育与科学部只是更加放肆地实行了这种知识评价形式。

答：是的。官员们在这个问题上已麻木不仁。当实行国家统一考试之时，我们坚持妥协性方案：建议让学生拥有在传统和新形式的考试之间做出选择的可能性。建议被置之不理。结果发生的事情是：按照国家统一考试体系，高校录取的第一年就变成了录取委员会的令人气愤的混乱、中学毕业生们神经的折磨，甚至是悲剧。还应该提及的是，2009年，联邦国家考试中心负责人弗拉基米尔·赫列布尼科夫因收取3000万卢布被提起刑事诉讼。

在这样的情势中，没有任何出人意料的事情。学校的教师和高校校长已经就事件的后果提出了警告，俄共议员团的代表们也不止一次在国家杜马讲坛上提过这些事。

至于国家统一考试所使用的测试题目所遭到的批评，不仅是因考试不能体现学生的思考能力，而且源自愚蠢的填鸭式题目，这一状况可能将变得更糟。譬如说，"十二月党人是些什么人"的问题，现在提出可供选择的答案有：（1）反国家阴谋的参与者；（2）共济会组织的成员；（3）勇敢地公开反对沙皇制度的改革者；（4）革命地重新变革俄罗斯体制的拥护者。然而，让我们来分析一下：第一，为什么"改革者"或者"革命地重新变革俄罗斯体制的拥护者"就不能同时是想进行变革的反对国家的"阴谋的参与者"？第二，在如此独特地多个答案情况下，对其评分的教育将直接取决于出题者的看法——那么，你们怎么向饱读诗书的小伙子下命令如此做题呢？

已经是前年夏天了，普京—富尔先科教育改革的不着调，大家已经看得很清楚了。2010年，国家期待严肃地修正教育政策，然而当局采取了个别措施进行回避：比如，做出了决定，按照这个决定，在2009年毕业并且没有准备参加国家统一考试的学生，不再需要参加这样的考试；进入大学一年级的学生现在有权提交申请，同时参加不多于5所高校入学竞争；那些将通过数学国家统一考试的学生，免修最使人变笨的类似试题的作业；做出了以后对外语进行口试的决定。没有出现根本的改变，而是坚决地限制他们获得信息。从去年起，前年的国家统一考试的统计就不让接触了，也没有出现2010年的统计数据，信息被封闭起来了。在互联网上，难以获得国家统一考试的汇总成绩的资料，既没有整个国家的分数和课程成绩，也没有某个地区的成绩。学校的教师、校长不能获得自己学区的整个信息，也没有把自己学校与其他学校进行比较的可能性，所有的资料被禁止。对国家杜马代表的质询，教育与科学部不做答复。

2010年夏季，俄罗斯公众院就国家统一考试问题开通了"热线"，在6月，每天打进三十多个电话，谈到的都是国家统一考试时违法行为的消息。根据公众院成员的信息，在俄罗斯南部各州的事实令人发指。真实的生活快速地揭露了国家统一考试将急剧降低腐败行为的神话。原来，在黑市上，国家统一考试优秀成绩的价码涨到了10万-15万卢布。的确，某些人断言，这个数目经常是中学毕业生全部必考课的价码，这些课程是进入高校必需的。无论如何，在莫斯科，去年购买国家统一考试的"优秀"成绩每门课不少于6万卢布，而在俄罗斯各地区，不低于3万卢布。

这样，新的教育标准、实行国家统一考试和逐步取消接受教育的保障——这是消灭曾经是世界上最好的教育体系的行为。所有这些加在一起，构成了今天无情地强加于俄罗斯头上的那种无知的标准。

如何花费几十亿？

问：根纳季·久加诺夫，数字说明，与苏联时期比较，俄罗斯高等学校的数量没有减少，相反，与中学不同，高校的数量增加了一倍多，从514所增加到1134所。

答：是的。我国的高校数量的确增加了，这主要是来自非国家办的高校。教学质量总体来看还有待改善。例如，在苏联时期，一所高校平均有427名教师，今天，一所商业性高校只有175名教师。您会明白，这明显不够。

关于教学质量，可以根据教师的负担来判断：在苏联时期，一个教师平均12个学生，而今天在商业性高校，一个教师要管58个学生。在这样的高校中，与国立大学的大学生人数相同的话，学科博士的数量少两倍，副博士少三倍，教授少三分之一，副教授少一半。为了生存，教师经常在几个高校兼职，他们的负荷过重。您也明白，这并不会有助于教学质量提高。意识到这个问题，教师自己不太严格地对待学生的知识，这样就造成培养的专家水平降低。

最后，获得文凭后，大学毕业生经常没事可干，国内出现一些专家过剩，另一些则不足——在这个重要问题上完全缺乏国家调节的后果就是如此。

问：而怎么看待"市场会解决一切"这个命题？

答：众所周知，我们从来也不认同这个命题，俄共现在对它予以否定。顺便说说，在教育系统，它是不可能实现的：盲目地指望市场，导致生产技术学校为了赶时髦，培养的不是钳工和焊工，而是管理人员；高校争先恐后地培养经济人士和法律人士，而不是建筑师、机械师和设计人员。

让这个过程放任自流，国家指望什么呢？当有需求的时候，指望商业本身为自己培养干部吗？然而，俄罗斯的寡头是另外的态度：直到现在，他们依然在使用苏联时期培养起来的干部。当按照盖达尔和丘拜斯模式进行私有化，消灭了7.5万家工厂，形成了专业工作者的过剩。在这种条件下，生产技术学校不急于培养新的专家和培养有工作专业的人们，的确，想获得这种专业的人并不多。生产技术学校的数量这个期间减少了一倍。所有这些的发生，好像是来自市场的要求。但是已经过去二十年，苏联时期的工人已经接近退休，谁也没有去培养新的专家。现在，当局势急剧复杂化，情况已经清楚：工人中的专业人员成为稀缺资源。大商业拥有者就此抱怨，而不是扑下身子去解决问题，他们还抱怨当局动作太慢，他们要求国家投资，组织力量去解决这些问题。

这样，可以解决一切的"市场"这个词在这里就成了神话。显然，大家应该意识到需要国家来调节教育过程，只是国家过去没有调节的职能，现在没有，看来将来也不会有，如果根据教育与科学部长上个星期末所做的声明来判断的话。要知道，要保证培养国家经济急需的专家，培育这种职业不仅需要免费，而且应该保证对大学生完全的供应，并且向他支付助学金。

问：但是，在不增加国家开支的情况下，如何解决这类问题？

答：说实在的，为什么国家去开支呢？用什么名目？因为当局已经把一切都私有化完了，而现在，究竟是国家需要工人还是寡头需要工人？是的，这里有真理的成分。但是，对我们来说，更重要的一点是，人们获得专业，得到工作的可能性。在这种情况下，需要来自公民的需求，而与寡头的问题，则需要用另外的方法解决，最好的方法是进行国有化。但是也有一个过渡性的解决方法：如果大资本的代表者期待着国家给他们培养专家，那么就这样做，只是寡头要为此出资，根据新的税收政策来充实预算。

要知道，我们老早就建议放弃扁平的累进税率制，建议终结那种奇怪的情况，向图书馆管理员收取13%的税率，而大公司的老板也是如此税率，从世界惯例的角度看，这真是非正常现象。同时，我们还计算了一下，情况如此：根本上免除穷人缴纳累进所得税，但是，对寡头要加大征收力度，预算就可以获得一笔巨大的补充收益。

然而，您会发现，甚至开始都不用寻找新的收入，俄罗斯当局的钱有的是，现在就直接把它说出来：在政府的钱罐子里面有多达5000亿美元，这些资金是当局抽取国家的资源而获得的，但是，当局没有利用这些资金来发展国家，改善基础设施，支持科学，解决社会问题。库德林经常做的一件营生是把这些钱送到储备基金和国家福利基金——财政部长害怕引起通货膨胀。就让我们用这些钱来购买实验室设备，来修理科学研究所的建筑，来为大学生修建宿舍，来出版教科书和文学书籍，就让我们这样做！要知道，这样做没有任何通货膨胀，好处只有一个——给人们带来好处，给国家带来好处。

总而言之，增加国家对教育的开支是可能的，而且是必要的。我只举一个例子。在最近15年里，独联体国家的教育水平持续下降，但是，乌兹别克斯坦是例外：这里的教育体制是我们的近邻国家中最好的。这与国家在这个领域的开支有直接关系，乌兹别克斯坦这个数字为国家国内生产总值的8%，这比俄罗斯高得多。

问：是否因此可以说，预算支出不足是俄罗斯高等教育的主要问题——入学不易？

答：确切地说，这是最重要的问题之一。对此应该强调，因为教育质量的重要性并不比其入学难易程度低。但是，我们已经涉及了教育内容的问题。至于为学校付费的问题，那么，在俄罗斯的高校，它已经打破了欧洲的纪录：如果把在巴黎索邦大学求学的费用换算成为卢布，那么，在索邦大学，费用为一年5万卢布，在慕尼黑理工大学需要5.5万卢布，在柏林理工大学为2.5万卢布。而现在看一下我们的情况，我们居民的收入大幅低于欧洲：如果要在莫斯科国际关系大学学习，那就每年准备11万到29万卢布吧，如果想进入最高经济学院，那么为此每年就要缴纳14万到31万卢布。

问：但是要知道，这只是涉及那些根据商业原则接受高等教育的人啊！

答：您知道，我定期会与大学生见面。我知道，近来，在高校的学生中，所谓的缴费生要比依靠国家预算学校的学生要多，这是我个人的经验。而现在还面临着国家高校的商业化，这就是说，要缴纳学费的数目让绝大多数大学生感到不安。

这里具体谈的是什么？根据政府的倡议，2010年，统一俄罗斯党在国家杜马的大多数代表通过了联邦第82号法律，这个法律急剧地扩大了高校收费范围。国家高校法律地位的改变导致对其预算拨款的减少，现在它不是靠预算来实施，而是通过提供助学金的方式来履行国家采购，而且这种国家采购是怎样的，官员们根据自己的观念、自己的各种利益及其上司的委托来解决问题。高校应该自己去寻找不够的资金，所有的都转向收费服务。高校机构的商业化就是如此。

同时，尽管民主派在蛊惑人心，但是第一波实行收费教育绝不会导致腐败消失，相反，甚至不要暗示，只要在俄罗斯确立了金球王国，那么，前所未有的腐败也席卷教育领域，钱要比教育质量重要得多。执法机关的工作量增加了：已经对186位俄罗斯高校的负责人提起了刑事诉讼，录取委员会的8位秘书和成员、7位大学校长、副校长和系主任、18名教授和副教授、153位中学校长、副校长和教师被追究责任，总共侦查出3500多起犯罪行为，就受贿事实提起597起刑事诉讼，869起盗窃和没有专项使用预算资金的案件。早在2007年，联合国教科文组织就宣布，俄罗斯高校的受贿总额达到了5.2亿美元。

问：既然教育领域有如此多的问题，怎么能够指望科学大力发展、指望获得突破性的研究和设计成果呢？

答：教育的成就与科学的进步之间有最直接的关系。数据证明：最近5年，俄罗斯的学者发表了12.7万篇论文，或者说占世界总量的2.6%，这比印度都要少，它占总量的3%，比中国要少，它占世界总量的8.4%。

世界上的所有国家都在增加研究成果的数量，而俄罗斯的科学在勉强生存。保持这种阵地越来越复杂。因为随着自由主义改革的开始，我们已经失去了上千家履行科学开发的组织，其总量减少到四分之一。100多家设计局消失了，设计和研究单位的数量减少了11倍，从苏联时代的495家减少到42家。从事研究与开发的人员数量减少了一倍：150多万研究人员剩下了76万。

微不足道的工资、缺乏财政拨款使数千名学者离开俄罗斯，去寻找继续其学术探索的可能性，他们的足迹遍布整个星球。同时，高校毕业生的教育水平开始下降。结果，培养训练有素的干部的科学体系急剧削弱。

在某个时刻，时任总统的梅德韦杰夫声明，必须建立学术干部孵化园，这些孵化园开始出现，为它们的设施和装备花了钱，然而，以后谁也没有再为这些机构拨款，结果这些房产被出租，有的地方还保留下了园长，微不足道的编制——怎么能在这些孵化园里培养新的有天赋的下一代，只有天知道。还有不明确的是，在削减科学拨款的时候，这些机构怎么办，即大车明显地被放在马的前面，要知道一开始就应该确定，我们需要什么样的专家，然后找到培养他们的老师——这样孵化园才能得到其所。是的，只为这些目的，国家有研究生制度、住院医师制度、寄宿学校制度，在其中培养学者要比某种奇怪的孵化园更合理一些。

问：把宝押在创新上是否是俄罗斯科学的救生圈呢？

答：不应该在言语上把宝押在创新，而是在行动上，必须对科学及其各个领域给予实际支持。然而，俄罗斯科学的财政拨款依然是最低水平，声望最好的科学研究所的预算不到美国类似专业研究中心的3%-5%。部门科学完全丢掉了。您说说，在这种条件下怎么建立创新经济？

根据官方数据，今天只在采掘业、加工、通信、电能和天然气生产与分配等领域实现了某些创新，但是，正确一点说，这些领域投入了国家资金来创新。2008年，用于这些目的的卢布投入达到2760亿。这些投资的回报如何，统计数字没有给出答案。然而，生产总量在各个经济领域都在下跌，例外的只有农业，然而，这里没有涉及创新资金投入。

俄罗斯的创新活动继续滋生着腐败。2010年，50名学者分析了政府纳入实施清单的一些项目，他们得出的过硬结论是：任何一个项目甚至都没有创新——许多想法实现都需要上百年。

近年来，创新拨款一直呈现下降趋势。这不是推测，而是国家预算支出所计划的：2011年，计划对基础研究拨款860亿卢布，而在随后的2-3年，分别为833亿卢布和835亿卢布。2011年对应用研究拨款137亿卢布，2012年，拨款123亿卢布，而2013年，拨款则为69亿卢布。其实，这比一个"斯科尔科沃"创新园的拨款要少得多，对这个项目计划支出每年分别是这样的：150亿卢布、220亿卢布和170亿卢布。

问：那怎么办呢？

答：一切都在妨碍着俄罗斯今天的创新：国家不去掌控这个进程；学术开发及其运用彼此间互不协同；大部分开发项目没有实施；国内没有创新法；持有专利权的问题导致只有20%的创新开发留在国内，其他均被外国专利持有者掌握。这种状况需要改变，首先必须有法律，由它来调节创新活动的所有方面。

其次，科学中的风险基金水土不服，它产生后就马上消失了，对重要和需要的项目拨款没有产生影响。必须用法规文件来调节这种活动，使它对所有参与者都有吸引力。

哎，俄罗斯商业十分喜欢由于价格上涨所带来的收入。这种局势存在，它在生产产品时，就不会努力靠科学研发投资来降低消耗。到2020年俄罗斯发展战略规定了天然气、电能、铁路运输每年涨价8%-30%。如果国家自己都保证大公司未来10年无忧无虑地存在，那还谈什么创新？它们干嘛要订购价格昂贵的科研设备，如果不进行创新收入也可以得到保证？这就是我们为什么坚持国家调节价格形成的原因，这将不仅保证财产不多的公民的社会保障，而且将会成为促使提高产品质量的重要杠杆。

目前，俄罗斯90%的大企业的负责人对科研漠不关心，短期完善生产过程是他们喜欢的事情，他们不想对科研进行长线支出。这是管理生产极其尖锐的问题，其解决直接与俄共关于经济关键领域国有化的纲领要求相联系。

对经济的基础性生产必须转到国家所有制，以解决其领导人用经济学家会计式斤斤计较的问题，取而代之的是能够实施战略规划的人们，这将打开科学技术进步的渠道。弗里德里希·恩格斯早就写道，"职业商人就像职业律师一样，习惯轻松地看待他们直接从事的事情，只是从单方面关注对他们有利可图的事情。然而，在从事科学项目时，必须首先摒弃这种品质"。哎，今天的俄罗斯，所有者和大管理人员，甚至大公司的管理人员的思维水平竟然赶不上一般的商人，这也涉及负责经济发展的政府机构。取代库德林、丘拜斯、基里延科和其他买卖管理人员的应该是严肃的专家，他们不是以小市场的思维来从事科学事业。

问：也许，纳米技术会有帮助？

答：纳米技术——绝对是前景光明的科学研究方向，它可以创造所设想的品质的材料。这会开启许多有意义的发明，但是，为了在这件事情上取得成就，不要说取得第一，这个科学领域应该有大学者、原子分子物理大专家来当头。要知道，库尔恰托夫、科洛廖夫、科尔德什在自己的领域一开始就是大专家，只是后来才成了行政领导人。但是，在俄罗斯，最主要的"纳米技术员"竟然确定是阿纳托里·丘拜斯，在他的领导下，一切进展就如同应有的那样：纳米技术的内容开始变成一匹黑马，把赌注押在上面使劲吹，就如同赛马赌博一样。

国家纳米技术公司在启动阶段就要了1800亿卢布，2011年，丘拜斯用于纳米技术本身的费用只有50亿卢布。这样，我国学者今后也不得不光凭热情、而没有大规模的国家支持来开发纳米技术。首批新产品肯定已经制造出来，就如同太空时代之初一样，只是我们未必会成为领头羊。如果有伊尔库茨克人、梁赞人或者罗斯托夫人获得诺贝尔奖金，那么其获得者就应该是位于伦敦或斯德哥尔摩某个地方的科学中心的专家。

发展战略取代无知的标准

问：也就是说，如果全面地评价局势，当局在犯系统性错误？

答：俄罗斯现行当局所宣布的所有纲要，一个接一个地失败。国内生产总值倍增计划早已成为笑料，下一个是《2020战略纲要》，已经把它拿去加工了。

统一俄罗斯党确定了党的2004-2007年纲要的优先方向，它宣布："俄罗斯应该成为国际社会权利平等的成员。这就是说，俄罗斯所有居民的最低平均生活水平应该与欧盟的水平相当，保证公民有住宅、健康服务和社会保障"。但是，2007年早已过去，统一俄罗斯党人向其公民承诺的欧洲福利在哪里？是时候承认了：在过去的几年里，俄罗斯离欧洲越来越远。

当局喜欢这样安排其活动的优先方面，其所有雄心勃勃的计划或者没有完成，或者检查验收时成绩非常寒酸。2006年，科学创新政策跨部门委员会批准了俄罗斯联邦到2015年科学与创新发展战略。根据这个文件，到2015年前，创新产品的份额在俄罗斯国内市场工业品总销售额中应该占18%。仅仅在德国，2003年这个指标已经超过了34%，而当时韩国已经达到了50%。这就是说，在制定自己"突破性"项目时，俄罗斯的官员就直接规划了俄罗斯与主要国家在创新发展中的落后状态。

问：科学、教育、技术和创新——所有这一切都是绝对重要的内容。俄共不是执政的组织，然而即将举行的党的中央全会专门审议俄罗斯的科学和教育问题。有没有希望当局感受到批评并接受俄共的建议？

答：当局其实总是以这样或那样的形式就针对自己的批评做出反应，甚至不是做样子。在一些情况下，它们考虑人民群众的情绪来粉饰自己的方针，在另外一些情况下，当局被迫以更加有意义的措施来回应批评。在俄罗斯，主要运用的是第一种脚本，当人们不迫使它改变前进的方向，它就会按惯性行动。所以，俄共的最低任务是，根据人民群众的情绪，迫使当局去更新和发展。我们考虑到这点，形成了自己的表态和要求，尽管对我们来说，更重要的是与劳动人民一起，走同一条路，促使人民摆脱各种各样的幻想，转向为社会主义奋斗。

在俄共中央全会的工作中，我们还要提及的是，根据国际资料，苏联教育进入了世界最好的前三位。随着社会主义的失败，公民也开始经受巨大损失。每个注意研究联合国专门报告的人都会发现，普京时代，相对于人类潜力指标急速下降：2004年是第15位，2005年是第26位，2007年是第41位，2008年是第54位。这些数字是社会主义优越性的直观证明，它看起来为现行政府的教育政策判了刑。为了对抗现行方针，俄共制定了自己的一整套方案，我们今天有俄罗斯议事日程上所有关键问题的行动纲领，正因为如此，当危机使世界经济歇斯底里之后，我们可以迅速地向社会提出自己的已被检验的反危机纲领。

为了国家的复兴和培育其智力潜力，俄共将每年从已经协商的预算中拨出资金，把不少于国内生产总值的4%用于发展科学，不少于7%用于发展教育。这样，各级预算用于教育的支出应该成倍增长。

当科学获得应有的拨款之时，就有可能解决其面前的突破性任务。特别是，我们有义务加速技术开发，建立氢气载能体，获得新的可再生能源。到21世纪中叶，必须解决用可再生能源取代不少于四分之一的石油和天然气的问题。

为了实现粮食安全，要求科学地恢复农业用地的肥力。同时必须在2015年前增加生物技术产品的产量，其产量不少于2005年销售总额的20%−25%。极其重要的是，要开发环境清洁技术，清除生产和人们日常生活废物的污染。

应该向科学倾斜，建立第四−第五代计算机技术，必须研发管理生产、能源、交通、社会、预测综合体和系统的信息技术。

我们还将面临建立新一代技术的问题。它的使命是保证开发太阳系的宇宙星际空间，开采和运输矿物质，以在地球使用。同时，发展这个方向的科学研究，可以对居民的电视广播、电话和互联网通信、气象预报、导航系统提供优质服务。

解决这些以及其他问题是我们俄罗斯迈向社会经济、科学和文化进步的前沿的总纲领的一部分。其完成条件是科学和教育发展达到必要水平，我深信，俄共中央三月全会将确认我们在这个问题上的原则态度，我们特别要求：

保证保留在俄罗斯科学院及国内其他科学中心框架下建立的科学学校；

立即确定暂时中止，然后用立法来禁止对科学机构、科研院所、实验室和试验生产的私有化；

取消对所有教育机构的税收，如果资金被再次用于教育过程的话；

拉平科学和教育工作者与国家公务员的工资水平与社会保障，确定学者和教师的退休金数额不少于他们退休后所得工作时段的三分之二。

废除第232号关于国家强制学士化的法律，保证在自愿基础上参与巴隆进程；

取消作为义务的国家统一考试；

学校回到所谓的黄金标准，创造条件，使每个学生获得基础知识；

取消规定了教育、科学、文化和医疗商业化的联邦第83号法律。

我们提出这些要求，不只是声明我们想让现行当局做到，我们将在即将来临的联邦选举中承担自己的明确义务。俄共保证，一旦取得政权，这些措施都将得到无条件的实施。

问：根纳季·久加诺夫，您所说的一番话使我不由地想起了马克思的话，他断言，"科学只有在劳动共和国履行自己的作用"。俄罗斯联邦宪法就主张这样的社会。如果俄共不能获胜，那怎么办呢？

答：您知道，我们不惯于陷入惊慌失措。同时，我们也不会去夸大其词。应该清醒地认识到，今天我国面临着多么大的严重危险：如果健康的思维不能取胜，俄罗斯将不复存在。但是国家有俄共，它在奋斗并期待获胜，而当你不袖手旁观时，你就有希望——道路是人走出来的。

免疫力下降的社会保护机制已经启动，所以，俄共尽管不掌握权力，我们的党取得了一系列重要的思想胜利。根据历史指标衡量，我们的时代已经不远，当爱国主义被认为是坏蛋的庇护所，而社会主义被清算之时，只有我党坚决地提出爱国主义、公正、人民政权和社会主义口号。时间在流逝，现在你在国家杜马已经找不到一个议员不宣誓自己的爱国主义感情。是的，关于社会公正，大家都爱谈论，而公正俄罗斯党也假模假式地谈论社会主义，甚至与统一俄罗斯党有正式的合作条约，这两个党在选举中支持总统，他们一起在国家杜马投票支持政府总理。

当然，一切都不简单。这样，正如您所看到的，在争取社会舆论的斗争中，我们取得了非常重要的胜利，尽管彻底的胜利还在前面，但时间会证明我们正确：中国、越南、兄弟的白俄罗斯和一系列其他国家在经济上证明了社会主义杠杆和社会文化生活中社会主义价值观的生产力。

俄共将尽一切努力，来拯救俄罗斯的科学和教育，只有这样，我们才能保证国家对无知标准的国家发展战略的胜利——我们有义务这样做，要对抗黑恶和反动势力，只有在这个基础上，俄罗斯的社会主义现代化才有可能。

批准灾难 *

这年夏天，俄罗斯遭受了自然灾害。由于当局的不专业和不负责任的行为，其后果更加沉重。前所未见的火灾笼罩了俄罗斯的亚洲部分，早在春天时，西伯利亚和远东的原始森林就开始着火。然而，我国领导人所采取的措施，与灾难和损失的规模绝对不匹配。

灾难是必然的

前不久，库班发生的可怕洪灾震惊了全国，其真正原因、实际损失的数量，到现在为止还不清楚。在这个灾难背景下，大多数公民暂时还没有看到让人警觉的社会经济症候，但是最近采取的那些措施和当局打算采取的措施，威胁着俄罗斯，国家面临更加灾难性的后果。

加入世界贸易组织，新一波私有化，政府更加超级自由主义和反社会的计划——这是必然变成全国灾难的因素。俄共不止一次声明，不允许继续贱卖国家的财产，不允许俄罗斯以奴役条件加入世贸组织，这极端危险。又一次掠夺性的私有化和按照其要求加入世贸组织，急剧地减少了国家对俄罗斯生产者的支持——这对国家经济是一拳击倒般的打击。在世界金融危机到来的条件下，这是非常脆弱和毁灭性的。

＊ 2012年7月17—18日《真理报》文章 第74期（29848）

俄罗斯当局计划的危险性和不可行性、制止毁灭性进程的必要性——这是俄共的资料和街头抗议的主要内容。在我们所进行的所有集会和示威中，坚决要求停止贱卖国家财产。无论在莫斯科，还是在全俄罗斯，正是在俄共旗帜下，7月初进行了大规模的集会，在集会中，抗议加入世贸组织和俄罗斯加入北约的冒险行为。但是，社会被自然灾害所震惊，暂时还没有彻底意识到经济灾难的危险性，而当局一如既往地对人民的要求装聋作哑，它顽固地继续领导国家循着最糟的社会经济道路。而在危机加剧的条件下，它还曾可以选择其他道路。

新私有化的老毛病

的确，私有化合法性的问题给人的希望是，政府和总统呼吁加快私有化，而这个问题继续让审计署——国家最高监督机构感兴趣。7月初，那里举行了检查准备国家设施私有化的质量结果的会议。在会议上，宣布了为数众多的滥用职权违法行为。特别是揭露了九家大股份公司在私有化股票的市场价值时，没有评估报告，即这是些最重要的设施，它们不久前还被列在战略性项目清单里，不应该转到私人手里。这次会议同时指出，在联邦国家资产管理局，没有批准已私有化财产的初始价格的合理性报告。

情况简直令人发指：在我们的眼皮底下，发生了不顾俄罗斯战略利益贱卖国家最重要设施的情况。根据他们的看法，官员对这些财产任意作价。每个思维正常的公民都清楚，这为腐败开了多么大的口子。当某几个人手里握有对财产的定价程序，其价值数以亿计，要知道，在缺乏相应的理由和报告的情况下，官员们就可以为了私人投资者的利益，人为地压低其价值。当然，由于这样可以获得巨大的个人好处。这种状况绝对不利于反腐败，而国家领导人经常号召要击打击腐败。

其实，6月中旬，普京总统在圣彼得堡国际经济论坛上发表演讲时曾作如下声明："俄罗斯社会应该接受新私有化，即这种私有化应该是明白的、诚实的和公正的。它应该建立在公开和有竞争力地出售国家资产的基础上,而且是按照实际价格,卖给最好的买家。"在这次演讲中,他再次抨击了"孱弱的90年代"的错误,并诅咒发誓承诺不让其重演。但是生活再次证明了曾慷慨承诺的当局要了滑头。根据社会学家的资料,俄罗斯几乎90%的公民原则上反对继续对国家财产进行私有化,要求重新审议90年代盗窃般的私有化,总统不仅对此不置一词,而且,自由主义的经济学家、媒体最近都坚决重申:无论如何,在危机条件下都不能出卖国家的财产,当股票变便宜的时候,总统对此同样保持沉默。此外,哪怕监督一下出售国家财产的程序,普京都不能做出保证。叶利钦和盖达尔时代的胆大妄为就在我们眼皮下重演,而且是在以成倍的破坏力重演,在现行当局的行为中,90年代的社会经济政策本身在重演。

最近二十年所奉行的方针把俄罗斯经济带到如此地步,以致在危机条件下,只有靠出售还算完整的国家财产所获资金来充实预算收入的亏空。唯一的选择是快速采取措施,恢复民族工业,规定国家不与经济分离,而是最大限度地参与其发展,但是俄罗斯当局依然拒绝采取这种措施,倾向于贱卖最后一点国家财产。然而,这只会短期内填补预算的大量赤字。看来,当局指望这新一轮世界危机持续时间不会太长。同时,无论是俄罗斯的,还是国外的权威专家否定了这种推测,他们异口同声地说,危机将是持久的,而且更具有破坏性。甚至那些不久前还属于俄罗斯的最高层并且承诺俄罗斯平静地坐在安静的港湾的人都被迫同意这个判断。例如,前财政部长库德林现在也预测全球经济金融危机的灾难性后果的持久性和前所未有性。但是,现行当局继续展现出乐观主义,这明显对实际情况反应不当。

关于臆造成就的报告

6月28日,俄罗斯总统在克里姆林宫发表了预算国情咨文。这是极其重要的文件,它应该确定当局近年来的金融政策,同时说明国家的社会经济问题，展示当局诚实地确定和做出评估的能力。但是，尽管这个国情咨文如此重要，但是很少有人给予关注。当局似乎自己已经做出了所有努力，广大的民众似乎并不领情。总统不是向公民和国家杜马提出国情咨文，而是只限于自己周围听话的人，好像所有其他人不值得关注他的计划。

在国情咨文中，总统声明，俄罗斯的通货膨胀可望持续降低，当局能够不让公民的生活水平下降。然而，统计证明，俄罗斯的食品和药品价格继续上涨。在公共事业服务费用如此无节制上涨的情况下，怎么可以说通货膨胀在下降，而当局多次声称要抑制价格上涨？从7月1日起，公共事业缴费上涨了15%，下次涨价会在秋季发生。

统计也推翻了似乎成功地避免了俄罗斯人生活水平下降的论调。甚至按照官方统计数字，居民最近几个月实际收入至少减少了2%。根据俄罗斯科学院社会学所的评估，不少于20%的俄罗斯人处于贫困线以下，而如果按照欧洲所通行的社会生活水平评价规则，那么，我国四分之三的国民生活在贫困边缘。

俄罗斯统计所依据的最低消费篮子的标准决定了？生活在贫困线以下公民的比例，而当局竭力涂抹不好看的图景，同时运用明显不诚实的计算方法。打算实行新的确定消费篮子的办法：现在，非食品和服务的价值将自动等同于食物的价值。这样一来，政府事实上拒绝考虑住宅公用事业和其他费用的上涨，而这现在比食品价格上涨快三倍。结果，对有劳动能力的居民而言，消费篮子只比现行的6367卢布上涨了200卢布。这个数字明显不符合价格上涨的总体动态，而公民们被迫靠这些钱生活，官方已不认为他们是穷人，尽管事实上他们是穷人。梳理统计数字远不是当局的唯一目的，正是在消费篮子的价值基础上，我们计算最低贫困线，并以此为基础，来计算最低工资、退休金和补助金和其他社会补助的数额。正是为了对它们进行最大程度的限制，政府在计算消费篮子时操纵数字。

还是在那个预算国情咨文中，普京断言，政府所建立的储备基金和国家福利基金可以支持财政基础部门和俄罗斯的实体经济部门。实际上，前面的危机已经表明，这些基金不会对实体经济有任何帮助，其中的资金绝对被用于支持银行和金融投机者：为了在危机局势下拯救他们，这些基金一开始就是为他们考虑的。这不单单是储钱罐，还是预算资金从实体经济抽走的机制，在俄罗斯国内和世界通货膨胀的影响下，这些钱变得不值钱。

在2008-2009年危机期间，这些做法获得了消极评价，俄共不止一次要求放弃这种做法。相反，为了使实体经济现代化，当局为此拖延投放必须进入储备基金和国家福利基金的钱，从而恶化了国家的经济状况。当时的总统梅德韦杰夫也认同这种评价，当局依然循着这个脚本行事。它以旧思想来应对新危机，对经济和社会造成的破坏是绝对的。

寡头的责任是消除贫困

不能同意总统预算国情咨文中提出的俄罗斯外债减少的论调。要知道，在2012年第一季度，俄罗斯联邦的外债总共增长了7.3%，到7月1日为5850.133亿美元。按照当时的汇率换算成卢布，达到19万亿——这至少是俄罗斯国内生产总值的三分之一。对于经济绝对取决于世界原料价格的国家来说，外债的增加是对国家安全的直接威胁。要知道，一旦今天可以看到的石油价格实质性下跌，国家预算不能经受极其严重的后果，俄罗斯将不能偿还外债。我们将有成为破产国家的风险。

当局可以掩饰说，如果把国家的外债与加起来的总数分开，到7月1日前，"总共"只有417.39亿美元外债。同时，从年初起，它就增长了20.4%。此外，尽管从外部市场借钱的俄罗斯银行和公司的债务表面上不认为是国家的债务，但是毕竟还是要靠国家偿还。即暴发户们强力把俄罗斯公民推入债务的火炕，他们以牺牲人民的利益解决自己的财务问题，俄罗斯公民根本未被考虑。在官员们还能够发放由权力机构直接造成相对较低的债务情况下，谁都不会为此承担责任，谁都会证明国家财政的可持续性。

实际上，没有任何乐观的理由。大寡头的生意对此非常明白。这正可以解释资本急速逃离俄罗斯的原因：仅最近半年，就有434亿美元逃离俄罗斯。而在这半年，从国外借款几乎达400亿美元。一方面，给我们套上额外的债务，另一方面，把更多的钱运到国外，实质上，国家被掠夺了两次。

当然，不能不同意总统预算国情咨文中声明的建设性论断：这也是承诺，对教育、科学、基础设施的开支将是预算的优先方面；对政府提出的要求是，到本年底批准诸如"卫生发展"、"教育发展"、"俄罗斯文化"、"对公民的社会扶持"、"科学与技术发展"等国家纲要；声明必须保证退休金体系的可靠性和持久平衡性。但是这目前只是良好的愿望，可以断言，一旦继续现行的社会经济政策，这些纲要就不会实施。而且，在总统所声明的要求和计划中，已经可以对预算盖棺定论，因为当局已经接受了强加于俄罗斯的奴役性条款，决定加入世贸组织，而这将意味着彻底贱卖国家财产。

最近二十年的经验明显证明，私人资本既不能保证俄罗斯工业的充分发展，也不能保证磨损率成为民族灾难的基础设施的恢复，更不能保证社会的稳定。如果当局想使俄罗斯得到发展和繁荣，不让它彻底萎缩，它就应该从这里得出同样的结论：进一步对具有战略意义的国家财产进行私有化是危险的，而且不能被允许。以前的私有化结果应该在符合国家和人民利益的情况下重新审议。那些掌管俄罗斯的人不愿意承认这点，无论何种国情咨文都不能保证社会和国家免遭进一步萎缩和瓦解的命运。

有利于叛变的三个百分点

至于世贸组织，那么以所声明的条件加入这个组织不仅不会为俄罗斯经济带来实际好处，反而会给它造成巨大的打击，有彻底崩盘的危险。

7月10日，在国家杜马，统一俄罗斯党议员团使加入世贸组织合法化，这对国家不利。统一俄罗斯党代表们投票批准了与世贸组织的条约，其他代表投票反对，当统一俄罗斯党的代表暂时在议会中保持技术多数，就可以强行通过与国家民族利益对立的决议。世贸组织的拥护者在国家杜马中的加权只占2.9%。这使人们深思，既然选民们为某个政治势力所投的每一票的代价如此重大：归根结底，这个代价就是俄罗斯的安全和生存。

是的，社会相当大一部分人根本不相信官方所宣布的最近议会和总统选举的结果与实际情况相符合，许多人确信，统一俄罗斯党在这些选举中获得的票要少得多。但是，要知道，对统一俄罗斯党本身，如果实际上投这个党的票的人少，那么伪造选票使它保持对议会的控制，就得为每一个对俄罗斯国家及其人民有害的所通过的法律负责，而那些对他们投票的人，就是根据自己的意志把他们交出了继续破坏性政策委任状的人。

关于俄罗斯加入世贸组织的问题已经协商了17年，所有这些年里，俄共坚定不移地反对加入该组织，因为它明显认识到，这个组织的会员资格会威胁我国的原料经济。我们在自己的纲领性文件、党的出版物、自己的网页上，向俄罗斯人民发出呼吁，以及发送传单和在集会上对听众解释，俄罗斯加入世贸组织将扼杀还完整的俄罗斯工业企业、农村经济、剩下的祖国科学以及国家技术复兴的最后希望。

俄罗斯政府的代表2011年签署加入世贸组织条约后，在国家杜马，反对加入的社会抗议活跃起来了。这不奇怪，要知道，加入世贸组织将使我国对其他国家和商业伙伴承担2.3万附加债务。许多专家、分析家、学者就俄罗斯加入世贸组织的必然后果做了真实和专业的评价，他们的发言刊登在《真理报》和《苏维埃俄罗斯报》上和我们的网站上。我想特别指出经济学教授B·卡塔索诺夫博士的系列文章，这些文章被《苏维埃俄罗斯报》以《俄罗斯是否需要加入世贸组织》为题单独出版了小册子。在这篇特别严肃的著作中，作者令人信服地论证说，世界贸易组织的主要目的与掌管全球资本主义体系的大跨国公司的一个关键目的一致。这个目的就是为了西方生产者的利益，清除世界市场，这必然在那些未进入"被选择"的狭小集团的国家的民族生产部分或完全消灭。所言根本不是诚实的竞争，就如同俄罗斯加入世贸组织的拥护者们孜孜不倦地向我们保证的那样，而是在西方公司力图实现完全控制的那些市场上，我国经济被细致而生硬的机制所压制。

俄罗斯的工业家、企业经理、学者、来自各个工业领域和农业生产的专家、中小企业的代表们向统一俄罗斯党人发出了拒绝支持加入世贸组织条约的请求。他们的评价一致，主要表现在：俄罗斯加入世贸组织不会获得任何好处和另外的可能性，相反，过3-5年，它将彻底被变成美国和其他"金十亿"国家经济的"原料附属"。遗憾的是，统一俄罗斯党人对这些呼吁和论证充耳不闻。

作为世贸组织成员国，俄罗斯应该履行自己的义务，与六十多个追求本国经济利益的国家进行了协商。但是，这些义务既没有与俄罗斯的任何一个地区讨论，也没有与任何一个经济领域讨论，更没有与我国的实际生产者讨论。好像这与俄罗斯及其人民无关。的确，当局也不会致力于这样的讨论，因为它不代表讨论民族灾难的前景，而它自己现在想对此视而不见。但是，对于大多数公民来说，这种前景是显而易见的。早在2011年11月，"俄罗斯巴尔特"通信社做了一个 "加入世贸组织对俄罗斯意味着什么？"民意调查，36%的被访者回答说是"经济奴役"，49%的人回答是"加强原料附属国的地位"，只有15%的人或者对俄罗斯加入世贸组织给予积极评价，或者对此问题没有任何看法。

欢迎落入陷阱

2013年，俄罗斯经济的损失对俄罗斯联邦的预算收入产生影响，随后对国家生活的各个领域产生影响。根据与世贸组织达成的条件，俄罗斯降低了从国外进口新产品的关税。同时，国家预算收入将必然缩减，进口者将获得额外机会，更加侵略性地从国内市场排挤我国的商品生产者。俄罗斯企业的状况堪忧，同时国内工业所必需的进口原材料的税收上涨，国产商品的价格急剧上涨，其生产的费用也随之升高。

根据世贸组织达成的条件，俄罗斯有责任把国内的能源价格提高到世界水平。如此一来，费用上涨加快，这既增加了企业生产的费用，也增加了支付公共事业服务费用的居民的支出。由此产生的结果是，俄罗斯所承担的义务，如果得到履行，其必然后果直接与统一俄罗斯党和总统的竞选承诺矛盾，也与国家元首在其预算国情咨文中承诺的优先方向抵触。

能源价格的提高将对农业带来最沉重的打击，随后将是目前还保留的13.3家乡村的凋敝，这个过程不仅不会停止，反而会加速。2008年加入世贸组织的乌克兰的悲惨经验可以使我们做出判断，等待俄罗斯农业领域和国家整体经济的会是何等结局。加入世贸组织一年后，乌克兰进口的肉类和油脂类增长了100倍，一年内猪肉的供应增加了几乎三倍。国内到处都是外国生产的蔬菜和水果，这没有任何合理的需要，要知道，乌克兰从来就没有经历过本国农产品的短缺，它一直是很顺利的出口者，现在，那里的一个最重要的工业部门——制糖业被摧毁，五十多家糖厂破产关闭。

显然，对俄罗斯农业的打击将更加沉重，这不仅是由于加入了世界贸易组织，而且由于当局不负责任的态度，它没有准备好对农业提供必要的支持，尽管这是在世贸组织条件下运行的初级阶段。对此有足够的证明，例子就是农业部制定的国家发展农业2013-2020年纲要草案，预算保证为2.5万亿卢布，财政部计划对其拨款削减一倍，降到1.4万亿卢布。显然，财政部最疯狂地反对给农业生产者直接补贴，反对国家支持各地区的农业，即财政部已经加快履行俄罗斯加入世贸组织所承担的最奴役性的义务。

对进口奶制品和肉类加工产品关税的降低也将导致预算收入的损失，同时也是肉类和奶制品工业的绞索。要知道，近年来，这些领域尽管缓慢，但是还在发展并在加速。例如，国产猪肉的质量比进口的更好，保证了俄罗斯市场70%的需求。专家也对奶制品的质量和即将来临的植物黄油替代品的质量下降敲响了警钟。仅仅在这一个领域，明年的损失就将不低于300亿卢布。

同时也将给俄罗斯农业机械制造带来致命的打击。要知道，国外农业新机械的进口关税将降低3倍，而对过去使用的技术降低5倍。同时，国内企业没有获得国家任何支持，即它们简直不可能幸存下来。最近几个月，俄罗斯农民购买农机具与去年同期相比下降了。专家预测，国产农机具在俄罗斯市场所占的份额将从目前的52%下降到2020年的3%。许多企业将死去，数万工作岗位将失去，这意味着那些今天在这些领域工作的人失去技能和社会凋敝。也将会对俄罗斯的航空制造业、机床制造业、冰箱和制冷设备、金属制造和化学工业带来打击。

俄罗斯民族独立的丧失——这是真正的代价，它不得不为考虑不周和缺乏准备地加入世贸组织付出代价。西方的政治精英甚至对此也并不掩饰，加入世界贸易组织就是为他们的利益服务的。这里就是美国国务卿希拉里·克林顿公开发表的声明的片段，其中她直言不讳地确认，俄罗斯加入世贸组织给美国及其经济带来哪些好处："美国对俄罗斯成为世贸组织的成员国做了大量工作，为此俄罗斯必须在投票成为成员国之前的短期内更加开放市场。为什么这对我们重要？是因为，包括我们将拥有工具，以通过世贸组织，来解决与俄罗斯经济特点有关的某些问题和难以对接的方面。"

捍卫独立

不难猜测，以"问题"和"难以对接"以及"俄罗斯经济的特点"为借口，这个声明指出，迄今为止，国家还保持着相对主权，为了美国和跨国公司的利益，主权应该被消灭。正因为如此，俄罗斯应该为进口商进口制成品降低关税，数十亿元地减少预算收入，拒绝支持在过去20年"改革"还完整保留的企业，其中包括属于科技领域、战略上对国家重要的企业。换句话说，俄罗斯将变得越来越依赖和被控制。

在国家杜马投票表决之初，似乎已经知道了结果，希拉里·克林顿在美国国会做了公开声明说，"俄罗斯加入世贸组织将会给美国经济带来纯粹的利润"。

显然，俄罗斯总统和政府总理知道加入世贸组织后国家遭受损失的规模。这可以从他们涉及世界贸易组织的演讲中明显地看出来，其中时或提到要保持警觉。但是，不是去封杀去年12月签署的条约，他们积极做工作来批准它，现在在做2013年预算时，总统和总理自己表达了对加入世贸组织造成的损失的忧虑。例如，6月25日，在例行的政府预算委员会的一次会议上，德米特里·梅德韦杰夫承认，"应考虑俄罗斯加入世贸组织之后预算收入的减少"。类似的嘱托也在总统的预算国情咨文中有所提及。所有这些都不是为了改变国家发展的社会经济方针，不是更加积极地扶持本国的商品生产者。

我们共产党人，在自己的所有纲领中明确地确定了俄罗斯复兴的主要条件：

取消毁灭性的私有化，代之以关键经济领域的国有化，不这样国家将难以拯救；

在新的工业化基础上复兴民族工业，这将恢复诸如航空制造业、机器制造业、仪表制造业和电子行业等基础领域；

通过法律，限制资本外逃，保证外汇管理；

改组国内的银行体系，增加其中的国有成分，这样将扩大信贷领域，有助于提高实体经济；

实行国家对外贸的部分垄断，首先是对原料资源的垄断。

在纲领中，我们详细地论述了国家社会经济改组的这些和其他最重要的措施，然而，自由主义原教旨主义的慢性病、乞灵于市场自我调节，难以使当局采取俄罗斯必须的措施来预防国家崩溃的悲剧。只有思维健康和社会上负责任的部分人士联合努力，才可以预防这场悲剧，我们总是经常对这部分力量发出呼吁，抵制俄罗斯所奉行的政策，为了拯救俄罗斯，为了每一个公民的有尊严和有保障的生活，坚决去改变这种政策。

为劳动人民的利益去奋斗 *

尊敬的同志们，我欢迎代表大会的所有代表，欢迎参加这个极其重要的会议的所有的人。会面的参加者阵容说明了我们会议的意义——从经验丰富的政治斗士到我们的青年同志，他们已经经受了严肃的锻炼，捍卫劳动人民的利益。这里聚集的是准备忘我地捍卫真理、善良和正义、福祉和人民尊严等最高理想的人，是那些真正地与祖国脉搏跳动，尊重其伟大的过去、为它的未来繁荣和进步而奋斗的人。

为了劳动人民的利益

俄共第十五次代表大会召开后，三个月的时间已经过去了。今天，我们党的各个环节——从基层组织到中央委员会的所有努力都服从于履行会议的决议。在这项工作中，共产党员和我们的拥护者队伍被赋予特别的作用，他们在立法权力机构和地方自治机关中代表着党。

"垂直代表"这个术语我们已经积极地使用了将近五年，但是，无论是之前还是之后，我们坚持致力于扩大的代表规模，努力提高其活动的效率。到目前为止，加强垂直代表都是我们最重要的策略任务。为什么是策略任务？因为俄共的战略任务是，为了实现社会经济和政治变革纲领，建

---

* 2013年6月8日在全俄罗斯共产党员代表和拥护者代表大会上的报告

设革新的社会主义纲领并夺取政权，我们所有的斗争形式都是为这个目的服务的。乍看上去，觉得代表们的工作完全集中于议会里。

资产阶级议会主义的整个经验证明：共产党人借助选举来夺权只有在人民的广泛和强有力的支持下才有可能，在争取根本变革社会的群众性运动的背景下才有可能。当这种时机到来之时，警察的棍棒和官员的专横、选区中的伪造选票都变得无能为力。这就是为什么共产党员议员不仅应该在立法机构和议会较量中找到自己的位置——其努力的中心应该在劳动集体，掌握街道和日常党的建设的原因。

但是，首先，国内劳动人民应该看到我们经常关注的问题，他们需要这种关注，因为他们目前失去了最起码的保障。按照欧洲的标准看，俄罗斯90%的居民是穷人。大多数公民的生活水平在所谓的改革时期降低了2-3倍。俄罗斯官方的月平均工资是2.7万卢布，但是这是"各医院的平均温度"：厚颜无耻地嘲笑人的劳动，侮辱劳动的尊严，一半劳动者的劳动所得每月才一万卢布。到处都在取消危险工种的补助；安全技术处于最低水平；上千劳动者每年因不幸事件而死在工作岗位上；18万人由于生产中受伤和职业病被迫提前退休。

打发乞丐般的退休金使数百万成年人生活在生存的边缘，但是政府"不会止步于所取得的成就"：它提出一个想法，对于妇女，工作不满30年，对于男子，工作不满35年，就不提供老年退休金。这是在俄罗斯已经20多年通行不进行正式登记就雇佣工作的时代啊！那些被迫生活在这种条件下的人，现在约占有劳动能力的居民的四分之一。

俄共是劳动人民的政党，它坚决为劳动人民的利益而斗争，为他们不可分割的权利而斗争：他们的劳动权、居住权、教育权和医疗服务权、正常的工资权和退休保障权和应有的补助权。我们的党始终如一地坚持，国家要履行自己的社会责任。这场斗争的重要工具就是共产党人和我们的拥护者在立法机构和地方自治机关的活动。

今天召开这次代表大会是为了全面讨论俄共议员团的任务。我们这次代表大会的意义直接取决于，它在多大程度上能够帮助巩固党在社会上的影响，加强我们对同胞们的公民立场的影响作用，动员他们去更坚决地为争取自己的权利而斗争。

要明白受威胁的程度

尊敬的代表们，会议的参加者们，为争取人们进行紧张的斗争，我们每个人应该很好地认识到俄罗斯目前所处的悲惨的现实。我们应该向人们指出导致这些问题的原因、后果和摆脱既定局势的出路。

我们的代表大会是在世界实质上发生时代转换、发生大规模变革的时代召开的，当危机趋势继续加强之时，这些变革将触及经济、政治、社会和文化领域。资本主义显示了难以解决其本质上固有的矛盾。

最近关于市场自我调节的神话将遭破产。世界货币体系发生动摇，长期以来，美国靠牺牲别的国家抽取国民收入来发财。然而，中国、日本和德国越来越严肃地建立新的货币区——形成对美元世界统治的替代选择的渴望在增加。帝国主义之间的矛盾也在强化，与此同时，正在寻找对资本主义发展道路的替代选择，正因如此，我们信心满怀地说当代世界的"左翼转变"，谈建设更新的社会主义。

当然，西方国家的统治阶级不愿为他们挑起的危机买单，他们对劳动人民的权利发动进攻：社会的两极化现象加剧，工资降低，社会保障被取消，贫困与饥饿的范围在扩大。为对付人民群众增长的这些抵抗，寡头们丑化共产主义，进行反对苏维埃历史的战争，制造出各种各样的反动思想。

众所周知，在资本主义制度下，利润准则具有自我降低的特性。在危机条件下，这种趋势加剧了，帝国主义者采用各种方式与这种趋势斗争——他们大肆剥削劳动人民，加大金融投机，进行军事冒险，国际关系军国主义化，危机进程越来越演变为公开的冲突。全球主义者侵略的牺牲品是南斯拉夫、伊拉克、阿富汗、利比亚，目前战争在叙利亚进行。资本主义的存在成为人类的直接威胁！

俄罗斯目前还处于比2008-2009年更复杂的局势中，当时全球危机刚刚冒头。这是合乎规律的，因为国家当时极其虚弱。由于资本主义的报复，国家一步步地变成为原料殖民地。

家养的寡头与世界资本为了共同掠夺俄罗斯及其人民而进行合谋。劳动人民和老战士、妇女和儿童、残疾人和所有需要治疗的人的状况正在恶化。科学、教育、卫生、公共服务、社会和退休金保障系统，正在进行毁灭性的"改革"，消除苏维埃时期独特的成就。为了维持政权，统治阶级昼夜进行洗脑，居民的文化水平降低，社会出现困顿。

以任何一个社会经济的边缘为例，你们将看到，寡头服从于世界寡头的利益。就让我们看一下十个具体的例证。

第一个：自然资源。俄罗斯大地蕴藏的石油、天然气、煤炭、金属、森林、淡水很丰富。每年国家卖到国外3.8亿吨石油和石油制品，占开采总量的76%，同样，为了绿票子，2000亿立方米天然气运到国外。矿物利用每年给俄罗斯带来16万亿卢布的收入，可以与国家一年半的联邦预算相比肩，然而，落到预算中的不到6万亿卢布，即只有总数的三分之一，资金的主要部分被西方和地方寡头所瓜分。俄罗斯按美元计算的亿万富翁的数量超过130个，这绝对是记录。

俄罗斯经济的原料性质使它完全取决于世界石油、天然气和金属价格的行情。当局声明必须使经济多元化依然只是宣誓。手里掌握着俄罗斯资源的寡头，并不关心国内加工领域的状况，为此需要建设和发展——他们只是满足于"抽取、获得利润和装满腰包"的原则，而这个原则与俄罗斯的国家利益直接对立。

第二个例子：金融储备和外债。到今年3月1日，俄罗斯的外汇储备减少到5230亿美元，与2008年相比——世界经济开始出现风暴之年——减少了将近900亿美元。俄罗斯联邦综合起来的外债也几乎是同样数量：2012年增长了17.2%，差不多为6230亿美元。外债的年度增长达到了整个联邦预算的四分之一。结果，债务负担超过了国家的黄金外汇储备达3万亿卢布。要知道，这种状况就是隐形的债务违约。

是的，有人可以反驳我们说，国家机关的外债要比构成经济的商业部分的银行、企业和公司的外债要少，然而，正是俄罗斯政府，也就是国家是消除债权人的外债的保证者，而不管其所有制形式。

第三个例证：资本外流。仅仅在今年第一季度，流出我国的资本就达到260亿美元，换算成卢布达7500亿——这仅仅是完全合法流出俄罗斯的资金数额。加上同期在国内没有合法性的资本，通过仅存在一天的公司流出，就达到3万亿卢布。中央银行的领导也承认了这样的损失。

高管们有责任采取措施，把这些巨额资金保留在俄罗斯，而他们只是抱怨没有资金投向工业和科学，他们要取消免费和高质量的教育，扼杀大家都能够付得起的医疗服务。

甚至不看塞浦路斯的经历，资本还在继续积极外流。正是在塞浦路斯，西方寡头刚刚启动没收大额存款的系统来为自己谋利——现在这套模式可能会在其他离岸区得到运用。其实，为了逃税，俄罗斯的银行和公司把大量的财政资金运到国外，完全可能发生这些资金以任何方式都回不到俄罗斯的情况——"西方伙伴"仅通过他们狡猾的模式从我国寡头手里夺取这些资金的威胁正在增加。

第四个例子：所有权。预防资本外流要比基本生产资料所有权转到外国所有者手里更复杂。俄罗斯几乎所有的大财产，90%左右掌握在外国法律之下，其中包括诸如"基本元素"开放股份公司、"西伯利亚金属联合体"、"新库茨涅佐夫金属联合体"、"诺林斯克镍业"、"北方钢铁"、"乌拉尔钾肥"公司以及其他许多公司。这些巨无霸企业的利润最大部分流出俄罗斯，更新生产和发展技术的资金都没有留下——俄罗斯经济变得更加具有原料性，给国家造成巨大的损失。

第五个例子：生产下降。俄罗斯当局不愿意承认一个显而易见的事实，就是近年来，我们不仅没有摆脱经济危机，反而在危机中越陷越深。甚至在石油价格相对高的情况下，俄罗斯经济的发展速度依然在急剧下降：如果说去年第一季度经济增长为4.8%，那么在第四季度则不到2%。这是俄罗斯统计局的官方数字。根据今年第一季度的统计，这个数字不超过1.6%，同时隐形通货膨胀急速地掩盖了国内生产总值的虚假增长。经济发展部长别洛乌索夫一时兴起，公开表示，如果不采取紧急措施，到秋季，国家将滑向衰退，这不是偶然的。

经济下滑无论对联邦还是对地方的预算状况都将产生影响——根据第一季度结果，联邦预算完成需要约1310亿卢布的赤字。

第六个例子：地区的状况。俄罗斯联邦各主体的预算形势更加悲催，地区落入债务和难以解决的问题的泥潭中：2013年初，按照他们的支出权限，债务的数额几乎为1.5万亿卢布，今年，各地区汇总起来的预算另外形成了5000亿卢布的窟窿。

各地区在贫困化，请大家认真思考一下：为了还清自己的债务，伏尔加格勒州的领导人不得不拿自己的办公大楼做抵押。根据经济发展部的预测，到2018年，俄罗斯联邦各主体的预算赤字将增长到1.8万亿卢布，但是国家政府坚决把越来越多的社会责任抛给它们——从明年起，财政部拒绝向俄罗斯各地区提供预算贷款。

国家简直缺乏深思熟虑的地方政策。各地区的平均国内生产总值的大小差距不断扩大，如果说十年前，这个指标的最大差距为58倍，那么今天已经超过了83倍。

第七个例子：加入世贸组织。按照世界资本的条件加入世界贸易组织，给国家及其人民带来新的损失：剩下的有竞争力的产品很快将消失，许多企业将面临关门歇业，800万劳动者将被解雇。

对别国产品的进口越来越扼杀国内生产。根据预测，到2015年，从国外购买的商品总额将达到1900亿美元——就是说俄罗斯必须减少同样数量的本国产品。甚至根据官方数字，近三年来，由于加入世贸组织，国家的预算失去了三万亿卢布左右。俄罗斯失去了其现代化所必需的资金！

农业的状况变得越来越难以忍受。我党警告过的情况已经发生：大部分国内农业生产者难以与西方竞争。农村处于彻底破产的边缘。

第八个例子：管理危机。今天决定俄罗斯经济和社会政策的那些人，不掌握管理科学，他们把自己的使命归结为无穷无尽的"改革"游戏。实质上是"凑合派"在掌管国家，即那些马马虎虎做事的人在管理国家。本身就有夸大和内在矛盾的立法基础表明俄罗斯现代体制的缺陷。沃尔特就说过，"国家有无数的法律，还有大量的医师：这是疾病和无力的表症"。

当局用大谈特谈被迫"手工管理"来掩饰公开的无能为力。但是，"手工管理"只有证明它给予看得见的成果的情况下才是正确的，如果它不管用，那么就一钱不值。最简单的例子：2月底，普京对公共事业费用没来由的增长表示愤怒，要求限制在年增长6%，但是过了几天，就通知莫斯科人说，公共事业费用将上涨10%-15%，而某些地区公共事业费用上涨更快。

总统和政府总理散播了大量的各种各样的声明，宣布自己的建议和意图，但是他们越来越滑离讨论国家最为重要的问题：首先对国内生产总值倍增计划或现代化置之不理了，现在的幻想越来越微不足道。是的，在萨哈林建立离岸区或者实行统一的学校形式——是重要的问题，但是为了实施，需要有其他的权力机制。当局向社会提出的内容越来越具有表面的积极性，而同时把公民的关注从主要的社会经济问题上引开。企图让社会讨论次要的问题——就是管理危机的一个明显特征，实际管理活动被纯净水一样的游说所取代。

第九个例子：腐败。在实体经济萎缩的背景下，俄罗斯收入最多的"商业"就是腐败。4月初，国家反腐败委员会公布：俄罗斯腐败分子的年度"好处"达3000亿卢布。更加令人发指的数字是，作为总统，德米特里·梅德韦杰夫被点了名：仅仅在国家采购这个领域，每年就盗窃达一万亿卢布！当局被迫承认可怕的腐败规模，但是只是在口头上要去打击，行动上，大诈骗分子不费力气就逃避了责任：公开中止对国防部巨大的贪污案件的调查，这样就没有解决对其前领导人谢尔久科夫的刑事责任问题。

永不沉没的丘拜斯依然浮在面上：根据俄共的提议，由国家审计署对"俄罗斯纳米技术公司"进行的检查揭露了数亿卢布的财政违法行为，但是丘拜斯依然逍遥法外。

可耻的腐败丑闻是把"斯科尔科沃"创新中心变成为"现代化火车头"的颂歌，4月，众所周知的是：在拨给"斯科尔科沃"三年期的550亿卢布中，340亿花费在说不清的目的上。审计署正式曝光了偷窃大量预算投资的事实，但是，审计员谢尔盖·利亚布辛公正地指出，如果说这550亿卢布拨给国家已经建成的14个科学城，那么，我们会收获难以置信的创新爆炸，这将是俄罗斯从来没有经历过的。

第十个例子：私有化。我国的实际状况是，所实行的"改革"——首先是反人民的私有化，令人信服地证明了其失败。俄罗斯当局不承认，国家的许多问题是由把国民财富转到寡头手里所引起的。而且，总统及其政府公然实行右翼自由主义社会经济方针。普京在电视直播时对丘拜斯及其他激进主义的"改革家"在历史上做了如此定位："但是谁应该来做他们已经做了的事情？他们改变了俄罗斯的经济结构，实质上，改变了发展趋势，需要有勇气迈出这一步"，这不是偶然的。

在五月节前夕，德米特里·梅德韦杰夫呼吁经济发展部把私有化进程活跃起来。他继续坚持减少"国家在经济领域的没有来由的存在和多余的国家财产总量"。总理直接点出政府的任务就是靠私有化的收入来充实预算，即使在危机条件下实行私有化极不划算，他也不为所动。

社会期待变革

为了给自己正名，俄罗斯当局把所有问题归结到世界形势的恶化上，而对俄罗斯主要公司以及那些最大的已经完全私有化或者国家保留微不足道的股份的公司利润率下降不置一词。"北方钢铁"、"苏尔古特石油天然气公司"、"俄罗斯天然气工业公司"、"俄罗斯石油公司"的具体指标暴露出其工作效率的低下，关键指标更低。这完全推翻了好像私人商业注定有效率、私人企业的使命是推动国家经济前进的神话。

二十多年里，俄罗斯私人商业证明了其经营活动的失败。这证明了我们要求把矿藏资源基地和经济关键领域回归到国家所有制的正确性。预算窟窿不能靠盗贼般的私有化收入来弥补。这些损失必然由石油、天然气、金属和其他自然资源价格的下降所形成。对世界行情的巨大依赖性——这是俄罗斯坐到原料针尖上的直接后果。继续对重要战略领域进行私有化将导致国家安全的丧失和国家独立的损失。

实施这个方针意味着，在与"橙色威胁"斗争中，现行执政当局维护的根本不是国家利益，它奋斗的目的是，不向自由主义反对派提供置疑政权党一直实行的反动和反人民政策的机会。这完全符合西方的利益，这种政策直接导致民族灾难。前不久总统表示，"也许，修正是需要的，但是，我想强调和关注的是，我国经济政策的基础依然保持不变"。应该这样来理解：当局将不会对经济政策做出原则性改变。而要知道，国家大多数公民想的就是这样的改变。

我国社会期待根本性改变，相反，当局在2011年国家杜马选举中令人发指地进行伪造选票。对投票结果的不信任引起大规模的抗议。当局对社会愤怒爆发所做的反应是，强化群众性活动的组织程序，增加政党数量和在"克里姆林宫孵化器"里的党，让刑事犯罪分子有权在地区选举到议会中，加强个人权力。当局为击退抗议而发动的行动暂时得手了，但是对群众情绪的掌控——还没有。根据"列瓦达中心"的民意调查资料，目前拥护统一俄罗斯党的选民只有24%。在一个月时间内，支持率下跌了10%。大多数被访问者同意，统一俄罗斯党可以视为是"骗子和小偷的党"，这是个富人或渴望进入其中的凑数者的党。根据同一份调查，总统的威望也在下跌：如果说在2008年8-9月，87%被访问者赞同普京的行为，那么到2013年4月，支持率为57%，下降幅度达30%。同时，62%的人不再期待普京兑现竞选承诺，只有29%的人在总统选举中投票支持他。这就是社会情绪的趋势。

执政当局的威望在下跌，但是这不意味着，权力问题会自动解决，会有利于左派爱国主义力量。对那些攫取了政权和财产的人的抵抗将是大规模的，当局要战胜这种抵抗并不容易，但是，国家的利益要求进行抵抗。

俄共作为反对派已经活动二十多年。我们走了许多路，经受了许多考验。党复兴二十年，我们有充分的权利说：在祖国最复杂的时期，共产党人证明了自己对人民的忠诚。近年来在选举中对俄共支持的上升——这是选民对我们立场和纲领的信任。我们制定并向社会提出了逐步从"油井经济"向增长经济过渡的计划。我们党的政策——这是俄罗斯绝大多数公民的政策，我们深信：它会得到支持的！

在党的领导下

尊敬的代表们和代表大会的客人们！党中央全会、俄共第14次和第15次代表大会决定了我们争取国家权力杠杆的战略和策略。在这个计划中，议会与非议会活动、协调人民爱国主义力量、争取兄弟人民的新联盟被赋予重要地位。决定了组成人民信任的政府的途径，提出了修复选举制度、宪法和司法改革的建议。我们工作的成果应该是改变社会经济方针，国家过渡到建设复兴的社会主义的道路。

我们明白，尽管有民主的外在特征，资产阶级议会主义总是为有产阶级的利益服务的。资本的权力想使自己永恒，把国家的管理从一个资产阶级集团转到另一个手里。现在的多党制正是为了完成这个任务。其明显的证据就是俄罗斯自民党和公正俄罗斯党与统一俄罗斯党联手对最重要问题的封杀。

整体来说，在总统专权的条件下，国家杜马更多地起着装潢作用，它变成了在总统办公厅和政府办公厅产生的法律的盖章机制，寡头们作威作福的司令部就是在那里，根据那里发出的指令，俄共议员提出触及资本家、官员和刑事犯联盟的利益的倡议被打压。

在我党的文件中，对国家杜马、联邦会议和其他立法机构在现行政治体系中的地位和作用作出了清晰的评价，而且我们认为，联邦议会，地方立法机构和地方自治机关应该得到最大限度的运用，来维护劳动人民、老战士和青年的利益，以最终夺取政权和建设新的社会主义的俄罗斯。

第一，共产党人和我们的拥护者积极利用议会讲坛，来解释俄共纲领的目标和任务，揭露既定体系的弊端。

第二，议员们应该经常与居民保持会面，向选民们报告自己的工作，报告对他们的训令的完成情况。这不单是向公民通报的重要部分，执政当局启动了强大的宣传工具，向劳动人民宣传虚假信息，腐化和驯化人民群众，培植各种不同的幻想，所以，参加向人民群众的解释、突破信息封锁——这是每个议员的日常工作。

第三，议员资格——这是促进劳动人民争取新社会经济方针运动的另一种可能性。这就是俄共中央为什么对自己的议员团提出把议会斗争形式与街头活动有机结合的原因所在。在人群中工作的可贵之处是，它可以吸引劳动人民加入群众性活动，旨在对当局发动直接进逼。列宁写道，在非议会舞台上，革命人民的力量无可比拟得大，我们记得这个遗训。为了协调爱国力量，全俄罗斯抗议行动总部和地方上类似的机构也建立起来并积极开展活动。

第四，议会中的斗争致力于草拟法案，听取执行权力机构的报告，举行"政府时间"会议、听证会和"圆桌会议"，准备议员质询和其他文件。这样的活动促使议员们研究统计数字、各种各样的事实性资料，使党有了以议员团为代表的分析中心，它有助于全面地研究所发生事情的进度，培养管理干部。没有这样的培养，所有夺取政权的谈论都是空谈。

当然，议会活动也隐藏着各种威胁和陷阱，绕过这些陷阱既要求政治艺术，也要求思想上的坚定性、原则性和公民的责任。俄共中央和中央监察委员会经常关注的是，代表党的议员们不要沾染上资产阶级的议会病，负责任和创新地帮助党成为劳动人民的先锋队。

俄共议员应该为人民的利益服务，他无权脱离党的分支机构中的工作，有义务与他们保持经常性的紧密联系。党的委员会及其各局对议员团的领导原则应该得到不折不扣的执行。

党的文件武装我们的代表，并决定其就关键问题的行动路线。比如，2010年3月22日党中央主席团决议确定了在就俄罗斯的主体行政长官职位的候选人投票时俄共议员团的立场。文件特别指出，不可能支持执行破坏性方针的执政党的代表。

对资产阶级国家的预算也制定了如此明确的立场：不允许俄共议员团对其给予支持。统一俄罗斯党在联邦和地方议会中拥有多数派，一贯实施反人民的政策，制定损害公民利益和破坏国家潜力的立法，所有这些政策将被通过的预算所加强——这就是俄共在国家杜马议员团为什么投票反对其政府法案的原因。

党的中央委员会、其主席团和书记处系统性地对就这些决议的执行情况进行监督。长期以来，俄共中央中的议员团、地区政策和地方自治机关工作常设委员会积极运行。我们认为，这样的委员会在中央委员会的新班子里也需要。要向即将召开的全会提出组建这种机构的建议。

根据党的领导的委托，中央办公厅的分支机构和俄共在国家杜马的议员团与议员们保持日常联系。在这方面，伊·梅里尼科夫、谢·列舒里斯基和瓦·舒尔恰诺夫做了大量工作。这项工作是通过地区委员会实施的，整理和发去方法性和信息性的资料，以帮助这些委员会。

总体来看，工作系统确立了，党的议员垂直系统形成了。下一步怎么发展？而这恰恰是我们这次大会的主要内容。我提醒一下，举行这次会议的想法是在筹备俄共第15次代表大会时由地方提出的。

我们的聚首是已做工作的逻辑结果。在大多数地区，组建了协会或议员团协调委员会，它们帮助党的委员会保证各级议员的互动，丰富其工作的内容、形式和方法。

在新西伯利亚，每年举行人民代表和选举出的官员代表大会，举行了五次这类州级论坛。在整个西伯利亚地区，我们的代表已经举行了四次代表大会。远东的代表还参加了其中的最近一次会议。这样的聚首成为交流经验的最重要形式，由此产生了改善俄共在权力机构和地方自治机关工作的有意义的建议，这些建议为举行选举活动、在户籍所在地开展工作和培养后备干部定调。

无论在选民面前，还是在党的委员会面前，俄共议员团的报告中积累了许多有意义的经验。在地方，举行共产党人议员研讨会已经成为实际活动，定期派出党的领导机构的代表、国家杜马议员和中央委员会下属机构的专家参加这种活动。

极其重要的是，我们有可能对俄共各级议员团的共同工作做出总结。他们共同活动的领域就是为新的社会经济方针而斗争，为具体的法案而斗争，包括人民教育的法案、战争儿童和返还公民的储蓄和其他许多法案。

总结工作经验，支持我们的每个组织，对俄共的共产党人议员团和拥护者的活动注入新动能的时代即将来临。

一部消灭俄罗斯未来的法律[*]

尊敬的同事们！今天审议的不是改组科学院的法律，而是消灭俄罗斯未来的法律。要知道，只有公民接受良好的教育、身体健康和科学发达、是自己国家的主人、是自己的矿藏和财富的主人的那些国家才有未来。目前，俄罗斯任何一点都没有涉及。

最富裕国家里的叫花子国家

如果从矿藏利用所获得的总收入看，那么，目前这个数字达到年16万亿卢布，即预算的一倍半。然而，这些资金中，只有区区6万亿卢布进入了国库。流到国外的资本达到了天文数字，超过1万亿卢布。俄罗斯90%的财产被国外控制。我们是最富裕的国家，也是叫花子国家，是一个没有任何资金的国家。

是不是我们的政府还要把剩下的战略财产——银行、机场、铁路拿去甩卖？它再次计划把剩下的全民族的财产出售，三年得到1.6万亿美元，

---

* 2013年7月3日在国家杜马会议就联邦性法律草案《关于对俄罗斯科学院、国家科学院改组和对俄罗斯联邦某些法规进行修改》问题的演讲

然而，这些资金最大的一部分将再次进入寡头的腰包。

在这种条件下，俄罗斯和俄罗斯国有公司的债务几乎达到7000亿美元。生产的下滑在加剧，失业在增长，各地方被抛到自我生存的境地。费用在急剧增长，而且在某些地方，增长率达到20%-30%，有时候达到40%。

三个溃疡折磨着俄罗斯：不断上升的公共事业费、非法移民浪潮和腐败。在这个背景下，向社会抛出一部实质上使国家失去大脑的法律。俄罗斯被分成四部分：砍去了它的腿——工业和农业，割掉了它的手——军队和海军舰艇，现在又要砍它的头。试图把我们的灵魂与理智夺去，消灭我们的祖辈和先辈们三百多年来创造的东西。

政府：奉行智慧沙漠的方针

在梅德韦杰夫总理的声明中值得关注的是，科学院的管理体制是在20世纪30年代的主观因素的影响下形成的。是的，是主观因素，诸如彼得大帝的夙愿，他早在18世纪就建立了科学院和大学，附属科学院建立了非常好的博物馆和相应的实验室及手工厂。后来的许多国务活动家和总书记为此做出了自己的贡献，主要的是——天才的科学家：罗蒙诺索夫、门德列耶夫、维尔纳茨基等人。俄罗斯的三个天才——科洛廖夫、库尔恰托夫和凯尔德什。

尽管这个体系是在极端的条件下形成的，但是，经过了不平凡时代极其严酷的考验。但是，甚至在卫国战争年代里，拨给科学院的资金也增长了一倍半。而且，在1943-1944年的转折年代，产生了新的科学院——教育和医学科学院。建立它们是为了解决未来的问题，解决国家的恢复问题，解决保证国家安全的问题。

还有，正是在20世纪30年代，建立了上百家师范学院。但是，目前，在里瓦诺夫手里，俄罗斯只留下43家师范学院，其中30家还被认为是没有效率的。在整个西伯利亚、远东，正如他所声明的，总共只有两所有效运作的师范学院。这样的话，明天谁来教育孩子呢？

接着看，在20世纪30年代，恢复了对教授的所有优惠。确定了办法，规定科学院的领导要进行无记名投票选举（顺便说说，在沙皇时代，科学院院长由皇帝任命）。当时就建立了非常好的科学研究所和无所不包的科学门类。

目前科学的悲剧是，它不再被需要——无论是当局还是生产都不需要。在20世纪90年代，开始取消了人民监督，消灭了所有领域科学，偷光、卖光财产，把最有才华的工程师、专家和学者赶走。这里产生出一个可怕的数字：我国120万高级知识分子同胞目前在不同的国家工作，而那里既没有生育他们，也没有培养和教育他们。别人的国家需要他们的才能和发明，现在靠他们的知识发财。绝大多数这种专业人士也愿意回国，在自己的强国工作，但是，这个强国在哪里？为谁工作？领导有哪些需求？

所提议的科学院《改革法》继续着那个杀人的走投无路的方针，我们凭借"俄罗斯纳米"公司、"斯科尔科沃"和国家统一考试的例子，亲眼看到了这种结局。尽管再谈"俄罗斯纳米"公司已经没有意义——大家都知道国家审计署对这家国家公司的审计结果。仅在去年，这个机构就给国家造成约240亿卢布的损失，而其领导人则给自己规定了前所未见的薪酬。"斯科尔科沃"成为一个名词而已。如果那些难以计数的钱——根据我的看法，670亿卢布——不是一下子砸到这个冒险中，而是用于支持科学城和学院城，那么，我向你们保证，将会有最新的发明提供给我们。但是，又产生出一个问题：这些发明在哪里和怎么用呢？

关于科学的有效性

有人对我们絮叨说：你们看到了，科学的有效性低啊！但是，有效性可以根据发明的实际运用来衡量。改革家先生们，这些发明在哪里和怎么运用啊？在被你们摧毁的工业吗？在几乎被消灭的军工综合体吗？要知道，你们还不能掌握苏联时代的所有发明，其中许多发明已经被遗忘在脑后。这样一来，科学的这个"小回报"——恰恰是你们的过错，不能把任何问题转嫁到学者身上，就请你们从自己开始整顿秩序吧。

关于国外对俄罗斯学者的著作引用率低的结论是如此怪异。这不是指标：库尔恰托夫与科洛廖夫级的科学家不能与国外引用的学者等量齐观——为战略信息泄露要严厉问责，他们也是"没有有效性"吗？因为，要知道，问题在于，西方说英语的专家不掌握俄语，我们的学术研究人员也不太掌握英语，以便用别国的语言来写作。当然，例外的情况有，但是比较少。那就成立科学院翻译服务局吧！就请复兴科学信息研究所的活动吧，它在苏联时代定期发布刊物纵览，这能数倍地提高我国学者的引用率！你们只有一个决议——你们就摧毁一切吧。

至于国家考试统一化，这主要是培育神经错乱者和犯罪分子，这个社会病态的过程在今年达到了顶点。

其实，学术界——国家智慧的承载者和发生器——目前遭到践踏和强暴。似乎觉得刚刚举行了科学院选举。三名卓越的学者——佛尔托夫、阿尔费奥罗夫和涅基别洛夫提交了自己的纲领，学术界非常关注这件事。选举了科学院院长。科学界的人们准备工作，其中包括合理地在科学院进行极其必要的改革。

与此相反，政府产生了一个文件，一切都被一笔勾销。这还不够，在其屠杀性的激情中，继续进行臭名昭著的"谢尔久科夫做派"。要知道，谢尔久科夫把军队的全部财产交给"国防服务公司"，但是毕竟还没有走到把"国防服务公司"的官员任命为团长和师长的地步，而科学院法规定，官僚主义机构将要——似乎根据科学院的提议——提出科学院的领导人。他们可以被任命，也可以不任命。真是公开的恣意妄为！这种主意我们应该批准吗？

而这个法律是怎么提交的呢？2012年5月7日已经颁布了第601号总统

令。政府的决议说，任何与科学和卫生发展有关的问题，应该进行为期60天的广泛的社会讨论，他们甚至都不想执行这个决议！就如同骗子从袖筒掏出地图，政府把法律抛给杜马，希望即刻就以某种方式滑过去或者强行通过。

杜马应该共同反对对科学的大屠杀

同事们，杜马应该尊重自己！我想提醒的是，政府前不久向我们报告了工作。所有四个议员团首次表达了对教育部长里瓦诺夫执行的政策的不满。目前，这位部长与戈罗杰茨副总理女士不仅示威性地嘲笑教育和科学，而且嘲笑议会，这不能称作别的，是向我们扔鞋子。这不单单是粗糙，就其实质而言，是反民族、反国家的法案！

我们认为，强加于杜马的法案是背叛国家的行为。

为什么大家结成广泛的战线起来反对？因为是企图像推土机一样铲去一个形成了三百多年的组织，而没有这个组织，国际学术界就不会有发展、探索和突破的前景。不是正常地改组俄罗斯科学院，与学术界深入而细致地讨论全部问题以及基础研究和应用研究发展的问题，不是扩大对科学的拨款，从国内生产总值的2%增长到7%，不是最大限度地支持青年才俊，而是在摧毁了人民教育体系的人的领导下，现在对科学院和科学做同样的事情，摧毁一切。

难道在这个议会大厅，所有的人还不明白这个特别行动的意思——把自己的人安插到具有巨大油水的地方，把几百年形成和集中于科学院的全部国家财产卖光，杀死其增长的最后一点剩余？政府政策的实质在于满足当今寡头的利益，俄罗斯和外国寡头的利益在于，他们不需要俄罗斯科学的发展。世界资本几个世纪的理想已经实现了——吸取我们的资源，在我们巨大的市场上出售自己的滞销商品。

我国政府所实施的这种政策和战略路线实际上剥夺了国家的未来，俄罗斯作为完整的地缘政治主体被从世界舞台上抛弃。类似已经出局的国家，既不需要科学，也不需要优质教育，更不需要发达的卫生保健。在这样的失败国家，处于世界发展的门外，不适合去关注有天赋的人们和青年。

难道政权党的议员会吞下这个苦果？特别是现在，社会抗议浪潮起来反对这种嘲弄之时？实际上所有会思考的人、有职业素养的人，不仅有俄罗斯科学院和我们其他科学院的研究员对此愤怒，而且世界主要专家和外国科学院、在国外工作的我国学者联合会也起来反对这个法案。

我要向"人民阵线"发出呼吁：你们似乎为俄罗斯点赞，你们谈到了公正的历史，俄语。我要向自民党和公正俄罗斯党的议员们呼吁，向工会和社会组织呼吁。今天要解决的问题是，俄罗斯将有没有历史和未来，它能否摆脱被赶进死胡同的命运，而没有发达的科学、优质的教育就不能从那里摆脱出来。请迈出自己的步伐吧！请站到保卫祖国的智识、理智和荣誉的队伍中来吧！

政府辞职的时机已经成熟

政府辞职的要求早已提出。我们认为，提交所讨论的法案是装满社会忍耐之碗的最后一滴水。希望被证明是不正确的。这个内阁应该离开。国家需要新的人民信任和民族利益的联合政府，这个政府将带给民族新方针，实施新政策，实行新的工业化。俄共在前不久内阁向杜马报告工作时就已经表达了这一希求，但是政府没有做出任何结论。

没有崭新的政策，没有对矿山原料基地的国有化，没有现代的银行体系，没有发展经济用得起的贷款，没有调整载能体和交通的费用，没有发达的教育、卫生保健和科学，就不可能把国家从被那些苦逼改革家拖入和驱赶进的极其严峻的局面中拯救出来。应该做出决定，现在还为时未晚。

所以，我们开始做对政府不信任投票和要求政府辞职的收集签名的程序。我们向自己所有的同事们发出呼吁：请支持我们的倡议吧！

关于国家的"棺材预算"*

尊敬的同事们，我们今天将审议涉及我国每个公民的问题。我觉得，在危机尖锐化的条件下，整个政府班子应该参加这个审议，但是他们仅仅派出了财政部的代表，而这个部，就如同我们一样，实际是这种财政经济方针的人质。

俄罗斯失去了现代化的机会

最近五年，我们大家都用世界危机来解释我们的灾难。但是，在今年，世界经济的发展速度为3%，而在下一年，百分比将更高。而我们的所有主要指标还在下滑，国内生产总值增长速度降低了一倍，工业则全部转为负增长。

如果看一下客观指标，我们今天开采的石油和天然气，生产的金属不比苏联时代（的确，当时国家要比现在大一倍，价格比现在低5—10倍）少。然而，这些巨大的资源不知飘到了哪里，尽管一桶石油的价格比今年预算规定的要高10美元。这样，一年里，我们大约出售16万亿卢布的资源，其中只有六分之一成为预算。我们把10万亿卢布，即每天10亿美元，

---

* 2013年10月25日在国家杜马会议上讨论

　2014年联邦预算和2015—2016年计划预算草案时的发言

209

进贡给了我国寡头和外国庇护者。而且债务还以最快的速度在增长：三年几乎增长了40%。这个情况的背景是，在10月1日，国家的黄金外汇储备已经比我们的债务少2000亿美元。

如果拿生产看，那么近年来，我们已经失去了现代化的机会。只有砖瓦、建筑瓷砖、啤酒和水的产量在增长，所有主要的基础领域实际上被打败了。如果看一下工业和农业，在这份预算中实际上没有为它们的发展提供任何东西。几年来，就把几十年来形成的所有领域一步步消灭。如果看农村，令人惊奇的是，甚至那些种植粮食的人也不按正常的价格出售——因为农民没有剩下任何东西。

走以前的自由主义老路——死路一条

向我们提出了什么样的出路呢？我觉得，走同样的路，奉行同样的方针，绝对是不合理的。

刚刚获得诺贝尔经济学奖的美国教授罗伯特·什列尔、早前获得同一奖项的约瑟夫·斯蒂格利茨和保罗·克鲁格曼向美国提出完全不同的走出危机的政策，奥巴马也支持这个政策。他们得出结论，总共只有1%的美国富人掌握着35%的国民财富，局势如此地不公平，就如同大萧条前夕一样。我提供一个参考数据：我国总共有110个最富裕的家庭占有国民财富的35%——这样的不公平无论在美国，还是在亚洲或拉丁美洲任何一个国家都没有过！诺贝尔奖获得者提出的建议与我们的预算对比一下，我们今天就要批准这个预算的构想！

第一，诺贝尔奖获得者建议向教育和干部培训投资。而我们则切掉了所有物项，以打击后者——教育和科学。今年7月，在利别茨克举行了最好的职业竞赛，来自53个国家的上千人参加，就46个职业举行竞争。我们的选手没有获得任何一分，他们与爱沙尼亚、智利和科威特处于同等水平。位居前列的是工业发达的国家——瑞士、日本、德国等。消灭了职业技术教育，现在又将击败明天可以进行正常的现代化的东西。已经有人说，当局批准的掌管科学院管理财产的人不是佛尔托夫，而是一个又一个买卖人，这个人将出售国家的财富———一言以蔽之，又在骗我们大家！

第二，学者建议更新基础设施。对我们来说，这是原则性问题！如果没有钱用于这些目的，那么，就应该实行严格的累进税收制。我国富人的红利税率为9%，他甚至不想缴纳13%，而贫穷的教师、医生和工程师都得缴纳累进收入税。

第三，必须限制在交易所的投机。打开电视———从小姑娘到"行家里手"，我国全在玩钱。

最后，应该提高最低工资，做出一切努力，与贫困做斗争。我们的不平等达到了令人发指的程度，这份预算又将产生富人：在危机时期，我国的亿万富翁数量增加了三倍。同时，所奉行的政策将产生赤贫和其他不像样的事情！

俄共将提出更新和现代化的纲领

我想特别强调，对于我们来说，国家要采取一整套现代化措施来摆脱黑暗的日子，没有任何其他选择！如果我们近年不实行这个纲领，这笔巨额的资金（7.5万亿卢布死掉了，其中6万亿存在别人的银行里）将成为国家的"棺材预算"。所以，我们提出新的工业政策：生产力配置法、支持科学和实体经济法。就让我们首先来审议这些法律，那么就知道从哪里拿钱，花到哪里！

一分钟都不能拖延管网的更新。我们三分之二的管网———天然气、石油、电力管网———已经损耗，它们将会爆炸和毁灭。请看一下，事故率以多么可怕的速度在增长！

一天都不能耽搁住宅的更新。国家的半数公民住在赫鲁晓夫时期的房子里，而十年来发生事故的住宅的总量增长了5-6倍！

一天都不能拖延发电能力的更新。我国三分之二的电站工作能力已经达到极限，包括莫斯科地区，那里不久前还有20%的附加电能储备，现在已经到处是亏空。

一天都不能拖延交通的更新。外国品牌充斥着所有城市，无论是坐车还是步行。

如果我们现在不找到解决方法，不集中财力，那么我们将成为这种可怕的局势的人质。

怎么办

谁能够纠正这一切？只有国家能够做，它奉行明智的、强有力的政策，有强有力的干部。任何私人都不可能解决这四项关键的任务，无论他们有多大的分身法术。如果工人的平均工资——1.7万-1.8万卢布，而汽油和柴油已经涨到33卢布多——每升一个多美元，生产怎么能发展？

为了预算的钱不被偷光，必须强化措施，打击腐败。我们建议批准联合国反腐败公约第20条，我们已经收集了13万签名，早就需要审议，我们必然走向这一步。

需要紧急限制垄断的恣意妄为，他们吹高了价格。请看一下，汽油、柴油和载能体的状况：我们的载能体要比欧洲和美国贵一倍半。

需要向社会领域投入巨资。从教育到文化，这个领域已经被压缩到极点了。

也应该支持各地区，要知道，在这样的政策下国家将四分五裂！

我提出一个议案：我们应该一起起草一个不允许言语上号召肢解国家的法案。试着向美国人声明，要把阿拉斯加交还俄罗斯（尽管他们到现在也没有与我们结算）——让你蹲20年大狱，查抄你的财产，带来麻烦。而我们有人出来大喊，"交出高加索！"而这是在国家电视频道说的话！但是，高加索生活着2000多万人，那里是国家的主要粮仓和主要疗养院。

钱从哪里来

这里要谈到钱。我们有钱，我们有大笔的钱——光原料就10万亿，那为什么都进了寡头们的腰包？卖掉的其中一半，归到预算中，就多出50%。

税收：我们应该立即通过工业累进税的决议，只是我国无论如何都不会这样做。

伏特加和烟草：在苏联时代，在数百种活钱中，伏特加进入国库的为25−30卢布，而在沙皇时期，为30−35卢布。而现在，只有80戈比，其余的被黑手党装入腰包。一年有4万人被劣质的伏特加毒死，阿富汗比10年战争死去的人还要多三倍。

资本流出：2.5万亿卢布——挤个零头不行吗？完全可以！

我们的优先方面

我们大家应该确定优先方面。

国防将拉动科技进步。

农村将养活我们：我们可以养活7亿−8亿人，如果这10年不是把1%的预算投入到发展农业，而是投入15%−20%的话。那么，我们那时获得的黄金要比靠石油和天然气来的多。

至于轻工业，就让我们投入资金——我们在轻工业基础上振兴自己的经济。

建筑：国家每10人中有1人应该成为建筑师，那么，一切都会得到修理，一切都会建成。

最后，让目前从事经济的班子来解决这些问题是不可能的。

我们是人民代表的议员团*

目前，我们生活在资产阶级民主的条件下，该民主有其局限性，所以，共产党人永远都不会把议会工作视为目的本身，但不拒绝利用任何政治斗争手段——不会把这个武器交到敌人手里。在当代法律中，甚至没有"人民代表"这个概念，一切都被归结到干巴巴的官僚主义措词，但是，共产党人永远都会是大胆而真正的人民代表。

俄共议员团目前已经覆盖了从市政机构会议到国家杜马层级的国家的全部地区。近年来，已经确立了统一的议员垂直体系，俄共第十五次代表大会决定了其主要任务：利用议会的规定，加强共产党人在群众中的影响，保护与捍卫劳动人民的利益。

2013年6月8日，举行了全俄罗斯共产党人及其拥护者代表的第一次代表大会，这次会议成了我们的议会斗士的展示场。代表大会通过了对各级代表的嘱托，成为党的议员垂直体系工作的内容。其基础是2011－2013年选举过程中来自数百万选民的建议和呼吁书。通过这样的文件本身就是令人信服的证明：俄共的政策是绝大多数劳动人民的政策。

目前所执行的方针与这个大多数的利益直接抵牾。甚至在石油价格指数化的情况下，国家的经济依然滑向阻梗——这就是政府所奉行的极端自

---

* 2014年1月17－20日在《真理报》第4期（总第30066期）上的文章

由主义政策的后果。所以，这个方针应该终结。

俄共在国家杜马议员团表现出在经济和社会领域与自由主义斗争的坚定意志。议员团一致同意反对2014年和2015-2016年联邦预算草案在各念读程序中通过。

政府与统一俄罗斯党一起继续冻结储备基金和国家福利基金中的绝大部分石油天然气收入：2014年底，其数目超过6万亿卢布。这些资金——几乎是年度预算的一半，是从俄罗斯经济和社会领域中夺取的，实质上是为其他国家，尤其是美国来服务的。

根据我们议员团专家的评估，政府限制国家的支出，执行世界金融资本体制的要求。在2014年的预算中，削减教育开支940亿卢布，卫生650亿卢布，对公共事业开支削减380亿卢布。支持地方的预算减少了6%，而且地区的债务已经达到5000亿卢布。对燃料能源综合体的拨款与2013年相比，降低了一倍，农业拨款减少了320亿卢布。水利减少了70亿卢布。结果，严峻的危机席卷了整个预算领域。

我们原则上不支持2014年、2015年和2016年国家统一货币信贷政策的基本方向。目前，任何一个思维健康的人都明白：所奉行的政策不会促进而会掣肘国内生产的现代化，因为它阻碍长期贷款的发放，阻碍国内商品和服务市场的扩展，阻碍新的工作岗位的创造。俄罗斯联邦中央银行的基准利率达到天价般的8.25%，而这时欧洲只有0.5%—0.25%.俄罗斯的生产者被迫向西方求助，造成了巨大的债务——为了冲抵债务，不得不把国家经济中最好的设备转到外国人的手里。

另外的损失与俄罗斯加入世界贸易组织有关。所以，俄共议员团2013年4月4日提出倡议，组建101人的议员小组，向宪法法院提出质询，要求检查俄罗斯加入世贸组织的程序是否符合基本法。尽管这个质询被驳回，然而它对引导社会对所奉行的方针进行批判性思考发挥了重要作用。此外，2013年12月，向国家审计署发出质询，要求分析和评估俄罗斯作为世贸组织成员国的结果。

在议会春季会期结束时，俄共议员团离开了国家杜马会议大厦，抗议仓促和蔑视性地一读和二读通过俄罗斯科学院改组的联邦法律草案。世界的主流学者、大科研中心都支持俄共捍卫俄罗斯科学院的立场。我们成功地达到将其退到二读，取消了法律最野蛮的条款，但是总体看，对其评价是极其消极的。

根据政府的年度报告结果看，俄共议员团通过决议，向国家杜马提出对现任内阁表达不信任的提案。收集到200多万公民签名支持该提案。

人们经常问我们：如果你们不拥有议会多数，怎么办呢？回顾过去，我们可以大胆地说：我们可以取得许多成就。

在危机条件下，议员团的优先任务是制定经济领域刻不容缓的措施。作为对俄共倡议的发展，俄共提交了《关于国家战略规划法案》。我们做出一切努力，使"计划"的概念回到经济和社会的各个领域。

对议员团来说，工业政策法案是极其重要的。必须复兴现代工业生产，否则，我们依然将是"油井经济"，是发达国家的原料附庸。

除了经济问题，政治不稳定也将加剧。年底，恐怖行动震惊了全国，这再次提醒我们：力图瓦解俄罗斯的势力不会停止其活动。而且还公开地表达了分裂国家的建议。如果在"西方文明"下，发表类似观点的人早就被送进监狱了。

俄共中央全会讨论了民族政策问题，为俄罗斯国家顺利建设提供了许多有意思的建议。其中的一个结果是俄共议员团倡议，公开呼吁分割俄罗斯领土哪怕只把一块不大的土地交给外国者是要承担责任的。相应的联邦法律已经通过。

然而，一些禁止性措施不能产生效果。所以，我们的议员积极参与联邦法律草案的工作，加强国家机关在民族关系问题上的责任。它将从国家层面上保证公民的权利、自由和合法利益，而不论种族、民族、语言和对宗教的态度。这个法律应该阻止任何根据这些特征来限制权利和歧视的行为，保持和发展俄罗斯人民种族文化的多样性。此外，法律还对移民的社会与文化适应性以及预防民族间的冲突予以关注。

如同前几年一样，社会领域是我们议员关注的焦点。在生效的联邦条约中，一个联邦法律将国家和公共住宅设施私有化的期限延后到2015年3月1日。我们还成功地捍卫来自偏远居民点的公民的权利。

俄共议员指出给予俄罗斯地区当局独立地确定给予个别范畴的公民优惠的法律，例如，对战争儿童和其他许多活动的法律。遗憾的是，战争儿童法虽然获得了社会的广泛支持，但是被统一俄罗斯党投票驳回。

在我们的优先方面中，总是有扩大公民的民主和自由的权利、保证诚实选举的内容。俄共议员团提交了在选举时用透明材料做投票箱的法案，它将提高社会对选举进程监督的有效性。同时，我们反对强化执政党垄断的一系列政府倡议。

我们的代表也不能不对俄罗斯的对外政策予以关注。我们就保护叙利亚人民免遭外部军事侵略做了大量工作。议员团也一致支持国家杜马《关于乌克兰局势》的声明。与兄弟共和国的关系，毫不夸张地说，是我们的历史生存的问题。对于俄共来说，与乌克兰和白俄罗斯的伙伴关系总是第一位的。

在我们的春季会期计划中——优先通过29部法案。

应该对家庭与儿童的权利保障、对母亲（家庭）资本的资金的使用给予特别关注。将继续捍卫保护儿童、残疾儿童的工作。

在社会政策和保护公民利益领域，议员团的努力将进一步提高俄罗斯各联邦主体的医生和医务工作者的工资。在我们的提案中——对在核综合体设施工作中遭受有害辐射影响的公民提高一次性双倍退休金的权利。我们做出努力来恢复列宁格勒被围困时期的居民所应有的优惠，并扩大劳动和参加战斗的老战士的规模。

2014年，俄共国家杜马议员团和党的所有垂直机构将坚持通过法案，这可以解决一系列最重大的问题。我提出的优先目标和任务是：

第一，重新分配石油和天然气的收入，以利于被切掉的预算社会条款、投资纲要、建设新的高科技工作岗位。

第二，抵制对战略性企业的私有化计划，对已经实施的私有化的有效性进行评估。

第三，对地区预算给予财政支持。

第四，给予农业总额为1000亿卢布的额外援助。还将准备一系列倡议，提高在粮食和国家生态安全领域中现行法案的有效性。

第五，通过有科学含量的工业政策的联邦法。

完成这些任务将全新地改变国家的状况，防止农业领域的衰退和地区的破产，为经济创造必要的增长点。

2013年12月，俄共议员团在国家杜马已经二十年。在残酷的政治斗争条件下，我们也向社会证明了自己的影响，展示了自己的力量，展示了达到既定目标的一贯性。

我们十分明白，代表们的有效活动只有与党的工作的其他形式结合，它们才能服务于一个主要的目标——夺取政权，在俄罗斯实施社会主义改造的纲领。

纵向的人民利益*

负责任的方向

问：根纳季·安德烈耶维奇·久加诺夫，中央委员会正在筹备全会，将要涉及俄共议员党团的垂直工作方式，但是，要知道第十五次代表大会刚过了一年，而代表大会已经清楚地阐述了共产党员议员团的任务，而且，去年六月召开了第一届全俄罗斯共产党员议员和俄共支持者大会，现在还需要回到这些问题吗？全会会讨论这些问题吗？

答：我们目前在这种政治局势下活动，党的所有机制应该最大限度地动员起来。国内和世界的局势将会尖锐变化，我们预见并提出了警告。所以，在自己的代表大会和中央全会上，一以贯之地对俄罗斯摆脱危机的纲领进行了阐述、推敲和发展。这个纲领逐步变得越来越迫切，必须坚定不移地让人们知道它，并且需要用证据来充实和完善它。应该每天都为实现其条款而斗争，其中包括修改法律。当然，需要培养有巨大管理才干的干部，没有这样的干部，夺取政权的各种议论都是空谈。譬如说，如果党让其议员团的工作放任自流，怎么能够达到这些目的呢？

目前，俄共在国家杜马有92名议员，在地方立法权力机构有452名代

---

* 2014年4月1—2日接受《真理报》第34期（30096）的采访

表，在市政机构中有八千多名代表。他们在党中央机关直接领导下，在我国幅员辽阔的大地上活动，中央委员会对全体代表的工作进行垂直总协调。我们会这样做，而且对每件事情都会这样做。从体系上看，最近举行的中央全会是这种工作的最重要组成部分：我深信，将会有内容丰富的讨论，这将为巩固党对议员垂直领导工作服务。

大家可能记得，在俄共第一届共产党员议员和拥护者全俄罗斯代表大会上所做的正确事情，就让我们也回忆一下其最重要的总结文件——对我们议员团的训令。要知道，我们以选民的名义批准了它，不是为了画勾这个文件是共产党员议员团在任何立法会议、在每个市政代表议员委员会工作的基础。在训令中，逐点阐述了俄共代表应该奋斗的目标，这不单是对意图所做的声明。党及其中央委员会应该明白，如何完成所提出的任务。我们应该看到，谁将做出有效、成功和忘我工作精神的榜样，谁利用议员的地位来给个人寻求好处。这样做，还有一个原因是，为了议员团的工作问题成为最近一次中央全会的关注中心。

还有，在地方，我们的同志每天都在积累新经验，这些最有趣和最重要的经验值得去推广：如果有成绩，那整个党就应该知道，知道如何去使用。一个具体例子：在一些地区，我们的议员团能够降低居民对住宅和公共事业的花费。由于在圣彼得堡和雅罗斯拉夫州杜马俄共议员团的工作，这里的公共事业缴费从家庭收入的22%下降到14%。是的，这还不是10%，这在我们的反危机纲领中已经指出了，这是对那些过得并不轻松的人们的具体帮助。

还有一些有意义的例证。譬如，在鄂木斯克州立法会议，共产党员努力争取取消了已经实行的排水费。在卡拉恰耶沃—切尔克斯共和国人民会议（议会），我们的代表制定和倡议了财政上支持孤儿监护者的法律。在伊尔库茨克州、新西伯利亚州、奥廖尔州人民代表委员会、斯塔夫罗波尔边疆区杜马、莫斯科州和莫斯科市及其许多区，共产党员议员都积累了有意义的经验。党的系统应该有效地交流经验。

如此一来，即将召开的全会上迫切需要讨论的内容是相当多的。绝对合乎规律的是，我们党议员的垂直活动将是党的中心工作。

问：不能不承认，共产党人的议会活动具有明显的效果。一方面，当人们碰到不公正的事情和官员的恣意妄为时，他第一个求助的人就是我们的代表，苏联时期人们就形成了这个习惯。但是有时候代表不是偶然被称为民选代表，他的确应该帮助人们。现在代表的权限被实质性地收窄了，同时，政府对议员们的恐吓比以前多了。一部分批评，尽管不值得批评，也落到俄共头上，这些不值得操心的小事情，人们怀疑是否会影响到国家杜马和地方立法机构的效率？

答：回答问题之前，请想象一下，如果二十多年来俄罗斯议会没有共产党人，情况会如何。要知道，正是我们的议员团长期存在，它作为封杀政权党最令人发指和破坏性倡议的一个力量存在。常常是在任何条件下，尽管遭受政治压力和选举中的伪造，我们议员团在杜马的人数和影响力没有让出第二的位置。党利用议会的一切可能性来改善国家的状况，以捍卫劳动人民的利益。没有这种多方面的工作，俄罗斯早已落入与乌克兰相似的灾难之中。

乌克兰人民被掠夺和被带到如此地步——这不是臆想，而是残酷的现实。没有任何约束的寡头体制把国家带到了政治和经济破产的地步。亚努科维奇辛苦工作，为的就是排挤竞争者，形成自己的寡头"家族"，达到政治垄断，结果落到了他甚至连自己都难以保护的程度。而且，他难以节制的胃口和从一个方面到另一个方面的逃避，为西方直接干预乌克兰事务创造了前提。在公正的人民的愤怒浪潮中，来自美国和欧盟的头头脑脑让公然带有法西斯做派的自己的傀儡执掌政权。这个自封的政权开始公开地把国家的整个州加以分封，就如同分发给份地大公们一样来"豢养"寡头。

不应该有任何幻想：对俄罗斯来说，这种情况也不可能排除。俄罗斯的寡头们将直接把国家带到我们在乌克兰看到的那种局面，国家面临解体的危险。一旦我们国家出现这种情况，那将是世界性的灾难。我认为，俄罗斯任何一个思维健康的公民都不喜欢事态的这种转变，这将意味着，强大而负责任的反对派、在议会内外勇敢捍卫人民群众利益的反对派，是社会自我保护的可靠力量。只有真正的爱国者才能够保卫国家免遭社会经济政策体系坍塌之际形成的全面混乱。

顺便说说，我们大家在十五年前就看到：在我们所经历过的悲惨的债务违约时期，国家在几天内出现了数百万新的失业者，财政经济体制已经瘫痪。国库没钱，空空如也，挣钱是不可能的：盖达尔改革之后，工业已经失去喘息能力，石油价格处于历史上的最低位。但是，在我们直接参与组建的中左派政府通过生龙活虎的工作，把国家从深渊边上拖了出来。当时叶夫盖尼·普里马科夫内阁中最有天赋的领导人是尤里·马斯柳科夫，他负责内阁的经济领域，八个月经济增长了四分之一，这毫无疑问是他的成就。

我们不止一次说过，我们不怕为国家承担责任，我们凭自己参与权力机构的工作已经证明了这一点。共产党人以实际活动表明，他们能够，甚至能够在最尖锐的危机时刻顺利工作，这是因为，我们关注国家的问题，经常在实际中予以解决。这样，我们面临的问题不是拒绝在权力代表机关的工作——否则，我们就会被人民视为极其不负责任的人。

领导、监督和帮助

问：根纳季·安德烈耶维奇·久加诺夫同志，如果党把议员团的工作看得如此重要，这里有没有醉心于议会主义的问题？

答：您这样提出问题是十分容易理解的。在资产阶级议会工作——对共产党人不是简单的事情，风险和危险性确实是有，醉心于议会主义——这甚至对最强大的左派政党都是极其有害的疾病。

出路在哪里——逃离议会吗？但是，列宁早就揭露了召回派的投降主义立场。问题在于另外的方面：党应该得到保卫，使那些被党派到权力机关和地方自治机关工作的人免遭蜕变。特别不能允许任何谋取个人好处的行和戏以及把个人利益凌驾于组织之上的图谋。党的各委员会的使命是满怀信心地领导我们的议员团，俄共议员团的每个议员都应该感觉到来自党的选举机关的关注、支持和监督。

你们可以自己判断一下，把自己的力量和能力用于增加代表议席数量，如果不保证有效地管理议员团、监督其活动，那还有什么意义？这就是我们为什么向自己在权力机构和自治机关工作的代表发出呼吁，不要就事论事，以便保护党免于蜕变的机制不间断地运行，每天都需要做这样的事情。

当然，中央聚精会神地关注巩固代表垂直管理问题，这不是削弱关注解决其他问题的借口。我们不是用语言，而是用行动来做出证明。我想提醒一下：在准备就选举工作代表大会提交报告时，我们在中央全会上审议了党在所有关键环节的工作，注意力专门放在基层组织——党的基础之上。同时，我们集体研究完善党的思想政治工作问题，这个方面有我的副手诺维科夫及其团队顺利地推进：他们提出了具体任务，有些已经相当顺利地履行。我们建立的"红线"电视频道提供了极其重要的内容，扩展了自己在互联网上的网民，还准备通过卫星来播出。组织了政治学习中心，在这个中心，已经对六个党的工作者小组进行了培训，他们有不同的职业，我们还培训了二百多个同志，他们主要来自青年，第七期的培训即将结束。我认为，这是在地区和地方委员会扩展干部后备力量开展工作的很好支点。

最近一次中央全会的中心关注点是民族问题和俄共巩固各族人民的友谊问题，因此，党储备和补充了重要思想和结论。全会上通过了具有基础性和纲领性的决议。

我们忠实于议会与议会外斗争形式结合的原则。实际上，共产党人组织群众性行动，把自己的努力与盟友结合起来。全俄罗斯抗议行动总部正在运作，其活动由我的另一名副手卡申负责，他满怀信心地协调这些活动。在总部框架内，团结了四十个左右各种各样的组织，加入这个活动的还有上百个运动和公民倡议小组，他们与我们在地方的各委员会进行合作。

是的，上述情况还没有改变一个明显的事实：我们没有自我满足的理由。国内的局势还在恶化，尽管官方不这样宣传，这种局势发展得相当快，要比公民协调抵抗所奉行的方针快得多。在俄罗斯，工人运动问题越来越尖锐，共产党人就是为此存在的，以帮助工人阶级、其他无产阶级团组认识到自己的利益，起来斗争，把历史进程掌握在自己手里。在当代条件下如何做——这正是我们要把这个问题提交今年10—11月党的总司令部审议的原因。考虑到内容的复杂性和责任性，对全会内容的准备正在紧锣密鼓地进行。这样，我们以后将沿着所有方向推进，并且始终不渝和坚决地行动。

问：俄共以怎样的效率进行为争取掌握权力杠杆的斗争？

答：这在许多方面取决于政治局势的特点。整体来说，目前的国家权力机关体系是二十多年前形成的。在1990年代，对苏联时期成就的记忆这个事实严重地影响了议会斗争，这种记忆是深刻的，执政当局的地位比较脆弱。我们在议会中不拥有多数，我们没有大的议员团，就整个问题来说，它的看法没有决定性。我们成功地封杀了重新审议许多反社会倡议和破坏性的法案，因此苏联时代的某些东西保留下来了：得以保留基础性生产，导弹核武器综合体完整地保留下来。

俄罗斯随着一位新总统进入21世纪。当局驯服了某些寡头的政治野心，但是继续建设同样犯罪的寡头资本主义。有利的外部经济行情使执政当局比叶利钦时代运行得更顺利，造成了幻觉。宣传体系比以前更有发明能力并坚决地运行。当局地位巩固，随之企图分裂俄共队伍。采取了一系列特别行动，反对我们党及其领导人。自然而然，在当时，我们对政治进程的影响降低了，结果共产党在国家杜马议员团的人数大幅度减少。

我们有尊严地经受了这些考验，友好并顺畅地克服了这些困难。党为复兴自己的立场开始了紧张的工作，并产生了成果：如果说在2003年和2007年议会选举中，俄共刚刚越过了10%的门槛，而在2011年，支持率就接近了20%，议席数量从57个增加到92个，在全国建立了一整套议员小组网络。

增加了议员数量，我们继续在国家杜马作为少数派活动。像90年代那样遏制当局的反社会冲击，我们目前还做不到。然而，政治工作的武库中的东西多了起来：今天，我们的议员团在国家杜马有第一副主席职务，他是我党最有经验的领导人梅里尼科夫，我们的议员担任6个主要委员会的主席，当然，这将扩展我们对立法进程的影响力。所有这一切在很大程度上可以提高作为重要的专家分析中心的议员团的作用，充实党的纲领的内容，加强我们宣传和反宣传的能力。

现在谈涉及地方层面的一个问题。2003年，我党在立法会议中有310名代表，现在多出142名。俄共人数最多的议员团是在新西伯利亚州的立法会议——16名代表，在奥廖尔州人民代表苏维埃，我们几乎有三分之一投票权——50名代表中占14名。整体来说，最近党可以巩固自己的议员团，扩大其网络：10年内，我们在西北联邦区代表的人数从17人增长到57人，在乌拉尔联邦区，从4人增加到22人，在远东联邦区，代表从20人增加到35人。加上克里米亚和塞瓦斯托波尔的俄罗斯85个主体中，共产党人在81个地区有自己的代表。我们在克里米亚和塞瓦斯托波尔市苏维埃有强大的和有影响的议员团，在选举中有30%的选民投票支持俄共。

对我们来说，重大而且还没有完全开发的后备资源是市政会议。是的，现在我们在地方自治机关中有8000多名代表——我们已经增加了其人数，但是我们认为这还不够。向我们在地方上的同志们发出呼吁，我们确信并且坚持：在这个方向上，应该有更多的代表出来工作。一般来说，相应各级的代表没有任何优惠和特权，然而他们经常遇到的问题则是不断增长的：在日常生活中与自己的选民保持接触，市政机构代表更加尖锐地感觉到地方的问题。

党有义务扩展在群众中的工作——这是政治斗争成功的钥匙，而议员的杠杆应该是加大马力工作。为了协调我们所有议员团的工作，在中央委员会建立了专门的议员团工作部。地区政策和地方自治工作由瓦伦廷·苏尔恰诺夫领导。非常重要的是，他与国家杜马中议员团的协调员谢尔盖·列舒尔斯基保持着很好的关系。工作部的一个最重要的任务是对我们在地方的同志给予方法和实际上的帮助。

问：尽管罕见，但还是对俄共议员团的工作发出个别的要求，例如，有的代表认为，要求不支持所通过的预算，这太绝对。您对此有什么看法？

答：为此形成的党内工作的任何要求，大家都应该执行。关于对预算草案投票问题，这是原则性问题，这里的问题不在于谁有野心。我们不能支持政权党提出的预算，因为其中直接加强了自由主义的、对国家有害的财政、经济和社会政策，国家难以从这个破坏性的轨道中摆脱出来。

我想提醒的是，近年来，没有任何一个预算保证生产取得必要的发展，也没有保证提高公民的生活水平。是的，为了人民的利益，我们可以且有义务来改变任何财政文件，但是，即使我们的同志们提出的个别修正案被通过，也不会改变执行权力机关提出的预算框架。所以，党在这个问题上的立场绝对是有根据的，重新审议这种立场是没有意义的，况且这种立场与所有其他政党不同，这对我们有利：在为争取无条件地改变方针、形成人民信任的政府的斗争中，我们不能用自己的原则态度自缚手脚。

每天都在斗争

问：俄共正在寻找增强其影响的方式——当局积极地予以抵制。现在正在加速实施一整套措施，其目标是——缩小共产党人在将来的议会选举中的可能性，其中包括500人组成的假政党，回到席位选区制。

答：我认为，克里姆林宫的某个政治技术专家玩得着了迷，与现实失去了联系。这完全是胡说八道——在1.45亿人口的国家，有五百多个政党。当然共产党人认识到，这个政治侏儒的最大部分是人为建立的，是为政权党服务的：他们混淆和蒙骗选民，从左翼反对派夺取选票。同时，当局将打开潘多拉盒子：各种各样的法西斯的、民族主义的、亲西方的和其他分子在诱人的招牌下可能合法化。这孕育着什么后果，我认为，不需要做出解释。

还有一个随行就市的选举创新——降低党的名单的作用，回归按选区选举，这也是执政集团感觉到自己的立场遭到削弱而玩的花招。但是，这个花招对当局也极其危险。第一，还在抛出这个想法的时候，俄共就提出警告：通过席位选举制，各种各样的人将冲入代表行列。第二，基辅的"橙褐色政变"还暴露出一个威胁：你们看看，在极其严峻的局势下，乌克兰最高拉达中的共产党议员团没有一个议员发抖。原因在于，他们大家都经历了非常严厉的党内筛选——甚至在遭到直接压力和威胁时，他们也没有违反党的纪律。而在单席位选出的地区党议员发生了什么事？他们中的大部分人转投到独立广场的头目：还在一个半月前，他们投票禁止法西斯主义的宣传，今天却在为禁止俄语和其他纳粹的卑鄙行为的法律投票盖章！

这对那些在大政治中编织小阴谋的人是个教训：通过席位选区制削弱共产党人的影响，他们冒着给其主人帮倒忙的危险。要知道，亚努科维奇也没有特别掩饰，他是按照统一俄罗斯党的样子来塑造地区党的，这个官僚主义的构造，包括难以根治的弊病都与统一俄罗斯党相似。我认为，兄弟乌克兰的悲剧应该让那些最头脑发热的人警醒——必须快速地反思所发生的事情。普京疾言厉色地谈到第五纵队，他的办公厅是时候更深入地思考乌克兰独立广场的教训了。

至于俄共，我们的候选人有在选区获胜的经验，其中包括在国家杜马选举中获胜的经验。是的，这与某些困难相伴随。在财政方面，我们不能与钱袋子竞争，甚至没有意义。然而有的例子是，共产党候选人只有数千卢布来发放传单，但是他们取得了成功，因为他们不辞辛苦，提出具体建议，走遍选区所有住宅，与选民进行交流，说服民众相信其正确，人们对这样的会面非常期待。

问：根据您的评价，近年来俄罗斯的竞选活动正变得越来越尖锐吗？

答：对我们来说，只要有我们党的候选人参加的选举，从来就没有轻松过。今天，甚至在西伯利亚——西伯利亚的科学和文化首都，也发生了匪帮行为和无法无天：在仓促举行的市长选举运动中，有人向我们的市长候选人安纳托里·罗格吉的办公室开枪，他的助手遭到毒打。当有人对我们说，让我们不要在俄罗斯发动国内战争，我们对此并不反对，但是你们干嘛每次要把选举变得像国内战争一样？严格地说，我们比其他人更致力于民主实际取得胜利，捍卫大多数人的利益，我们深信自己会取得成功。我们新的社会主义俄罗斯方案符合人民的凤愿。

新西伯利亚的罗格吉紧张的选举运动就要结束，但是还将面临9月14日的统一投票日。在我的第一副手梅里尼科夫领导下的俄共竞选总部协调整个筹备工作。

至于选举中的违法行为，我们将继续与伪造选票者和形形色色的骗子做斗争。俄共议员团提出一整套措施，以改革选举体制——我们总共提出19个法案。我们成功地提出了一系列旨在提高选举进程公开性的法案，亲政权的大多数否决了我们的多数议案。但是，这些人应该明白，抵制诚实和民主的选举，他们将自揭其丑。

问：当局一再改变选举场上的游戏规则，其实国内的社会经济局势已经不会期待更好？

答：是的。同样的社会政策的解决与令人发指的不负责任有关：对我国同胞的保障数量不断地缩减。那些不能变成臭名昭著的服务业的领域遭到商业化，建立在买卖原则之上，诸如教育、医疗、文化和体育。目前，在这个问题上盖达尔的自由货币主义态度占统治地位。

我们为了改变局势做了许多事，但是，我们的立法倡议被统一俄罗斯党代表的投票所封杀。最典型的例子——我们关于教育法案的命运：这个法案的根据是，教育领域原则上不能形成市场主导，教育的底线是服务社会。你们需要教育服务，那么请在学前教育和中学大纲之外实行。教育的基本目标是个人的能力得到全面发展，这就是为什么重要的是保证大家平等的可能性。要知道，关于投资的谈论够多的了，但是用于教育的支出——这是对我们的未来的长期投资，是对下一代的投资。这不仅是有前景而且是有利可图的——在当代世界，除了这种态度，不要指望其他方面：我们将为石油天然气管道服务，为开采矿藏和砍伐森林服务。

看一下西方，看一下日本——那里积极地运用苏联的经验，把宝押在基础教育上。我们的法案正是立足于同样的态度之上。此外，这些法案保证对教师高水平的社会和物资支持，物资上支持学生——哎，统一俄罗斯党人把大部分给否决了。然而，争取教育保证的斗争每天都在进行，作为对教育科学部的替代方案，我们起草了教育内容质量和当代教育标准的议案。

两年多来，俄共议员团向国家杜马提出了关于战争时期的儿童法案，其使命是对生于1928年6月22日到1945年5月9日的后方劳动者给予平等权利。在俄罗斯，有1400万这样的孩子，而且其中230万人没有享受任何优惠。简单的人类良心要求对那些童年被可怕的动荡所歪曲的人给予支持。给予战争期间所生儿童权利的法律就在联邦德国生效，2006年乌克兰也通过了类似的文件，在俄罗斯，对这个类型同胞的优惠待遇在19个联邦主体得到确立，这是在我们在地方立法机关中的代表积极参与下所做的。当然，这还不够，战争儿童应该获得联邦地位。为了支持这个法案，我们收集了200多万公民的签名，立法倡议的权利，事实上10个主体支持俄共的倡议。然而，这并没有妨碍统一俄罗斯党议员团去阻碍数百万人期待的法律的通过。

不是我们所有的法案都能够走到投票阶段。2012—2013年期间，俄共议员团总共提出的46部法案被国家杜马退回，不予审议。我认为，这是政治上不负责任和不诚实的最高表现。

然而，我们将继续工作。目前，俄共议员团在第六届杜马活动期间提出118部法案提交审议，其中10部被一读通过。在优先法案中——关于全文批准联合国反腐败公约的问题：盗窃国库者从我国吸取生命体液，不结束他们这种寄生行为，就不可能有效地花费国家预算——钱就如同沙粒透过指缝流掉一样。

不能不提到我们旨在对儿童加强社会保护的提案。对多子女家庭、孤儿和残疾人的专门支持措施应该得到审议。母亲资本的支付不仅应该保持，而且应该加大利用这种资金的可能性。根据我们的看法，应该允许把这些钱用于儿童的治疗，而这按照现行法律是不可能的。

问：要知道，您经常强调，没有有效运作的经济，社会纲要依然将原地踏步。俄罗斯经济遇到了瓶颈——俄共议员团有没有改正局势的药方？

答：经济中所发生的事情——是自由主义经济方针持续的自然结果。请关注一下我们城市中的抗议行动，人们打着口号走上街头，上面写着"政府中的自由主义者就是经济的危机"。不需要接受高等教育，就可以明白这些真相。最近二十年普通人获得的经验就可以说明，当经济领航员是自由主义者时，那就等着倒霉吧，而且要保持警觉，以便随时从银行中取出存款，还要储备水、盐、火柴和意大利通心粉。

目前政府的经济团队是自由主义教条与令人发指的外行的奇异融合。梅德韦杰夫领导的政府，实质上从他担任总统时起就留下的政府，他取得了什么成绩呢？你们记得，2010年，在通过三年预算时，他就向我们承诺：2013年经济增长应该达到8%以上。但是，以后这个预测就年复一年地下降，现实比任何预测都悲催——1.3%。一年之内，增长速度下降达2倍半！俄罗斯统计局统计，工业仅仅增长0.4%，但是正如我们的专家指出的那样，这个"出色的"结果是在重新计算基础上所取得的，许多专家认为这是要滑头，毫无疑问说明了工业的下降。

本币走弱就成为合乎规律的结果：从去年12月底起，卢布兑美元和欧元的比值急速下降，出现2009年危机时的情况。对于普通公民来说，这导致他们生活水平的下降，要知道，我们的经济牢固地与进口挂钩：我们进口一切东西，包括许多食品。本币币值下降导致商店、市场和药店的价格在上涨。

只有崭新的经济政策，首先是工业政策才可以对抗这种情况，我们有义务复兴自己的生产能力。我们消费的大部分东西，俄罗斯应该自己生产。但是，只要我们的生产者不是迫于发展，而是迫于生存的话，这将是不可能的。而且在加入世贸组织后，许多人的生存状况极其复杂：我们的企业现在几乎完全失去了国家的支持。同时，在本国迫使他们与外国人竞争，而政府用全部的国家实力来扶植这些人。这是愚蠢的政策，但是它是今天的现实。

俄共把在国家杜马议员团的力量动员起来推进工业政策法案。其通过实行指数规划系统，巩固科技含量高的优先领域，生产者可以指望得到国家的支持。保持自己的工业，支持高科技领域，我们将建立牵引整个经济增长的火车头。顺便说说，类似的法律已经通过，并且在俄罗斯的某些地区运行，然而，只有在联邦层面实行这一整套措施的情况下，国家才能感受到实效。

最后，关键的任务是对自然资源和成体系的经济领域国有化，不解决这个问题，放任价格专横，就不可能保证国家可持续发展。国有化法案已经起草，并常常获得专家们的补充加工，我深信，通过这个法案的时机必然会成熟。

向左转

问：根纳季·久加诺夫，在谈话过程中，我们不止一次并必然涉及乌克兰的局势。为弄清最近的事件，不可能不提出的问题是：俄共议员就克里米亚的局势面前的任务是什么？

答：应该从这种局势本身开始——犯罪的别洛维日阴谋的蜕变。谈到乌克兰事件，就不能对"领土完整"的概念进行投机。值得向他们提醒：无论是西方，还是俄罗斯的所谓进步社会，都没有对苏联的完整性表现出不安，而且，1991年绝大多数公民在全民公决中支持保留苏联。正是这种分裂产生了今天的许多问题，而居住在克里米亚的人们只是纠正以前的愚蠢和不公正行为，民主地做了这件事，以特殊的荣誉、勇敢精神和责任感。

西方政治家、乌克兰的纳粹分子和我们家养的自由主义者已经停息的歇斯底里完全可以理解。它不是由俄罗斯引起的，似乎是俄罗斯占领了克里米亚，其真正原因是，已经发生的事件展示了活在前苏联人民心中的强大力量——渴望重新联合。要知道，克里米亚的俄罗斯人想要什么？实际上，不是从乌克兰的寡头逃跑到俄罗斯的寡头。说着亲切的语言，与自己的同胞生活在同一个国家的自然愿望推动着他们。

在国家杜马，我们不止一次提出在国外的同胞的命运问题，他们约有2500万人。俄罗斯成了世界上最大的被分割的人民，早就应该建立简单地获得俄罗斯国籍的机制。我们只是在全体会议上讨论了这个问题，但是把它提到了议会听证会和代表性的"圆桌会议"。我们吸收了学者和国外的俄罗斯社会组织的积极分子制定自己的议案。我们制定了一整套措施，它有助于为我国的同胞问题奠定体制性基础——这是通过和平、自然途径巩固俄罗斯在后苏联空间的影响的绝佳可能性。是的，需要关税同盟，但是，任何东西都不能阻碍制定其他的一体化方向。我认为，现在到了扎实地正视这个问题的时候了。

至于克里米亚问题，第一批在决定性日子里抵达那里的人是俄共议员弗拉基米尔·科莫耶多夫、列奥尼德·卡拉什尼科夫、谢尔盖·加夫里洛夫、阿纳托里·罗格吉、维亚彻斯拉夫·杰焦金、亚历山大·尤先科。巴维尔·多罗辛、弗拉基米尔·尼基金、弗拉基米尔·别索诺夫，妮娜·奥斯坦妮娜也在那里积极地工作。除了人道主义问题外，也讨论了发展造船业、电子、航空工业的前景。就如同克里米亚问题一样，卡兹别克·泰萨叶夫就乌克兰局势问题做了大量工作，尼古拉·克罗美伊采夫在这个方面也做了很多事情。在俄共框架内，瓦列里·拉什金和尤里·阿弗宁满腔热情地把克里米亚共产党人纳入组织联合事务中，他们与我们的克里米亚同志们的领导人奥列格·索罗马辛和塞瓦斯托波尔共产党领导人瓦西里·帕尔霍美科携手行动。这样，在克里米亚局势上，我们有针对性地工作，以后还将这样做。

问：其中包括在国际舞台上吗？

答：是的，这里我们将动用自己的一切可能性，并利用这种可能性来抵制西方对兄弟乌克兰事务的干涉，以支持克里米亚人民与俄罗斯重新联合的决定。

两个星期前，世界各国——从中国、越南到巴西和委内瑞拉的21个政党的代表在俄共这里做客。筹备例行的中央全会，我们早在去年就计划举行主题为"议会中的共产党人和阶级斗争"的"圆桌会议"。其参与者发言的性质再次证明：俄罗斯人民在世界上没有比左翼力量代表更可靠的盟友了。各层次、从德国州议会到欧洲议会，在讨论乌克兰局势时，欧洲左翼的立场也证明了这一点。

问：2013年12月，俄共在国家杜马的议员团的活动已经满二十年，时间相当长了。在您看来，共产党议员在俄罗斯议会中哪些东西可以称为主要工作成就呢？

答：议会反对派经常被限制发表自己的观点，对反对派来说，议会依然是一个讲坛，可以把自己的观点通达媒体，通过媒体告知广大群众。我们以欧洲许多国家为榜样，而在他们自称为民主的国家美国，大多数党甚至失去了可能性：这里只有两个党对国家的决定施加影响，而且它们之间的区别就如同美国硬币上鹰和鹞之间的区别一样。俄共在这个意义上有相当的优势。当然，我们过去利用议会讲坛发表声明，将来还将利用，我们活动的结果并不限于发表一些声明。有群众经常性支持，我们的代表不止一次对当局施加压力，并通过了重要决议，甚至是在没有议会多数的情况之下。请您同意，取得成就不是靠人数，而是靠能力——这非常值得！

今天，我们可以把国家切实地带到政策上向左转变。现在，不仅共产党人大声疾呼建立中左派代表制和人民信任的政府的必要性。是的，有人可能把此视为临时性决定——对我们来说，这是俄罗斯迈向新的发展阶段最重要步骤和可能性。我们的理想和我们的目标是打破资本主义的恶性循环，走上发展和进步的道路，走上更新的社会主义。为此，从我们党重建之时起，我们在国家杜马议员团、俄共——捍卫人民利益事业中的现实力量——的所有垂直代表的工作就服从于这个目标。

策　　划:黄书元　辛广伟
统　　筹:崔继新
责任编辑:孔　欢　曹　歌　刘江波
封面设计:汪　莹
版式设计:姚　雪
责任校对:徐林香

图书在版编目(CIP)数据

俄罗斯向何处去:俄共中央主席久加诺夫如是说/(俄罗斯)久加诺夫 著;
　胡昊 译. -北京:人民出版社,2015.9
ISBN 978 - 7 - 01 - 015272 - 1

Ⅰ.①俄…　Ⅱ.①久…②胡…　Ⅲ.①社会主义建设模式-研究-俄罗斯
　Ⅳ.①D751.20

中国版本图书馆 CIP 数据核字(2015)第 223879 号

俄罗斯向何处去
ELUOSI XIANG HECHU QU
——俄共中央主席久加诺夫如是说

[俄罗斯]根·安·久加诺夫 著　胡昊 译

人民出版社 出版发行
(100706　北京市东城区隆福寺街 99 号)

北京盛通印刷股份有限公司印刷　新华书店经销

2015 年 9 月第 1 版　2015 年 9 月北京第 1 次印刷
开本:710 毫米×1000 毫米 1/16　印张:15
字数:198 千字

ISBN 978 - 7 - 01 - 015272 - 1　定价:38.00 元

邮购地址 100706　北京市东城区隆福寺街 99 号
人民东方图书销售中心　电话 (010)65250042　65289539